Otto Depenheuer, Christoph Grabenwarter (Hg.)

Der Staat in der Flüchtlingskrise

Schönburger Schriften zu Recht und Staat

herausgegeben von

Otto Depenheuer

Bd. 5

2016

Ferdinand Schöningh

Otto Depenheuer,
Christoph Grabenwarter (Hg.)

Der Staat in der Flüchtlingskrise

Zwischen gutem Willen und geltendem Recht

2016

Ferdinand Schöningh

Bibliografische Information der Deutschen Nationalbibliothek

Die Deutsche Nationalbibliothek verzeichnet diese Publikation
in der Deutschen Nationalbibliografie;
detaillierte bibliografische Daten sind im Internet
über http://dnb.d-nb.de abrufbar.

Einbandgestaltung: Evelyn Ziegler, München

Gedruckt auf umweltfreundlichem, chlorfrei gebleichtem
und alterungsbeständigem Papier ♾ ISO 9706

(Verlag Ferdinand Schöningh GmbH, Jühenplatz 1, D-33098 Paderborn)

Internet: www.schoeningh.de

Printed in Germany
Satz: Martin Mellen, Bielefeld
Herstellung: Ferdinand Schöningh, Paderborn

ISBN 978-3-506-78536-7

Übersicht

Vorwort

Die Sache des Politischen steht in Deutschland wieder auf der Tagesordnung. Die säkulare Flüchtlingswelle des Jahres 2015 wirft Grundfragen des Staatsrechts in seltener Prägnanz auf: Die Staatsgrenzen stehen offen und zehntausende von Menschen erreichen Woche für Woche ungesteuert und weitgehend unkontrolliert das Land. Die Staatsgewalt erscheint ratlos, Verfassungsprinzipien wie das Demokratie- und das Rechtsstaatsprinzip geraten durch die Wucht der Ereignisse unter Druck. Der Rechtsstaat ist im Begriff, sich im Kontext der Flüchtlingswelle zu verflüchtigen, indem das geltende Recht faktisch außer Kraft gesetzt wird. Regierung und Exekutive treffen ihre Entscheidungen am demokratisch legitimierten Gesetzgeber vorbei, staatsfinanzierte Medien üben sich in Hofberichtserstattung, das Volk wird stummer Zeuge der Erosion seiner kollektiven Identität. Was bleibt, ist Verunsicherung; was droht, ist wachsende Radikalisierung; was Not tut, ist das Aufzeigen Orientierung stiftender Perspektiven. Da diese Flüchtlingswelle nur ein erster Vorgeschmack auf künftige globale Wanderungsbewegungen sein dürfte, empfiehlt es sich für die Politik ebenso wie für das Staatsrecht, beizeiten und in einer Phase noch relativer Ruhe, verfassungsrechtliche Parameter zur Bewältigung künftiger Migrationswellen herauszuarbeiten und verfassungspolitische Handlungsoptionen zu formulieren.

Vorliegender Sammelband vereint die Überlegungen, die 16 Staatsrechtslehrer in Sorge über diese Entwicklungen im Dezember 2015 in Bonn vorgestellt und diskutiert haben. Ihnen allen sei für die Spontaneität des Engagements und die Mühen einer zeitnahen Manuskripterstellung herzlich gedankt. Dieser Dank gilt insbesondere auch dem Ferdinand Schöningh-Verlag und seinem Lektor Dr. Hans J. Jacobs für ihre höchst engagierte Betreuung und außergewöhnlich rasche Realisierung des Projekts. Der Band ist nicht auf systematische Geschlossenheit angelegt, sondern dokumentiert in der Vielfalt seiner Perspektiven die individuelle Sichtweise eines jeden Mitwirkenden auf die Flüchtlingskrise. Allen Beiträgen ist die Absicht gemeinsam, Grundlagen für eine rationale Diskussion zu schaffen, die sich wieder der verfassungsrechtlichen und verfassungstheoretischen Grundlagen des Staates besinnt.

Bonn und Wien, im Januar 2016
Otto Depenheuer Christoph Grabenwarter

A.
Flüchtiges Verfassungsrecht

I.

Frank Schorkopf

Das Romantische und die Notwendigkeit eines normativen Realismus

Der Kontrollverlust über die Zusammensetzung der Bevölkerung in Deutschland beruht vordergründig auf den außenpolitischen Rahmenbedingungen, auf schwacher Staatlichkeit an der europäischen Peripherie und dem belastungsschwachen Schengen-Raum. Eine andere Deutung der Gegenwartskrise, soll mit einer These versucht werden, die ins Geistige ausgreift: Die tiefere Ursache liegt in einer intellektuellen Fehlleistung gesellschaftlicher Eliten, die sich auf einen romantischen Überschuss in deren politischer Haltung gründet.

Wir sprechen viel über die Verteidigung der »Werte des Grundgesetzes« oder unserer Wertordnung. Die Nationalhymne und die deutsche Sprache sollen in das Grundgesetz aufgenommen werden. Vorsichtig wird gefordert, Ausländer, die sich nicht an diese Werte halten, abzuschieben oder ihnen Sozialleistungen zu kürzen. Ein schriftliches Gelöbnis der Einwanderer zu den Werten soll als individueller Annex zum bestehenden Gesellschaftsvertrag gegenseitige Verbindlichkeit schaffen.

Aus den Vorschlägen spricht der Wille der Gesellschaft, sich als verfasste Gemeinschaft zu behaupten. Doch wie lauten diese Werte? Sicherlich gehören dazu die parlamentarische Demokratie, der soziale Rechtsstaat, die Freiheit, die Gleichheit, speziell von Frauen und Männern, und vor allem die Menschenwürde. Wie steht es aber um den neuen Wert der Diversität, der dazu anleitet, von der nicht strafbewehrten Norm abzuweichen? Die Bundeskanzlerin wird mit dem Satz zitiert, zur Integration gehöre auch, dass die Gesellschaft eine gewisse Sehnsucht danach habe, dass sie vielfältiger werde, dass sie andere Eindrücke aufnehme und dies als Bereicherung empfinde.[1] Integration als wechselseitiges Aushandeln. Es wäre dann aber umso mehr zu begründen, weshalb der verweigerte Handschlag nicht Ausdruck einer diversen Gesellschaft ist.

Die Wertesicherung hat eine andere Stoßrichtung als die vertraute Kategorie der wehrhaften Demokratie. Deren Schutzgut ist die freiheitlich demokratische Grundordnung, von der totalitäres Binnengedankengut mit Durchsetzungschance ferngehalten werden soll. Interessanterweise wird zwischen beiden Ansätzen noch keine Verbindungslinie gezogen. Möglicherweise wird die anstehende Hauptsache[2] im NPD-Verbotsverfahren dieses scharfe Instrument nicht nur in die Zeit stellen, sondern auch Hinweise auf zukünftige Herausforderungen institutioneller Wertesicherung geben.

Bereits vor dem Massenzustrom[3] von Menschen aus außereuropäischen Ländern seit dem Spätsommer 2015 waren erhebliche Anstrengungen politischer Parteien festzustellen, über den Zusammenhalt der Gesellschaft nachzudenken.[4] Es fand eine Selbstvergewisserung über die Grundlagen des Zusammenhalts statt. In der empfundenen Verunsicherung über diese Grundlagen könnte auch eine Erklärung für die repressive Zurückweisung von Äußerungen und Standpunkten liegen, die von Sprachregelungen abweichen. Allgemeiner formuliert: Der Versuch, die öffentliche Debatte über Krisen der Gegenwart zu begrenzen, könnte der Hinweis auf eine Furcht der Eliten sein, dass die gesellschaftlichen Bindekräfte ob der Konflikte nicht ausreichen könnten.

Die Suche nach einer Wertegrundlage ist der Grund, weshalb die Politik und ihr mediales Umfeld das Exekutivhandeln moralisieren und damit auch einen Korpus des Guten, des Denk- und Sagbaren definieren. An dieser Stelle kommt das Romantische ins Spiel: Aus einer zerfallenden Gesellschaft soll eine gefühlsstarke Gemeinschaft werden. Die tatsächlichen Zusammenhänge werden überhöht, Irrationales tritt an die Stelle des normativen Realismus. Abweichendes wird als amoralisch ausgegrenzt.

Exemplarisch ist die Debatte über Obergrenzen oder Kontingente zu nennen. Einem realpolitischen Vorschlag quantitativer Grenzen wird die idealisierte Position eines schrankenlosen Asylgrundrechts gegenüber gestellt. Das Grundgesetz soll normativer Ausdruck des Willens sein, Deutschland zum sicheren Hafen für Menschen zu machen, die dem fraglos bestehenden, weltweiten Leid entkommen wollen. Wäre die Konzeption eines schrankenlosen Migrationsgrundrechts richtig, dann wäre es aber auch in der Vergangenheit stets nur eine Frage gewesen, wie Menschen nach Deutschland tatsächlich hätten gelangen können. Dem Endlichen wird ein unendlicher Schein gegeben.

Die gesinnungsethisch einnehmende Geisteshaltung hat einen überraschend autoritären Zug. Deutschland nimmt die ihm in Europa seit Längerem angetragene Führungsrolle ein Stück weit an, verlangt jedoch von den anderen europäischen Staaten, die deutsche Sondermoral zu übernehmen. Aktuelles Beispiel für diese Verknüpfung ist das offen ausgesprochene Junktim zwischen der fortgesetzten Finanzierung aus EU-Fonds und die Akzeptanz von Verteilungsquoten für Flüchtlinge.[5] Der Historiker Heinrich August Winkler warnt vor einer »neuen deutschen Sendung«.[6] Möglicherweise kommt hier aber auch der religiöse Kern des Romantischen zum Tragen. Denn zuweilen wirkt das deutsche Handeln wie die Sehnsucht nach Erlösung von der historischen Schuld und vom schlechten Gewissen wegen des relativen Wohlstands in der wachstumsschwachen europäischen Staatengemeinschaft.

Dass das Zweckrationale mit dem empfunden Richtigen, das Tatsächliche mit seiner höheren Interpretation nur schwer konkurrieren kann, zeigen die fortgesetzten Vorschläge, weitere Kompetenzen auf die Europäische Union zu übertragen. Die Staatsgrenzen könnten durch Nationen nicht mehr geschützt werden, heißt es, und deshalb sei der Grenzschutz durch das organisierte Europa erforderlich. Die Kommission hat Mitte Dezember 2015 ein »Maßnahmenpaket zum Management der EU-Außengrenzen und zum Schutz unseres Schengen-Raums ohne Binnengrenzen« vorgelegt.[7] Die Verordnungsentwürfe sehen u.a. die Einrichtung einer operativen Grenz- und Küstenschutzagentur mit Recht zum autonomen Tätigwerden vor.

Der Standpunkt beruht auf dem Vorverständnis, dass die tatsächlichen Bedingungen eine Dynamik und Kraft haben, die wir nicht bewältigen können, denen wir uns nur gemeinsam, nämlich europäisch gewachsen fühlen können. Nur gemeinsam könnten wir die Teile zum Ganzen wieder fügen.[8] Das »mehr Europa« ruft Schutz und höhere Erwartungssicherheit auf. Dabei hat es in der Vergangenheit auch Volatilität und Unsicherheit gebracht. Zusätzlich zum »Raum der Freiheit, der Sicherheit und des Rechts«, wie die Politik des europäischen Migrationsraums amtlich firmiert, ist an die Wirtschafts- und Währungsunion zu erinnern, deren Krise ebenfalls nicht überwunden ist.

Die politische Überzeugung des nationalen Nichtkönnens ist bereits dadurch widerlegt, dass die geänderte Grenzregulierung durch die Türkei, nach den Verhandlungen mit der EU und ihrer diplomatischer Aufwertung, die Flüchtlingszahlen auf der Balkan-Route hat deutlich sinken lassen. Die Praxis befristeter Grenzkontrollen und der Schleierfahndung im Grenzraum bestätigen die administrative Fähigkeit.[9] Und weshalb sollte einem europäischen Grenz- und Küstenschutz gelingen, was den nationalen Behörden unmöglich sein soll? Das Problem liegt in der Heterogenität der EU-Mitgliedstaaten und deren polarer Verwaltungsstärke. So bestimmt der schwächste Staat die Integrationstiefe für alle.

Im Raum der Freiheit, der Sicherheit und des Rechts mit seinen Schengen-Grenzen und seinem Dublin-Asyl tritt uns der Typus des Romantischen in der Politik gegenüber. Das Politische ist aber der Ort rationaler Gestaltung im normativen Rahmen der Verfassung. Ob die Politik der Staatsentgrenzung in einem Zusammenhang mit der gesellschaftlichen Entgrenzung des Vielfaltwertes steht, wäre nachzuspüren. Die pluralen Gesellschaften der Gegenwart jedenfalls sind entstanden in den begrenzten, von ihren nationalen Verfassungen – in Deutschland durch das Grundgesetz – geordneten selbstbestimmten Politikräumen.

1 Äußerung auf dem 8. Integrationsgipfel im Bundeskanzleramt, zitiert nach Frankfurter Allgemeine Zeitung vom 18.11.2015, S. 6.
2 BVerfG, Beschluss des Zweiten Senats vom 2.12.2015, 2 BvB 1/13, http://www.bundesverfassungsgericht.de/SharedDocs/Pressemitteilungen/DE/2015/bvg15-090.html, wonach das Bundesverfassungsgericht vom 1. bis 3.3.2016 über den Verbotsantrag des Bundesrates mündlich verhandeln wird.
3 Vgl. Richtlinie 2001/55/EG des Rates vom 20.7.2001 über Mindestnormen für die Gewährung vorübergehenden Schutzes im Falle eines Massenzustroms von Vertriebenen und Maßnahmen zur Förderung einer ausgewogenen Verteilung der Belastungen, die mit der Aufnahme dieser Personen und den Folgen dieser Aufnahme verbunden sind, auf die Mitgliedstaaten, ABl. EU 2001 Nr. L 212/12; näher zu dem Sekundärrechtsakt Schmidt, Die vergessene Richtlinie 2001/55/EG für den Fall eines Massenzustroms von Vertriebenen als Lösung der aktuellen Flüchtlingskrise, ZAR 2015, 205 ff.
4 de Maizière, Was hält die demokratische Gesellschaft der Bundesrepublik Deutschland zusammen?, in: Festschrift für Vorländer, 2014, 105 ff.; Kronenberg, Was hält die Gesellschaft zusammen? Drei Akzente, APuZ 13–14/2013 3 ff.; auf europäischer Ebene gibt es einen vergleichbaren Prozess Kühnhardt, Die zweite Begründung der europäischen Integration, APuZ 18/2010, 3 ff. und das bis 2014 verfolgte Kommissionsprojekt »Ein neues Leitmotiv für Europa«. Ein neu im BKI eingerichteter Stab heißt bewußt: »Gesellschaftlicher Zusammenhalt und Integration«, Frankfurter Allgemeine Zeitung vom 9.1.2016, S. 2.
5 Zum Hintergrund Hesse, Staatsversagen? Banktrotterklärung Europas?, ZSE 13 (2015), 336 (343 ff.). Die Bundesrepublik will zusammen mit den Niederlanden, Belgien, Luxemburg, Österreich, Schweden, Finnland, Griechenland und Frankreich der Türkei die geordnete Übernahme von bis zu 400.000 Flüchtlin-

gen anbieten, diese Initiative erfolgte im Vorfeld des Europäischen Rates vom 17./18.12.2015 zur Migration, auf dem keine Einigung über Verteilungsquoten erzielt worden ist, siehe Europäischer Rat, Schlussfolgerungen vom 28.12.2015, EUCO 28/15, S. 1 f.

6 Heinrich August Winkler, Das Undenkbare denken, in: Frankfurter Allgemeine Zeitung vom 28.11.2015, S. 6.

7 Europäische Kommission, Proposal for a Regulation of the European Parliament and of the Council on a European travel document for the return of illegally staying third-country nationals, COM(2015) 668 vom 15.12.2015; Proposal of a Regulation of the European Parliament and of the Council amending Regulation No 562/2006 (EC) as regards the reinforcement of checks against relevant databases at external borders, KOM(2015) 307; Proposal for a Regulation of the European Parliament and of the Council on the European Border and Coast Guard and repealing Regulation (EC) No 2007/2004, Regulation (EC) No 863/2007 and Council Decision 2005/267/EC, KOM(2015) 671.

8 Zur romantischen Ganzheitsidee deutscher Eliten vgl. bereits Bohrer, Die europäische Differenz, Merkur Nr. 617/618, 2000, 991 ff., aus Anlass der Humboldt-Rede des damaligen deutschen Außenministers, dazu näher Schorkopf, Der Europäische Weg, 2. Aufl., 2015, 202 f.

9 Weitere Möglichkeiten im geltenden Recht lotet aus Hailbronner, Handlungsspielräume zur Beschränkung des unkontrollierten Zuzugs von Asylsuchenden, Gutachten im Auftrag der Freiherr vom Stein Akademie für Europäische Kommunalwissenschaften, 2015.

II.

Otto Depenheuer

Flüchtlingskrise als Ernstfall des menschenrechtlichen Universalismus

I. »Offene Staatlichkeit« als Wirklichkeit gewordener Universalismus

Die »offene Staatlichkeit« Deutschlands bildete lange Zeit eine beliebte Thematik staatsrechtlicher Abhandlungen[1] – jetzt ist sie Wirklichkeit geworden, wenn auch etwas anders als gedacht. Theoretisches Räsonnement sieht sich unvermittelt politischen wie rechtspraktischen Herausforderungen gegenüber. Seit Monaten stehen die Grenzen des deutschen Staates wirklich offen: Im Jahr 2015 soll die Flüchtlingswelle ca. 1,3 Millionen Menschen nach Deutschland gespült haben. Tagtäglich passierten Tausende von Flüchtlingen die offenen Grenzen – zwar ohne Kontrolle ihrer Identität, aber dafür umso herzlicher willkommen. Die Hoffnung des menschenrechtlichen Universalismus scheint ihrer ultimativen Erfüllung nahe. Vor 250 Jahren dichtete *Friedrich Schiller* mit Emphase »Alle Menschen werden Brüder« (1785). Auf diese Prophezeiung setzte zehn Jahre später kein geringerer als der 25jährige *Ludwig van Beethoven* ebenfalls seine Zukunftshoffnungen:[2] »Wann wird der Zeitpunkt kommen, wo es nur Menschen geben wird (?). [...] Das werden wir nicht sehen, da werden wohl noch Jahrhunderte vorübergehen.« Mit seiner Diagnose lag das musikalische Genie ebenso richtig wie mit dem geschätzten Zeitraum, den wir heute präzisieren können. Genau 220 Jahre später scheint Wirklichkeit zu werden, wovon *Schiller* und *Beethoven* nur zu träumen wagten: nämlich dass die Unterschiede des Geschlechts, der Abstammung, der Rasse, der Sprache, der Heimat, Herkunft und Staatsangehörigkeit, des Glaubens und der Weltanschauungen keine Rolle mehr spielen werden, sondern es »nur noch Menschen geben wird«.

Im 18. Jahrhundert entfaltete sich der menschenrechtliche Universalismus allerdings vor allem im »Reich der Träume« (*Heinrich Heine*), weithin unbeschwert von der Vorstellung, ihm auch in seinen realpolitischen Konsequenzen begegnen zu müssen. Das menschenrechtliche Verallgemeinerungspathos wurzelte nämlich ganz und gar in der Erfahrungs- und Vorstellungswelt partikular geordneter und eher statisch-provinzieller Gesellschaften.[3] Im Zuge von Industrialisierung und Modernisierung, Globalisierung und Digitalisierung haben sich die politischen und gesellschaftlichen Rahmenbedingungen indes massiv gewandelt: Ubiquität und Simultanität haben die Welt zum »Global Village« schrumpfen, den Staats- zum Weltenbürger werden, staatliche Grenzen in ihrer Relativität und die Bewältigung der großen politischen Probleme als Aufgabe aller deutlich werden lassen. Die realpolitischen Voraussetzungen scheinen damit erfüllt, unter denen die idée directrice eines weltumfassenden Menschenrechtsuniversalismus heute reale und damit politisch relevante Wirklichkeit werden kann.

Zutreffend apostrophierte daher *Wolfgang Schäuble* die gegenwärtige, vor allem Deutschland treffende Flüchtlingswelle als ein erstes »Rendezvous mit der Globalisierung«. Vorbei die Zeiten, zwischen Inländern und Ausländern, Einheimischen und Fremden unterscheiden zu müssen, zu können oder zu dürfen: Es gibt nur noch Menschen auf diesem Erdenrund, und Solidarität aller mit allen sowie Inklusion aller und überall stehen daher auf der welthistorischen Tagesordnung. »Der Universalismus kennt keine Differenz von Nähe und Ferne; er ist unbedingt und abstrakt. Die Idee der Menschenrechte erlegt jedermann eine Verpflichtung auf, die prinzipiell grenzenlos ist«.[4] Ausgrenzende Grenzen erscheinen vor diesem Hintergrund als rückständig, entsprechend differenzierende Rechtsnormen als repressiv, exklusive Staatsangehörigkeiten überholt:[5] In einer globalisierten Welt gehört die Erde allen Menschen.

Doch der Wirklichkeit gewordene menschenrechtliche Universalismus trifft auf eine politisch immer noch in Staaten gegliederte, d.h. partikular geordnete Welt. Staaten sind auch menschenrechtlich keine quantité négligeable: Als freiheitliche Demokratien sind sie Aggregatformen politischer Kultur, Garanten von Menschenrechten, Freiheit und Recht, Demokratie und Frieden. Es sind daher auch immer die freiheitlich-demokratischen Verfassungsstaaten, in denen Flüchtlinge Schutz vor Krieg, Hunger, Verfolgung und Repression suchen. Allerdings erwächst dadurch in den Zufluchtsstaaten die Gefahr politischer, rechtlicher und administrativer Überforderung: Wenn Flüchtlingswellen mit ungehinderter Wucht andere Staaten überfluten, dann werden nicht nur deren überkommene normative Regelwerke zur Disposition gestellt, sondern dann könnten diese buchstäblich lawinenartig mitgerissen werden. Daher besteht die politische wie staatsrechtliche Herausforderung der gegenwärtigen Flüchtlingskrise darin, die Zivilisationsleistung des modernen Staates auch unter den Bedingungen menschenrechtlicher Universalität zu wahren. Dies gilt umso mehr, als die gegenwärtige Migrationswelle nur als kleines Vorspiel künftiger Völkerwanderungen gelten darf, deren »dickes Ende erst noch kommen wird« (*Rupert Neudeck*). Soll auch dann noch etwas von rationaler politischer Steuerungsfähigkeit und freiheitlicher Rechtsstaatlichkeit, von demokratischer Selbstbestimmung und sozialstaatlicher Fürsorge übrig bleiben, dann muss das Staatsrecht dieses Szenario zeitig bedenken und die Kraft zur vorsorglichen Entscheidungsfindung aufbringen. Doch dies ist einfacher postuliert als unter den Bedingungen der gegebenen politischen Kultur in der Praxis realisiert.

II. Rechtsvergessenheit: Verlust von Unterscheidungs- und Urteilskraft

1. Die Logik des universalistischen Denkens

Das Denken in den Kategorien der Verallgemeinerung, der Universalisierung, der Menschenrechte und Menschenwürde hat nachhaltige Spuren in der Umgangsebenso wie in der politischen, aber auch in der staatsrechtlichen Sprache und Kultur hinterlassen, die unter Ernstfallbedingungen politisch wie rechtlich Wirkung zeitigen. So sind die gegenwärtigen Zeiten in Deutschland geprägt von einer politischen Schönrednerei und

Hypermoral, die der sachbezogenen und offenen politischen Diskussion staatsrechtlicher Grundfragen nur noch enge, moralisch überwachte Korridore zulässiger Argumentation bereitstellen. Damit werden politische Probleme buchstäblich unsagbar.

So widerspricht das universalistische Weltbild seiner Logik nach jeder gesellschaftlichen Partikularität, jeder Differenzierung zwischen Menschen, jeder territorialen Grenzziehung, d.h. allen historisch-kontingent geprägten Realitäten. Tatsächlich sind beispielsweise keine rationalen Gründe erkennbar, warum nur die Deutschen ein Recht auf das Territorium Deutschlands haben sollten. Konsequent löst das universalistische Denken nicht nur den partikularen Bürger in den universalen Menschen auf, sondern fordert auch die Überwindung und Öffnung aller bestehenden Grenzen, damit alle »Menschen Brüder werden« können. Die Rede von der »offenen Staatlichkeit« offenbart insoweit mehr als nur die Analyse politischer Entwicklungen: Sie ist Ausdruck des Programms zur Überwindung von immer mehr, letztlich allen Grenzen. Diese Forderungen kleiden sich in die Tugend der Toleranz, zielen auf die Inklusion aller Menschen und finden in der Freundlichkeit der Willkommenskultur ihren signifikanten Ausdruck – Höhepunkt der im Ausland eher zwiespältig beobachteten jüngsten deutschen Sondermoral.

Doch die grenzenlose Toleranz und Willkommenskultur ist ambivalent. Sie lässt sich auch als Flucht beschreiben vor der Unfähigkeit und Unwilligkeit zu entscheiden, zu unterscheiden, abzugrenzen. Der geistig vorherrschende menschenrechtliche Universalismus sucht ja gerade, »ausgrenzende« Unterscheidungen, wenn irgend möglich, zu vermeiden: Die politischen Weichen stehen auf Inklusion von allem und jedem, nicht auf Exklusion, d.h. Unterscheidung. Die obwaltende »Friede, Freude, Eierkuchen«-Mentalität einer saturierten, weithin entpolitisierten und von ihrer moralischen Werteorientierung selbst am meisten begeisterten Wellness- und Spaßgesellschaft sucht sich derart unangenehm differenzierenden Entscheidungen und den daraus möglicherweise folgenden »hässlichen Bildern« möglichst zu entziehen. Daher fragt man qua Regierungsweisung gar nicht erst nach der Identität der Flüchtlinge, warum, woher und vor wem sie flüchten. Das geltende Recht wird einfach außer Kraft gesetzt, um harte Entscheidungen erst gar nicht treffen zu müssen. Doch verbirgt sich hinter der »werteorientierten« und politisch allseits korrekten Sprache möglicherweise nichts anderes als die Abwesenheit von als verpflichtend empfundenen politischen Werten und ethischen Überzeugungen, für die man im Ernstfall auch einstehen würde: ein uneingestandener Nihilismus, der sich als Moral geriert?

2. Partikularität westlicher Universalität

Ein Widerspruch begleitet das universalistische Denken bei jedem Wirklichkeitskontakt mit der realen Welt. Das Denken in den Kategorien und Begriffen des menschenrechtlichen Universalismus ist nämlich – politisch und im Weltmaßstab gesehen – eine ziemlich partikulare Veranstaltung des »Westens«. Das Denken in der Kategorie der Verallgemeinerungsfähigkeit wurzelt nicht nur in der christlich-europäischen Aufklärung, es findet zuverlässig seine Grenzen in eben jenem Kulturraum, jenseits dessen »westliche Werte« eher skeptisch, wenn nicht feindlich zur Kenntnis genommen werden. So ist denn auch »der Westen« auf nichts so stolz wie auf seine Werte der Freiheit, Gleichheit und Brüderlichkeit mit ihren universalistischen Implikationen. Das Selbstbewusstsein des Westens von seiner moralischen und politischen, intellektuellen, kulturellen und technischen Überlegenheit war über Jahrhunderte Leitschnur seines Selbstverständnisses. Der menschenrechtliche Universalismus zielte daher von Anfang an – im Bewusstsein seiner geschichtlichen Teleologie resp. seines rationalen Wahrheitsanspruchs – auf die Umgestaltung der ganzen Welt nach europäischem Vorbild: Staatsbegriff und Säkularität, Menschenrechte, Demokratie und Rechtsstaat.[6] Wenn sich jedoch die vortrefflichsten Ideen von der Wirklichkeit abkoppeln und sie zu einem »Kult der Werte« erstarren, dann kann sehr schnell »Vernunft Unsinn und Wohltat Plage« werden. So ist denn auch der kulturelle Siegeszug der westlichen Missionierung der restlichen Welt seit Jahrzehnten deutlich ins Stocken geraten. Die zahlreichen »humanitären Interventionen« gerieten zum strategischen und moralischen Fiasko. Kontinente (Asien) und Religionen (Islam) propagieren demgegenüber ihre eigenen Werte und stellen diese westlicher Bevormundung immer selbstbewusster entgegen. Das Programm des menschenrechtlichen Universalismus sieht sich folglich zur Frontbegradigung gezwungen, wird kaum mehr nach außen exportiert, sondern als Willkommenskultur allen Menschen hierzulande angeboten: Mission mit umgekehrten Vorzeichen. Deutschland geht bei dieser Politik in erster Linie voran, steht aber damit ziemlich allein da in der Welt – ein neuer deutscher Sonderweg im Bewusstsein moralischer Überlegenheit. Bleibt die noch offene Frage, ob Deutschland seine universalen Werte im Ernstfall ihrer Negierung auch zu verteidigen bereit wäre, um seine politische Identität zu bewahren, oder ob es sich im Bewusstsein und in der Konsequenz seines moralischen Selbstverständnisses eher aufgäbe: Selbstaufgabe aus Selbstachtung.[7]

3. Selbstbehauptung westlicher Kultur

Die universalistische Kultur der westlichen Welt ist eine derzeit noch ziemlich partikulare Veranstaltung. Sie muss sich eingestehen, dass sie Grenzen hat und begrenzt ist. Aber auch für kontingente Kulturleistungen gilt: will man sie gegen Anfeindungen behaupten, müssen auch ihre Grenzen verteidigt werden. Wie alle anderen Grenzen »grenzen« auch die Räume der staatlich garantierten Menschenrechte ab, schließen aus, enttäuschen Hoffnungen, und können dabei auch »traurige«, mitunter »hässliche Bilder generieren«. Dieser Logik kann auch der vernunftgeleitete Universalismus des Westens mit seiner Grenzen auflösenden Logik nicht entgehen. Auch dieser muss Unterscheidungen treffen, zur Selbstbehauptung seiner partikularen Existenz fähig sein, insbesondere seinen Universalismus gegenüber allfälligen politischen Alternativen, zu denen alle Formen des Fundamentalismus und Totalitarismus zählen, verteidigen.

Diese Logik gilt auch für die Idee des Rechtsstaates, in der politische Herrschaft auf Recht und nicht auf Willkür gegründet ist. Denn gerade Recht bedeutet Unterscheidung. Fortlaufend realisiert sich Recht in und durch Entscheidungen: zwischen Rechtmäßigkeit und

Rechtswidrigkeit, zwischen Erlaubtem und Verbotenem, zwischen Zugehörigen und Fremden. Recht kann seiner Natur nach nicht anders, als die einen im Ergebnis zu erfreuen und die anderen zu enttäuschen, gibt aber gerade deswegen – im Guten wie im Bösen – auch Orientierung. Politische und rechtliche Entscheidungen zu treffen ist eine anspruchsvolle Aufgabe: Denn politische Grund- und Ordnungsentscheidungen müssen immer auch die unwägbaren, unangenehmen Seiten des Lebens in Rechnung stellen, sie zur Sprache bringen, zu ihrer rechtlichen Bewältigung vorsorglich Entscheidungen treffen und diese politisch verantworten. Das Bekenntnis zur moralisch korrekten, universal verallgemeinerungsfähigen Aussage, dass »alle Menschen Brüder werden«, hilft bei konkreten Problemlösungen nicht weiter, führt im Gegenteil gar zur Unfähigkeit wie Unwilligkeit, überhaupt noch rechtliche Entscheidungen treffen zu können, weil doch »alle Menschen gleich« sind. Schließlich muss gesetztes Recht auch durchgesetzt werden. Insoweit ist das nicht nur in Ansehung der Flüchtlingskrise frappante Leerlaufen und Nichtanwenden von Rechtsnormen ein erstaunliches Indiz rechtsstaatlicher Dekadenz. Sollte dies der Preis sein, den der Westen im Interesse des menschenrechtlichen Universalismus zu erbringen bereit ist?

III. Politische Selbstbehauptung in universalistischer Verantwortung

Der freiheitliche Verfassungsstaat erfreut sich weiterhin weltweit größter Attraktivität. Die Hunderttausenden von Flüchtlingen beglaubigen diesen Befund mit ihrer physischen Präsenz. Der »Staat des Grundgesetzes« kann seine universalistische Verantwortung also nur auf der Basis seiner konkret partikularen politischen Existenz gerecht werden: Seine Partikularität ist Bedingung der Möglichkeit seines universalistischen Ausgreifens. Daher stößt auch die hochmoralisch motivierte Grenzöffnung und freundlichste Willkommenskultur irgendwann an die letzte Grenze des »Vorbehalts des Möglichen«.[8] Wenn das universalistische Denken mit den Konsequenzen seiner selbst erzeugten »Lagen« konfrontiert wird, dann muss nicht nur knappheitsbedingt entschieden werden, dann müssen Dilemmata bewältigt werden. Ein Beispiel dafür bildet das Merkelsche Dilemma: Der Aussage »das Asylrecht (resp. das Flüchtlingsrecht) kennt keine Obergrenze« (11. 9. 2015) steht die Erkenntnis gegenüber: »Es kann nicht jeder bei uns bleiben und es werden die Schutz bekommen, die Schutz brauchen. Aber die, die aus anderen Gründen zu uns kommen, die müssen wir auch wieder nach Hause schicken. Das ist nicht ganz einfach, aber es muss so sein« (16. 7. 2015). Alle Flüchtlinge sollen also einerseits ohne Obergrenze freundlich aufgenommen werden, andererseits gibt es eine (sehr unfreundliche) Grenze der Aufnahmefähigkeit, der Aufnahmebereitschaft, der Integrationsfähigkeit mit der Folge der Abweisung resp. Abschiebung. Dieses Dilemma erweist die postulierte Universalität der Werte und Menschenrechte in Zeiten ungesteuerter Massenmigration praktisch als brüchig, weil sich die universale und allgemeine Idee knappheitsbedingt notwendigen Unterscheidungen gerade entzieht. Es lässt sich nun einmal vor der Idee universaler Gleichheit und Solidarität aller Menschen nicht begründen, warum es den einen Brüdern in der »einen Welt« schlechter gehen soll als anderen. Zwischen den beiden Polen des Merkel'schen Dilemmas – alle Flüchtlinge sind Menschen und müssen deswegen ohne Obergrenze aufgenommen werden, aber nicht alle können kommen und dürfen bleiben – müssen logischerweise Unterscheidungen stehen, d.h. im Grenzfall Härten und »hässliche Bilder«. Das Gebot der Brüderlichkeit kommt in der Praxis also ohne Unterscheidungen, ohne Ausgrenzungen und Enttäuschungen gerade dann nicht aus, wenn alle Menschen tatsächlich Brüder geworden sind und sie nur ihre »Familie« besuchen wollen. Es zeigt sich: »Seid umschlungen, Millionen« ist gute Dichtung und politisch wirkungsvolle Maxime, lebenspraktisch aber kaum zu realisieren. Solidarität bedarf Grenzen und Strukturen, andernfalls sie bei endlichen Ressourcen Probleme zeitigt, die umso schwerer wiegen, als ethisch verpflichtende Solidarität selbst knappe Ressource ist, die mit Vernunft und Maß eingesetzt werden muss. Die Begrenztheit der sächlichen und finanziellen Mittel sowie die Knappheit der Zeit schließen es aus, alle Menschen praktisch zu lieben, konkret: allen Menschen dieser Welt in Deutschland Heimstatt zu bieten. Da der Umfang der moralischen Herausforderung im Zeitalter der Globalisierung in keinem Verhältnis mehr zu den realen Handlungsmöglichkeiten des Einzelnen und des Staates steht, müssen, da Handlungsmöglichkeiten nicht grenzenlos erweiterbar sind, entweder die solidarischen Erwartungsansprüche aller Brüder quantitativ reduziert oder aber die Berechtigten bestimmt und die anderen »ausgegrenzt« werden: Reduktion von Universalität durch Unterscheidung als Bedingung praktischer Solidarität. Exklusion als Bedingung praktischer Solidarität hört sich zugegebenermaßen wenig menschenfreundlich an, vereitelt das freundliche Bemühen, es jedem recht zu machen und niemandem weh zu tun: entziehen aber kann sich dieser Logik universaler Ethik niemand, da kein Mensch alle »Brüder« lieben kann.

IV. Verfassungsrechtlich legitime Entscheidungsparameter

Wie aber kann nationale Politik die in dieser Feststellung liegende Zumutung abarbeiten? Da es ohne Unterscheidungen nicht geht, kommt der Frage zentrale Bedeutung zu, nach welchen Parametern diese Unterscheidungen getroffen und verantwortet werden können. Faktisch lassen sich insoweit in der politischen Realität zwei Grundpositionen feststellen, von denen jedoch nur eine politische Selbstbehauptung mit universalistischer Verantwortung zu verbinden und moralisch zu überzeugen vermag.

1. Gesinnungsethische Fluchtstrategien aus der Verantwortung

Größter Konjunktur und Beliebtheit erfreuen sich in der Flüchtlings- und Einwanderungsfrage Strategien der Entscheidungsvermeidung. Diese sind Ausdruck der Flucht vor verantwortlichen Entscheidungen als Folge universalistischer Denkmuster. Man entzieht sich einer verantwortlichen Problemlösung durch Rückzug auf die reine Gesinnung, delegiert notwendige Entscheidungen damit entweder an die Willkür des Zufalls einer »Obergrenze« oder externalisiert die Problemlösung durch Geldzahlungen an Dritte: »Entscheiden sollen jedenfalls die anderen«.

a) Reine Gesinnung: nur »Gut-Sein-Wollen«

Die moralisch unzulänglichste Reaktion und zugleich billigste Form der Solidarität besteht im Rückzug auf die reine Moral: Pflege der Willkommenskultur ohne Rücksicht auf die praktischen Folgen. Gesinnungsethik ohne Übernahme der Folgenverantwortung ist in Deutschland bekanntlich ein beliebtes und nicht selten eingesetztes Mittel der Problemdissimulation. Moralisch unterfütterte Entscheidungsflucht ist natürlich selbst (negative) Entscheidung, setzt nur ihrerseits (andere), moralisch nicht offen diskutierbare Grenzen. Zudem ist nichts so wenig kalkulierbar, verlässlich und daher politisch so riskant wie die Gründung politischer Entscheidungen auf reiner Gesinnung statt auf geltendem Recht. Bekanntlich ist der Weg vom »Hosianna« zum »Kreuzige ihn« sehr kurz. Kollektiven Stimmungen eignet ob ihrer bemerkenswerten Volatilität eine eigentümliche Unsicherheit und Ambivalenz. Sie erzeugen denn auch jenes derzeit in Deutschland zu beobachtende Amalgam von Ohnmacht, Sprach- und Verständnislosigkeit in großen Teilen der Bevölkerung. Vor allem riskiert – und muss sich später zurechnen lassen – eine gesinnungsethisch propagierte Öffnung der Grenzen vorhersehbar sehr hässliche Bilder: brennende Flüchtlingsheime, gewalttätige Demonstrationen und Gegendemonstrationen, womöglich gar künftig pogromähnliche Erscheinungen: »Schuld« tragen dann aber nicht nur »die anderen«.

b) Reiner Zufall: »Obergrenze«

Man kann freilich auch eine Einwanderungspolitik ohne eine richtungsweisende Idee üben, indem man zwar einerseits praktisch unterscheiden und Grenzen ziehen will, doch dezisionistisch, ohne reflektiertes Prinzip, d.h. objektiv willkürlich: Der Zufall der »Obergrenze« der Zuwanderung fungiert ganz in diesem Sinne als rechtlicher Entscheidungsmaßstab.[9] Eine praktisch möglicherweise wirkungsvolle, moralisch aber höchst anfechtbare, theoretisch jedenfalls unbefriedigende Antwort auf die moralische und rechtliche Herausforderung der Flüchtlingskrise. Bedeutet sie doch nichts anderes als eine Verabschiedung von einer zivilisatorischen Errungenschaft: der Rationalisierung des Politischen durch Verfassungsrecht. Ein Wesensmerkmal westlicher Kultur – vernunftgeleitetes Denken und rationales Entscheiden – flüchtete sich aus Feigheit in die Irrationalität des Zufalls. Die deutsche Diskussion zur »Obergrenze« ist denn auch nur signifikantes Indiz dafür, dass ein sinngebendes und tragfähiges Prinzip in der deutschen Flüchtlingspolitik nicht existiert.

c) Externalisierung von Ausgrenzungsentscheidungen

Moralisch gänzlich unerträglich und skandalös aber wird es, wenn man die unangenehmen Ausgrenzungsentscheidungen externalisiert: Man bittet dann Potentaten, die es mit westlichen Werten eher etwas lax zu halten pflegen, die aber andererseits über eine »Hohe Pforte« verfügen, die man für Flüchtlinge mal öffnen, mal – wenn die Zahlungen üppig fließen – mit den ihnen eigenen (eher weniger menschenrechtskonformen) Mitteln auch wieder schließen kann, darum, möglichst viele Flüchtlinge daran zu hindern, nach Europa resp. Deutschland zu gelangen. So erfreuen sich – wie früher Gaddafi – heute Erdogan und afrikanische Diktatoren der besonderen Wertschätzung Europas und üppig fließender Devisen. Im Gegenzug erledigen sie dafür als »Dirty Harry« das unangenehme Geschäft der Flüchtlingsbegrenzung – und der moralische Westen schaut über die dabei angewandten Methoden dezent hinweg.[10] Mit dieser – praktisch durchaus wirkungsvollen – Ausgrenzung, verbunden mit dem hehren Bekenntnis zu universaler Solidarität aller Menschen, ist allerdings »die Grenze zur objektiven Heuchelei überschritten«. Spätestens dann erweist sich das Bekenntnis zum Universalismus der Werte als vollendeter Weg in die »moralische Falle«.[11]

2. Verantwortbare migrationspolitische Grundentscheidungen

a) Rechtsphilosophische Grundlagen

Die Frage nach moralisch und rechtlich vertretbaren Entscheidungen über die Aufnahme von Flüchtlingen bei begrenzten Aufnahmekapazitäten hat sich philosophiegeschichtlich schon sehr früh gestellt. Geht man hinter die Aufklärung zurück zu den Kirchenvätern und Scholastikern des christlichen Abendlandes, kann man bei *Augustinus* (354–430) und *Thomas von Aquin* (1225–1274) eine Antwort auf das gestellte Problem finden. Schon *Augustinus* stellte sich die Frage nach der praktischen Realisierbarkeit des unbedingten Gebots der Nächstenliebe. Seine Antwort: »Alle Menschen sind in gleicher Weise zu lieben. Da man aber nicht für jedermann sorgen kann, so muß man vornehmlich für jene Sorge tragen, die einem durch die Verhältnisse des Ortes, der Zeit oder irgendwelcher anderer Umstände gleichsam durch das Schicksal näher verbunden sind«.[12] Um den universellen Anspruch trotz der Unmöglichkeit praktischer Realisierung nicht aufgeben zu müssen, reduziert ihn *Augustinus* auf das menschenmögliche Maß dadurch, dass er auf die Kontingenz des Schicksals und die Konkretheit der jeweiligen Lage rekurriert. Das je konkrete Schicksal des Ortes, der Zeit und sonstiger Umstände schmiedet die davon Betroffenen zu einer Gemeinschaft zusammen, in der wechselseitige Ansprüche auf Solidarität bestehen, weil sie – ungeachtet aller Unterschiede zwischen ihnen im Übrigen – als »spezifisch Betroffene« einander näher stehen als Dritten.[13] Zu den schicksalshaften, dem einzelnen unverfügbar vorgegebenen Gemeinschaften zählen insbesondere Familie und Staat, aber auch Notgemeinschaften, deren Mitglieder, solange die Not dauert, »brüderlich« aneinander gebunden und deshalb existentiell einander solidarisch verbunden sind.[14]

b) Legitimität historisch-kontingenter Solidargemeinschaften

Solidargemeinschaften sind in ihrer Existenz historisch kontingent, weder rational notwendig noch dem Einzelnen verfügbar; der Einzelne wird in sie hineingeboren bzw. -geworfen. Konkrete Solidargemeinschaften sind auch nicht rechtfertigungsbedürftig vor der Idee universaler Menschenrechte, sondern bilden deren

Grundlage. Gegen die geburts- und schicksalsbedingte Zugehörigkeit in konkreten Solidargemeinschaften gibt es kein Rechtsmittel, keinen Vorbehalt rationaler Wahl: Sie muss positiv angenommen, gelebt und zuweilen auch erlitten werden. Jedenfalls ermöglicht sie dem Einzelnen überhaupt erst die Existenz in der sozialen Geborgenheit einer Gruppe, macht ihn in einem elementaren Sinne zum ζῷον πολιτικόν (zoon politikon). Daher hat *Hannah Arendt* das politisch elementarste Menschenrecht zutreffend darin gesehen, überhaupt Bürger eines Staates zu sein.[15]

Eine gegebene Solidargemeinschaft bewirkt in der Konsequenz eine fundamentale, im Kern unüberbrückbare Unterscheidung zwischen Menschen, die auch ethisch Bestand hat. Zwar sind an sich alle Menschen als Individuen gleich. Aber weil und insoweit sich jeder Mensch in schicksalsbedingten Gemeinschaften befindet, gilt: die einer gegebenen konkreten Solidargemeinschaft Zugehörigen sind füreinander gleicher, sie schulden einander mehr »brüderliche Liebe« als gegenüber außenstehenden Dritten. Derart entfaltet sich »Brüderlichkeit« in strukturierter Weise und abgestufter Intensität: den leiblichen »Brüdern« ist sie mehr geschuldet als dem eigenen Volk, diesem mehr als dem transnationalen Kulturraum »Europa«, diesem mehr als der Menschheit. Daher widerspricht der Amtseid des Bundespräsidenten[16] nach Art. 56 GG – »Ich schwöre, daß ich meine Kraft dem Wohl des deutschen Volkes widmen, seinen Nutzen mehren, Schaden von ihm wenden [...] werde« – nicht der Idee der universalen Gleichheit aller Menschen. Nur dem »deutschen Volk« gegenüber haben deutsche Amtsträger Amtspflichten. Seine christliche Pflicht zur Nächstenliebe resp. die menschenrechtliche Verpflichtung zur Humanität verletzt nicht, dessen praktische Solidarität zunächst dem Nächsten gilt, dann dem Näherstehenden gilt, nicht aber unmittelbar und sogleich dem Fernerstehenden.

c) Konkretisierung durch Recht

Rechtsethische Maximen werden im freiheitlich-demokratischen Verfassungsstaat durch positives Recht konkretisiert, um rechtspraktisch verpflichtende Wirkungen zu zeitigen.[17] Tatsächlich verfügt das geltende Recht über ein hinreichendes Instrumentarium zur differenzierenden Bewältigung und Kanalisierung des Flüchtlings- und Migrationsdrucks. So trifft das Gesetz vor allem auch die fundamentale Unterscheidung zwischen Flüchtlingen und politisch Verfolgten einerseits und Migranten andererseits. Diese bedürfen der Solidarität aufgrund und für die Zeit einer akuten Notlage, jene suchen dauerhafte Aufnahme in die konkrete staatliche Solidargemeinschaft. In einer akuten Notlage (Krieg, Hunger, Verfolgung) haben die davon Betroffenen als politisch Verfolgte (Asylbewerber) und Flüchtlinge (vor Krieg) Anspruch auf Hilfe im Rahmen des Möglichen und solange die Notlage andauert. Auf Dauer und auf Übernahme wechselseitiger Einstandspflichten angelegte Zuwanderung bedarf hingegen einer vorangehenden Einreise- und Aufenthaltserlaubnis, die der Staat nach seinen Interessen, jedenfalls aber auch von Rechtstreue, bestehender Integrationswilligkeit und -fähigkeit der Petenten abhängig machen kann. Jenseits dieser Aufenthaltsgründe bestehen gesetzliche Ausreisepflichten, die durch Abschiebungen auch zwangsweise durchgesetzt werden können.

Kein Gesetz kann sich selbst exekutieren. Seine Umsetzung bedarf vielmehr der Rechtsloyalität und des Willens des Staates und seiner Organe, sein Aufenthalts- und Zuwanderungsrecht, seine Grenzregime und seine gesamte Rechtsordnung effektiv zu wahren, zu schützen und durchzusetzen. Das Gesetz im freiheitlichen Rechtsstaat ist demokratisch legitimiert und seine Anwendung wird gerichtlich kontrolliert: es ist die Wirklichkeit gewordene Realisierung der Idee der Menschenrechte. Deswegen verlangt der demokratisch-freiheitliche Rechtsstaat entschiedenes Handeln nach Maßgabe der Gesetze »ohne Ansehung der Person« und ungeachtet möglicher »hässlicher Bilder«. Demgegenüber unterläuft ein menschenrechtlicher Moralismus die Rechtsanwendung in der Flüchtlingskrise in einem beängstigenden Ausmaß. Das geltende Recht wird nicht mehr durchgesetzt und der Rechtsstaat droht flüchtig zu werden. So unterläuft schon seit Jahrzehnten die praktische Handhabung des Grundrechts auf Asyl dysfunktional das geltende Zuwanderungsrecht. Sie hindert eine rationale Zuwanderungspraxis und entwertet gleichzeitig durch Überdehnung die Besonderheiten des Asylrechts. Auch das Recht des Grenzübertritts wurde im Zuge der Flüchtlingskrise durch administrative Weisung außer Anwendung gestellt.[18] Urteile auf Ausweisung und Abschiebungen werden verfahrensrechtlich konterkariert, wenn »Härtefallkommissionen« ihre Anwendung aus »dringenden humanitären oder persönlichen Gründen« verzögern und unterlaufen. Hier erwachsen akute Gefährdungen des Rechtsstaates: Eine Rechtsordnung, die nicht mehr ordnet, sondern der Politik nur noch als wohlfeile Dekoration dient, verliert ihre innere Legitimation und ihre juristische Autorität. Sie vermag die dritte Staatsgewalt nicht länger zu legitimieren und büßt ihre die politische Macht disziplinierende und begrenzende Funktion ein. Eine Flucht vor der politischen und administrativen Durchsetzung des geltenden Rechts kann ebenso wie eine de facto Kapitulation des Rechtsstaates vor der Faktizität der Verhältnisse allenfalls »auf Sicht« weiterhelfen. Ein flüchtiger Rechtsstaat aber ist kein Segen für die große Idee der Menschenrechte, sondern im Gegenteil: das Ende ihrer rechtspraktischen Wirksamkeit.

1 Nachweise bei Chr. Tomuschat, Entscheidung für die internationale Offenheit, in: HStR XI, 2013, § 226.

2 In einem Brief aus dem Jahre 1795, den der 24-jährige Komponist am 17. September 1795 aus Wien an den zu dieser Zeit in russischen Diensten stehenden Freund aus seinem Bonner Bekanntenkreis Heinrich von Struve schrieb. Der bislang unbekannte Brief wurde im Juni 2012 bei einer Versteigerung bei Stargardt (Berlin) vom Beethovenhaus (Bonn) erworben.

3 Vgl. näher O. Depenheuer, »Nicht alle Menschen werden Brüder«. Unterscheidung als praktische Bedingung von Solidarität. Eine rechtsphilosophische Erwägung in praktischer Absicht, in: Josef Isensee (Hg.), Solidarität und Knappheit. Zum Problem der Priorität, 1998, S. 41 ff.

4 H.M. Enzensberger, Aussichten auf den Bürgerkrieg, 1993, S. 73 f.

5 Vgl. Christian Walter und Klaus Ferdinand Gärditz, Der Bürgerstatus im Licht von Migration und europäischer Einwanderung, in: VVDStRL 72 (2013), S. 7 ff., 49 ff. Dazu: Otto Depenheuer, Demokratie und Staatsvolk: Die Bindung des Wahlrechts an die Staatsangehörigkeit, in: Nationales Wahlrecht und internationale Freizügigkeit, hg. v. Gilbert H. Gornig/ Hans-Detlef Horn/ Dietrich Murswiek (= Staats- und völker-

rechtliche Abhandlungen der Studiengruppe für Politik und Völkerrecht, Bd. 29), 2015, S. 39 – 54.

6 Problemanalyse: Otto Depenheuer, Risiken und Nebenwirkungen menschenrechtlicher Universalität, in: Josef Isensee (Hg.), Menschenrechte als Weltmission, 2009, S. 81 ff.

7 Skepsis erscheint angebracht, vgl. Otto Depenheuer, Selbstbehauptung des Rechtsstaates, 2. Aufl., 2007, insbes. S. 78 ff.

8 Näher dazu Otto Depenheuer, Vorbehalt des Möglichen, in: Josef Isensee/Paul Kirchhof (Hg.), Handbuch des Staatsrechts, Bd. XII (Normativität und Schutz der Verfassung), 3. Aufl., 2014, § 269, S. 557 ff.

9 In diesem Kontext geht es nicht um die Obergrenze als quantitative Richtschnur für die Aufnahmefähigkeit und -bereitschaft des Schutz gewährenden Staates, sondern um die Obergrenze als willkürliches Auswahlprinzip hinsichtlich der Aufnahmebegehrenden. Dazu Depenheuer, Zufall als Rechtsprinzip? – Der Losentscheid im Rechtsstaat, in: JZ 1993, 171 ff.

10 Ein Handlungsmuster, das unter Geltung des Grundgesetzes Schule zu machen beginnt, vgl. Depenheuer (N 7), S. 31 ff. (33).

11 Enzensberger (N 4), S. 73 f.

12 Aurelii Augustini Opera, Pars IV/1, in: Corpus Christianum, Seria latina, Bd. XXXII, Tournhout (Belgien) 1962, S. 22; Thomas von Aquin, Summa Theologica 2–2 q.26 a.6.

13 Diese soziale Homogenität gilt in der Staatstheorie als Grundlage staatlicher Einheit, vgl. Hermann Heller, Politische Demokratie und soziale Homogenität [1928], in: ders., Gesammelte Schriften, Bd. 2, 1971, S. 421ff; Carl Schmitt, Verfassungslehre [1928], S. 228ff; ders., Der Gegensatz von Parlamentarismus und moderner Massendemokratie [1926], in: Positionen und Begriffe im Kampf um Weimar-Genf-Versailles, 1940, S. 52/59 ff.).

14 Näher Depenheuer (N 3), S. 57 ff.

15 Hannah Arendt, »Es gibt nur ein einziges Menschenrecht«, in: Die Wandlung, 1949, S. 754 ff., 767: »Denn der Mensch hat rein als Mensch nur ein einziges Recht, das über alle seine verschiedenartigen Rechte als Staatsbürger hinausgeht: das Recht, niemals seiner Staatsbürgerschaft beraubt zu werden, das Recht, niemals ausgeschlossen zu werden von den Rechten, die sein Gemeinwesen garantiert. [...] Nur die Ausschließung vom Gemeinwesen überhaupt stößt den Menschen aus jenem gesam-

ten Bereich der Legalität, worin Rechte aus den gegenseitigen Garantien entspringen, die sie allein sichern können.«

16 Dieser Eid ist gem. Art. 64 II GG auch von Bundeskanzler und Bundesministern zu leisten.

17 Überblick: Otto Depenheuer, Zwischen staatlicher Souveränität und Menschenrecht. Grundfragen staatlicher Einwanderungspolitik, in: Mahulena Hofmann/Herbert Küpper (Hg.), Kontinuität und Neubeginn, Staat und Recht in Europa zu Beginn des 21. Jahrhunderts, Festschrift für Georg Brunner, 2001, S. 46 ff.

18 Die Dogmatik der sog. Wesentlichkeitstheorie könnte durch diese das Gesetz negierende Praxis eine pikante Anreicherung erfahren: unwesentlichen Administrativentscheidungen stehen – nach der Wesentlichkeitstheorie des Bundesverfassungsgerichts (BVerfGE 33, 125; st. Rspr.) – exklusiv dem Parlament vorbehaltene »wesentliche« Entscheidungen gegenüber. Bei »ganz wesentlichen« Entscheidungen aber stellt die Exekutive Parlament und Volk vor vollendete Tatsachen.

III.

Peter M. Huber

Der Rechtsstaat unter Druck

Neben dem Föderalismus[1] ist der Rechtsstaat der wohl wichtigste Beitrag, den das deutsche Staatsrecht zur Hervorbringung des modernen Verfassungsstaates westlicher Prägung geleistet hat. Mit der im 19. Jahrhundert etablierten Gesetzmäßigkeit der Verwaltung, dem Vorrang und dem Vorbehalt des Gesetzes, mit ihrer Erstreckung auf die Rechtsprechung und der nach 1949 etablierten Bindung der Gesetzgebung an die verfassungsmäßige Ordnung gehört er zum änderungs- wie integrationsfesten Kern unserer Verfassungsordnung (Art. 79 Abs. 3, 23 Abs. 1 Satz 3 GG).

I. Das Rechtsstaatsprinzip des Grundgesetzes

Das Verfassungsrecht besteht bekanntlich nicht nur aus den einzelnen Normen der geschriebenen Verfassung, sondern auch aus sie verbindenden, innerlich zusammenhängenden allgemeinen Grundsätzen und Leitideen, die das vom Verfassungsgeber vorgefundene Gesamtbild geprägt haben. Von ihm ist der Verfassungsgeber ausgegangen, auch wenn er es nicht in einem besonderen

Rechtssatz konkretisiert hat. Das gilt namentlich für das Rechtsstaatsprinzip,[2] das sich aus einer Zusammenschau der Bestimmungen von Art. 20 Abs. 3 GG, der Bindung der einzelnen Gewalten und den Art. 1 Abs. 3, 19 Abs. 4, 28 Abs. 1 Satz 1 GG sowie aus der Gesamtkonzeption des Grundgesetzes ergibt.[3] Das für die deutsche Verfassungsentwicklung prägende formelle Konzept des Rechtsstaats hat in den in Art. 20 Abs. 3 GG ausgesprochenen Bindungen der Staatsgewalt allerdings eine ausdrückliche Verankerung erfahren.[4]

II. Bindung und Juridifizierung von Politik als Konsequenz des deutschen Rechtsstaatskonzepts

Eine wesentliche Konsequenz dieses Rechtsstaatskonzeptes ist es, dass Recht als Bindung der Politik verstanden wird, nicht als ihr williger Vollstrecker. Das schließt es zwar nicht aus, es auch als Steuerungsressource zu begreifen und seine Bereitstellungsfunktion zu betonen;[5] im Rechtsstaatsprinzip wird man diese Dimension jedoch schwerlich verorten können.[6]

1. Rechtsstaat als Teil der nationalen Identität

Der Rechtsstaat im formellen Sinne ist nicht nur Teil der Verfassungsidentität des Grundgesetzes, sondern gehört auch in einem weiteren Sinne zur nationalen Identität Deutschlands.[7] Letztere ist die Frucht einer »öffentlichen Erzählung«, die sich anhand einer Anzahl von »Einträgen in eine Art kollektives Wörterbuch« gebildet hat[8] und – so sagen Sozialpsychologen – bis zu 400–500 Jahre zurückreichen kann.[9] Dem kommt zwar keine normative Wirkung zu; für das Verständnis des Prinzips und seines gesellschaftlichen und politischen Stellenwertes kann es jedoch hilfreich sein.

Fragt man vor diesem Hintergrund nach den Wurzeln der im deutschen Kulturkreis besonders ausgeprägten Neigung, Politik zu binden, so haben die Deutschen – anders als ihre Nachbarn in den aufkommenden Nationalstaaten des Westens – die Erfahrung gemacht, dass sich die komplexe politische Herrschaft im Heiligen Römischen Reich Deutscher Nation nur mit dem Mittel des Rechts einigermaßen bewältigen ließ und dass Gerichte – das Reichskammergericht (1495) etwa oder der Reichshofrat (1497/98) – wichtige Garanten der Interessendurchsetzung waren. Noch heute geläufig sind die Legende vom Müller von Sanssoucis und der ihm zugeschriebene Ausspruch *»il y a des juges à Berlin«*[10] oder zentrale Bestimmungen des Allgemeinen Landrechts für die Preußischen Staaten von 1794 – das Verhältnismäßigkeitsprinzip (§ 10 II 17 ALR) oder die Statuierung von Kompensationsansprüchen bei staatlichen Eingriffen in die Rechtsgüter des Einzelnen (§§ 74, 75 Einleitung PrALR) – die auf die gerichtlich durchsetzbare Bindung und Mäßigung der monarchischen Exekutive setzten. Nicht von ungefähr konnte *Immanuel Kant* daher ausgangs des 18. Jahrhunderts formulieren: »Das Recht muss nie der Politik, wohl aber die Politik jederzeit dem Recht angepasst werden.«[11]

Dieser Ansatz hat in (öffentlich)rechtlicher Hinsicht auch das 19. Jahrhundert geprägt. Nach vereinzelten Ansätzen im Vormärz[12] kam es im Gefolge der Revolution von 1848/49 zu jenem »historischen Kompromiss«

zwischen monarchischem und demokratischem Prinzip, das Deutschland den Rechtsstaat in seiner formellen oder spezifisch etatistischen Variante beschert hat. Mit Vorrang und Vorbehalt des Gesetzes wurde die monarchische Exekutive nicht nur im Sinne des Legalitätsprinzips gebunden, sondern wurden dem Bürgertum auch weitgehende persönliche Freiheiten als (unvollständiges) funktionales Äquivalent für die Demokratie garantiert.[13] Dem (Verwaltungs-)Recht kam dabei – um ein Wort *Otto Mayers* aufzugreifen – die Aufgabe zu, »die flutende Masse der Verwaltungstätigkeit« einzudämmen, den nach und nach entstehenden Verwaltungsgerichten die Aufgabe, die Regeln des Rechtsstaats zu operationalisieren.[14] Die NS-Diktatur hat dieses Erbe dann verraten.

2. Die Entwicklung nach 1949

Nach der Befreiung machte man sich entschlossen an die Wiedererrichtung, Konsolidierung und Perfektionierung des Rechtsstaats. Die Jahre nach 1949 sind geprägt durch den Aufbau der Verfassungsgerichtsbarkeit, eine flächendeckende Konstitutionalisierung der Rechtordnung und eine Perfektionierung des gerichtlichen Rechtsschutzes.[15] Sie erscheinen insoweit als konsequente Fortsetzung und Vollendung des bereits im 19. Jahrhundert eingeschlagenen Weges. Das öffentliche Recht der »alten« Bundesrepublik, das Bundesverfassungsgericht, die Staatsrechtslehre jener Jahre, prägend unter ihnen *Ernst Wolfgang Böckenförde, Konrad Hesse, Peter Häberle* und *Peter Lerche,* aber auch Zivilrechtler wie *Claus Wilhelm Canaris*[16] konzentrierten ihre Energien auf die immer üppigere Entfaltung der Grundrechte, auf die Konstitutionalisierung der (einfachrechtlichen) Rechtsordnung und auf eine kontinuierliche Ausweitung subjektiver öffentlicher Rechte. Zweifel an dieser Entwicklung gab es kaum. Erst gegen Ende der 1980er Jahre tauchen Klagen über eine Hypertrophie des Rechtsstaates und eine mangelnde internationale Anschlussfähigkeit der deutschen Grundrechtsdogmatik auf sowie Warnungen vor einem »gouvernement des juges«, einem Rechtswege- und Richterstaat.

3. Die starke Rolle der Dritten Gewalt

Mit anderen Worten: Politik in Deutschland war schon immer nicht nur das demokratische Ringen um politische Mehrheiten, sondern auch Problembewältigung mit Hilfe des Rechts und der Gerichte.

Dieser Akzent auf einem regelorientierten, die Politik begrenzenden Verständnis des (öffentlichen) Rechts zwingt die Rechtsprechung allerdings auch in die Rolle einer strukturellen Opposition zu den herrschenden Mehrheiten.[17] Nicht von ungefähr wird der Schutz der Grundrechte daher als Minderheitenschutz verstanden,[18] Auch die bundesverfassungsgerichtlichen Verfahren zum Maastrichter Vertrag,[19] zur Euro-Einführung,[20] zum Vertrag von Lissabon,[21] zur Griechenlandhilfe und EFSF,[22] zum ESM[23] und zum OMT-Beschluss der Europäischen Zentralbank[24] haben – faktisch und ungewollt – die Funktion erfüllt, Defizite des politischen und parlamentarischen Prozesses zu kompensieren und damit nicht unerheblich zur Akzeptanz der in Rede stehenden Entscheidungen beigetragen.

III. Vergleich mit anderen Mitgliedstaaten

Diese starke verfassungspolitische Bedeutung der (Verfassungs- und Verwaltungs-) Gerichtsbarkeit wurzelt im Rechtsstaatsgebot des Art. 20 Abs. 3 GG und ist in ihrem Ausmaß ein Spezifikum des deutschen Rechtskreises.[25] Zwar ist die rechtsprechende Gewalt auch in anderen Rechtsordnungen Europas nach und nach aus ihrer *Montesquieu*'schen Etikettierung als »en quelque façon nulle« herausgewachsen, wurden auch anderswo Bürgerrechte gegen den Staat anerkannt, das Legalitätsprinzip und/oder die *rule of law* durchgesetzt.[26] Alle Mitgliedstaaten der Europäischen Union sind nicht erst heute – (noch) mehr oder weniger fest etablierte – Rechtsstaaten. Der »État de droit«, der »Stato diritto« oder die »rule of law« ist auch ihren Verfassungsordnungen inhärent. Was sie vom deutschen Rechtskreis jedoch unterscheidet, ist, dass sie das (öffentliche) Recht nicht so sehr als Bindung und Eindämmung politischer Handlungsmöglichkeiten begreifen, denn als Instrument zur Verwirklichung politischer Ziele. Die in der deutschen Debatte erst in den letzten Jahren wieder aufgekommene Forderung, das (öffentliche) Recht weniger von seiner Begrenzungs- als von seiner Bereitstellungsfunktion her zu begreifen, war etwa für die französische Rechtsordnung schon immer prägend. Dass das (öffentliche) Recht dort in wesentlich größerem Umfang als in Deutschland die eigenständige Prärogative der Politik anerkennt,[27] liegt auf der Hand. So wurde der Satz der früheren französischen Finanzministerin *Christine Lagarde* »forget about the treaty«[28] in Deutschland als Aufkündigung der Europäischen Union als Rechtsgemeinschaft verstanden, während Frau *Lag-*

arde insoweit vermutlich bis heute kein schlechtes Gewissen hat, weil es dem französischen Verständnis jedenfalls des öffentlichen Rechts entspricht, der Politik (lediglich) final programmierte Zielvorgaben zu machen, statt sie mit konditional programmierten Regeln zu binden.

IV. Erosion des Rechtsstaatskonzepts

Die deutsche Rechtsstaatskonzeption ist jedoch unter Druck geraten. Auf europäischem Parkett stößt sie an unterschiedliche Grenzen, aber auch im nationalen Kontext ist eine Erosion zu beobachten.

1. Isolierte Stellung auf EU-Ebene

Zur Erosion der deutschen Konzeption des Rechtsstaats zunächst trägt bei, dass auf der Ebene der Europäischen Union Kompetenzzuweisungen und Verfahrensanforderungen laxer gehandhabt werden als im nationalen Kontext, während bei materiellen Wertentscheidungen eine eher formalistische, am Wortlaut haftende Herangehensweise vorherrscht.

Das zeigt insbesondere die anhaltende Finanzkrise, deren Bewältigung unter juristischem Blickwinkel eher französischen als deutschen Denkmustern zu folgen scheint. Diese Diskrepanz dürfte eine wesentliche Ursache vieler Missverständnisse, Konflikte und Enttäuschungen sein. Sie erklärt aber, warum der Europäische Gerichtshof in seinem *Pringle*-Urteil den Europäischen Stabiltitätsmechanismus (ESM) mit einer relativ lapidaren Begründung billigen konnte, obwohl damit – jedenfalls nach Ansicht des Bundesverfassungsgerichts[29] – die Bedeutung des in Art. 125 AEUV niedergelegten *bail out*-Verbots grundlegend verändert wurde, und weshalb er sich mit einer eher vordergründigen Betrachtungsweise begnügte, die darauf abstellte, dass mit den Hilfsmaßnahmen des ESM keine Schuldübernahme im engeren Sinne stattfinde.[30] »Hinter die Fassade« der Regelungen zu schauen, wie es der irische *Supreme Court* in seinem Vorabentscheidungsersuchen genannt hat, die Wertungen der Verträge zu entfalten und der Politik Grenzen zu setzen, widersprach wohl (noch) dem Selbstverständnis des Gerichtshofes.[31] Deshalb hatte er auch keine Bedenken dagegen, dass – außerhalb des Rechtsrahmens der Verträge – völkerrechtliche Anbauten wie der ESM-Vertrag stattfanden, obwohl es gerade aus seiner Sicht nahegelegen hätte, die Bestimmungen über Vertragsänderungen – Art. 48 EUV – als abschließende Regelung zu verstehen. In diesem Fall hätten Briten und Tschechen den ESM-Vertrag freilich blockieren können.

Es versteht sich von selbst, dass sich das deutsche Rechtsstaatskonzept auf europäischer Ebene in einer Union von 28 Mitgliedstaaten nicht ohne weiteres durchsetzen konnte, zumal es dem Interesse der handelnden Akteure strukturell zuwiderläuft. Es lässt sich aber auch nicht feststellen, dass die Bundesrepublik Deutschland etwa im Zusammenhang mit der Finanzkrise besondere Anstrengungen unternommen hätte, ein rigideres Verständnis der Verträge geltend zu machen oder durchzusetzen. Auch wenn sich die Verhandlungen nicht mehr rekonstruieren lassen und insoweit auch nicht beurteilt werden kann, wie die eine oder andere Maßnahmen ohne deutsche Mitwirkung ausgefallen wäre: Tatsache ist, dass der Bundesregierung an einer größeren Debatte und übermäßiger Transparenz insoweit nicht gelegen war.[32] Sie ist – anders als etwa Großbritannien[33] – auch nicht vor dem Europäischen Gerichtshof als Klägerin aufgetreten.

2. Erosionstendenzen im Innern

Auch im Innern hat die Bindung der Politik durch das Recht an Wirkmächtigkeit verloren. Die Gründe dafür sind vielfältig. Sie reichen von einer überbordenden Komplexität des Rechts, die zwar der immer komplizierteren Lebenswirklichkeit, divergierenden Vorgaben unterschiedlicher Ebenen und der offeneren Programmierung moderner Gesetze geschuldet ist, seine Gebote und Verbote jedoch verunklart, bis zur gesellschaftlichen Marginalisierung der Juristen und ihrer Verdrängung aus den Vorstandsetagen der Unternehmen, der steuer- und wirtschaftsberatenden Berufe und zunehmend auch der Verwaltung.[34]

So mehren sich die Fälle, in denen die Recht- und Verfassungsmäßigkeit des Handelns von Regierung und Parlament mit gewichtigen Argumenten bezweifelt wird. Stichworte aus den vergangenen Jahren sind die Aussetzung der Wehrpflicht, der Atomausstieg, die Euro- oder die Flüchtlingskrise sowie die Tätigkeit nicht nur der deutschen Geheimdienste. Auch an den unzureichenden oder illoyalen Vollzug von – politisch nicht genehmem – Bundesrecht durch einzelne Länder haben wir uns längst gewöhnt.[35]

Zwar gehört es im freiheitlichen Verfassungsstaat des Grundgesetzes gerade wegen des an sich hohen Stellenwerts des Rechtsstaats zum gängigen Arsenal politischer Auseinandersetzungen, die Rechtmäßigkeit staatlichen Handelns in Frage zu stellen; 137 Bände der amtlichen Sammlung des Bundesverfassungsgerichts legen davon ein beredtes Zeugnis ab. Das Interesse der Öffentlichkeit an den deutschen Erosionstendenzen des Rechtsstaats jedoch sinkt. Sie nimmt diese vielmehr mit gelangweilter Indifferenz zur Kenntnis.

V. Besinnung tut not

Das berühmte Resümee *Bärbel Bohleys* – wir wollten Gerechtigkeit und bekamen den Rechtsstaat – ist in den Jahren nach 1990 wohl nicht nur als lakonischer Hinweis darauf verstanden worden, dass es auch im Rechtsstaat des Grundgesetzes Ungerechtigkeiten und Härten gibt, sondern als Legitimation, sich im Interesse individueller Gerechtigkeits- oder Moralvorstellungen über das Recht auch einmal hinwegsetzen zu dürfen. Das hat dazu beigetragen, dass das Verständnis für die Bedeutung von Form-, Zuständigkeits- und Verfahrensvorschriften geschwunden ist und diese manchem als juristische Quisquilie erscheinen.[36] Damit gerät jedoch nicht nur aus dem Blick, dass gerade diese formellen Anforderungen des Rechtsstaats Garanten von Legitimität und Rechtssicherheit der staatlichen Ordnung sind. Da es in ihm keine verbindliche Moral gibt, kann die Berufung auf individuelle Moral- und Gerechtigkeitsvorstellungen oder politische Opportunitätserwägungen die Abweichung vom Recht auch nicht rechtfertigen. Der Rechtsstaat existiert durch das Gesetz oder er existiert nicht!

1 *Ch. de Montesquieu*, De L'esprit des lois, Bd. 1, 1748, S. 174; Répubique fédérative d'Allemagne; *ders.*, Meine Reisen in Deutschland 1728–1729. Ausgewählt und eingeleitet von Jürgen Overhoff, deutsch 2014; zur Rezeption durch *A. Hamilton*, Federalist 9, 20. November 1787, The Union as a Safeguard Against Domestic Faction and Insurrection.

2 *Ph. Kunig*, Das Rechtsstaatsprinzip, 1986, S. 80 ff., 84 f.; *K. Sobota*, Das Prinzip Rechtsstaat, 1997, S. 399 ff.

3 BVerfGE 2, 380 <403>.

4 BVerfGE 35, 41 <47>; 39, 128 <143>; 48, 210 <221>; 51, 356 <362>; 56, 110 <128>; 58, 81 <97>; 101, 397 <404>; 108, 186 <234>; 133, 143 <157 f., Rn. 40>; 134, 33 <89, Rn. 129>; stRspr.

5 Zu den Gegentendenzen schon im 19. Jahrhundert siehe *M. Stolleis*, Entwicklungsstufen der Verwaltungsrechtswissenschaft, in: GVwR I, 2. Aufl., 2012, § 2 Rn. 50 ff.

6 Es liegt nahe, insoweit das Demokratieprinzip für einschlägig zu halten, ggf. auch ein materiell verstandenes Republikprinzip, zur Unterscheidung zwischen Rechtsschutz- und Steuerungsfunktion im Verwaltungsrecht *P. M. Huber*, Grundzüge des Verwaltungsrechts in Europa, in: v. Bogdandy/Cassese/ders. (Hrsg.), IPE V, 2014, § 73 Rn. 8 ff.

7 Dazu *P. M. Huber*, Recht und nationale Identität, in: FS für Jarass, 2015, S. 205 <209 ff.>.

8 *A. v. Bogdandy*, Europäische und nationale Identität: Integration durch Verfassungsrecht?, VVDStRL 62 (2003), 156, 169 m. w. N.

9 Siehe etwa mit Blick auf Europa *M. Cinirella*, A Social Identity Perspective on European Integration, in: Breakwell/Lyons (Hrsg.), Changing European Identities, 1996, S. 253 <267>; *D. J. Hilton/H.-R. Erb/M. Dermot/D. J. Molian*, Social Representation of History and Attitudes to European Unification in Britain, France and Germany, ebd., S. 275 <293>; zur Bedeutung für den Föderalismus *P. M. Huber*, Klarere Verantwortungsteilung zwischen Bund, Ländern und Kommunen?, Gutachten D, 65. DJT, 2004, D 47.

10 Meyers Großes Konversations-Lexikon. Band 9, Leipzig 1905, S. 765.

11 *I. Kant*, Werke in Zwölf Bänden, Band 8, Die Metaphysik der Sitten, 1997, Über ein vermeintes Recht aus Menschenliebe zu lügen.

12 *R. v. Mohl*, Das Staatsrecht des Königreichs Württemberg II, 1831.

13 *A. v. Bogdandy/P. M. Huber*, Grundlagen des Verwaltungsrechts: Deutschland, in: v. Bogdandy/Cassese/Huber (Hrsg.), IPE III, 2010, § 42 Rn. 39 ff., 41.

14 Preuß. OVG vom 14. Juni 1882, PrOVG Entscheidungen Band 9, S. 353. Im Kreuzbergurteil bestimmt das OVG exemplarisch, dass die gesetzliche Ermächtigung der Polizei, gegenüber dem Bürger Anordnungen zu erlassen, auf die Gefahrenabwehr beschränkt ist, so dass ästhetische Erwägungen – es ging um den Blick auf ein Denkmal – auf dieser Grundlage rechtswidrig sind. Die beiden Kreuzberg-Urteile sind – leichter zugänglich – im Original abgedruckt in: DVBl. 1985, S. 216–226.

15 *A. v. Bogdandy/P. M. Huber*, IPE III, § 42 Rn. 60 f.

16 *C. W. Canaris*, Grundrechte und Privatrecht, AcP184 (1984), 201 ff.

17 Das Wort ist mit Blick auf die Rechtsprechung des Bundesverfassungsgerichts zur europäischen Integration verwendet worden; vergleichbare Befunde lassen sich jedoch auch für das Verwaltungsrecht nachweisen und haben etwa dazu geführt, dass immer mehr genuin verwaltungsrechtliche Materien wie das Regulierungsverwaltungs- oder das Vergaberecht (vgl. *P. M. Huber*, Öffentliches Wirtschaftsrecht, in: Schoch (Hrsg.), Besonderes Verwaltungsrecht, 15. Aufl., 2013, 3. Kap. Rn. 283) den Zivilgerichten zugewiesen worden sind.

18 *F. Hufen*, Staatsrecht II, 4. Aufl., 2014, § 1 Rn. 18; *W. Rüfner*, Leistungsrechte, in: Merten/Papier (Hrsg.), HGR II, 2006, § 40 Rn. 48.

19 BVerfGE 89, 155 ff.

20 BVerfGE 97, 350 ff.

21 BVerfGE 123, 267 ff.

22 BVerfGE 129, 124 ff.

23 BVerfGE 132, 195 ff.; 135, 317 ff.

24 BVerfGE 134, 366 ff.

25 *S. Unger*, Wettbewerbsverwaltung, Habil., München 2014.

26 Zu Vorläufern des Verhältnismäßigkeitsprinzips im Common Law siehe *W. Blackstone*, Commentaries on the Laws of England, 4th edition 1899, p. 115.

27 Siehe etwa zur Anerkennung des *pouvoir administratif* in Frankreich *P. Gonod*, Grundzüge des Verwaltungsrechts in gemeineuropäischer Perspektive: Frankreich, in: v. Bogdandy/Cassese/Huber (Hrsg.), IPE V, 2014, § 75 Rn. 2 passim.

28 Siehe *N. Tait*, EU ministers back harder line on fiscal rules, Financial Times, 21. Mai 2010.

29 BVerfGE 132, 195 <247 f., Rn. 128>; BVerfG, Urt. v. 18. März 2014 – 2 BvR 1390/12 u. a.

30 EuGH, Urt. v. 27. November 2012, Rs. C-370/12 – Thomas Pringle/Government of Ireland, Ireland and Attorney General –Slg. 2012, I-0000 Rn. 138 ff.

31 Siehe aber im Grundrechtsbereich EuGH, Urt. v. 9. April 2014 – C-293/12 und C-594/12, ECLI:EU:C:2014:238 – Digital Rights Ireland und Seitlinger u. a. Urteil v. 6.10.2015 – Rs C-362/14, ECLI:EU:C:2015:650 – Maximillian Schrems / Data Protection Commissioner.

32 Siehe BVerfGE 131, 152 ff.

33 EuGH, Urt. v. 22.1.2014 – C-270/12, ECLI:EU:C:2014:18, United Kingdom/European Parliament and Council.

34 *P. M. Huber*, Ultima ratio: Law School, in: ders., Beiträge zu Juristenausbildung und Hochschulrecht, 2010, S. 116.

35 BVerfGE 81, 310 <331 ff.>; 84, 25 ff.; 104, 249 ff.; 104, 238 ff.

36 Siehe *R. Marx*, Interview mit dem Münchner Merkur vom 12.9.2015: »Sie [scil. die Bundeskanzlerin] hat sich sogar über das Gesetz hinweggesetzt. Das gehört auch zur politischen Führung!«

B.
Staatsverantwortung und Staatsrecht

I.

Martin Nettesheim

Staatsverantwortung durch Verfassungsrecht am Beispiel von Migration

I. Normative Orientierungsschwächen

Die Flüchtlingskrise gibt der Verfassungsrechtswissenschaft Anlass, über ihre Begriffe und Konzepte nachzudenken. Die Herausforderungen, die sich mit der Aufnahme von mehr als einer Million schutzsuchender Menschen in nur einem Jahr verbinden, berühren die Grundlagen des staatlichen Gemeinwesens. Hierüber dürfte zwischen jenen, die optimistisch darauf verweisen, dass Deutschland »das« schaffe, und jenen, die sich vor den Folgen einer Überforderung fürchten, Einigkeit bestehen. Sowohl die rechtswissenschaftlich-analytische Beschreibung der Herausforderung als auch die normative Eingrenzung der von der Politik avisierten und ergriffenen Maßnahmen fallen allerdings schwer. Das überkommene Staatsrechts- und Verfassungsdenken hält, wie die Diskussionen der letzten Monate deutlich machen, keine unmittelbar greifbaren Antworten bereit, um normativ angemessen auf die Frage zu antworten, welchen verfassungsrechtlichen Bindungen die Politik bei der Entscheidung über die Aufnahme einer großen Anzahl zuwandernder Personen unterliegt. Gerade dort, wo es um die tiefsten und letzten Grundlagen des staatlichen Gemeinwesens geht, scheint die normative Orientierung besonders unsicher zu sein.

Im öffentlichen, auch rechtswissenschaftlichen Diskurs der letzten Monate hat dies zu einer beklagenswerten und schmerzlichen Sprachlosigkeit des Verfassungsrechts beigetragen. Im öffentlichen Raum wird die Entwicklung überwiegend unter Effizienz- und Wohlstandsgesichtspunkten abgehandelt.[1] In der politischen Sphäre wird sie teilweise auch auf ihre administrative Dimension reduziert und als ein – möglichst effektiv auszugestaltender – Verwaltungsvorgang konzipiert, etwa durch »Verschlankung« und »Beschleunigung« des Asylverfahrens, eine möglichst reibungslose und zügige »Verteilung« von Flüchtlingen oder eine schnelle Abschiebung von Personen ohne Aufenthaltsrecht. Wenn schon über einen Rechtsrahmen diskutiert wird, der dem Geschehen eine Einbettung verleiht, entstammt dieser nicht dem Verfassungsrecht. Man verweist vielmehr auf die Bindungen, die sich für die Bundesrepublik Deutschland aus dem Außenverfassungsrecht ergeben (internationales Flüchtlingsrecht, EU-Recht). Nur ganz punktuell ist eine Relevanz des Verfassungsrechts zu erkennen, überwiegend in positivistischer Berufung auf einzelne Verfassungsbestimmungen (»Das Asylrecht kennt keine Obergrenze«). Konstitutionelle Maßstäbe, vermittels derer einer mehr reaktiv als prospektiv agierenden Politik Richtung verliehen werden könnte, sind bislang viel zu wenig erkennbar.

Dies mag – so die nachfolgend zu begründende These – nicht zuletzt daran liegen, dass sich konstitutionelles

Denken jedenfalls dann, wenn es um die Grundlagen des staatlichen Gemeinwesens geht, zu sehr mit Seinsgegebenheiten von Staatlichkeit befasst (II.). Weiterführend wäre es statt dessen, in Kategorien staatlicher Verantwortung zu denken. Dies würde begründete Aussagen darüber erlauben, welche konstitutionellen Bindungen die Träger der Staatsgewalt bei der Ermöglichung von Migration treffen (III.).

II. Das ontologisch geprägte Staatsdenken: Schutz des Wesens von Staatlichkeit

1. Staatselemente und Migration

Das überkommende Verfassungsrechtsdenken stützt sich vielfach, wenn es mit Entwicklungen konfrontiert ist, die das staatliche Gemeinwesen im Kern berühren, auf ein ontologisch geprägtes Staatskonzept. Diesem Denken geht es um die Feststellung, welche Voraussetzungen vorliegen müssen, um (noch) von Staatlichkeit sprechen zu können, und um den Schutz dieser Seinsgegebenheiten. Politische Entwicklungsverläufe sind danach daraufhin zu untersuchen, ob und wie sie die Elemente der Staatlichkeit berühren. Praktisch durchgespielt wurde dieser Ansatz zuletzt vielfach bei der Beurteilung von Maßnahmen zur Vertiefung der europäischen Integration. Staatlichkeit, heute in Art. 20 iVm. Art. 79 Abs. 3 GG verankert, darf diesem Denken zufolge nicht durch politisch veranlasste Entwicklungsverläufe beeinträchtigt werden.

Das zugrunde liegende Denken ist dichotom und statisch. Der Staat ist, oder er ist nicht: Anderes lässt sich nicht erfassen, interessiert vielleicht aufgrund der gewählten Perspektive auch nicht. Das Denken zielt darauf ab, Entwicklungen zu identifizieren, die dem Staat seine Staatlichkeit nehmen. Wendet man es ins Normative, gibt es Maßstäbe an die Hand, vermittels derer politischen Entscheidungen Einhalt geboten werden kann, die die Elemente der Staatlichkeit untergraben. Die Seinsgegebenheiten der Staatlichkeit dürfen nicht angetastet, jedenfalls nicht im Wesen beschädigt werden.

Lassen sich die Entwicklungen im zweiten Halbjahr 2015 als Beeinträchtigung dieser Seinsgegebenheiten von Staatlichkeit deuten? Unter Zugrundelegung eines formalen Staatsbegriffs sicherlich nicht: Auch wenn es um die Aufnahme von Millionen Menschen aus dem Ausland geht, bleibt der Staat – begriffen als Konstrukt aus drei Elementen – unberührt. Die Aufnahme von Menschen aus Drittstaaten stellt weder die Territorialherrschaft in Frage, noch berührt sie die personale Verankerung des Staats in der Gruppe der Menschen mit Staatsangehörigkeit. Das Bundesverfassungsgericht hat sich in der Lissabon-Entscheidung bekanntlich eines derartigen – formalen – Staatskonzepts bedient, wenn es mit Blick auf den Lissabon-Vertrag betont, dass eine »gebietsbezogene Staatsgewalt« unverändert fortbestehe[2] und der Staat auch weiterhin über ein »Staatsvolk« verfüge.[3] Zwingend ist ein derartiger Zugriff aber nicht. Wer dem Staatsbegriff ein substanzielles Konzept personaler Verwurzelung zugrunde legt, wird ohne weiteres in der Lage sein, Rückwirkungen von Massenmigration auf die Elemente von Staatlichkeit zu erkennen. Die millionenfache Zuwanderung aus dem Ausland wird nicht ohne Rückwirkungen auf die Zusammensetzung und die eingespielten Praktiken politischer und sozialer Gemeinschaftlichkeit bleiben.

2. Normativer Schutz von Staatselementen

Es liegt in der Konsequenz des vorstehend beschriebenen Staatsdenkens, normative Kriterien dafür bereit stellen zu wollen, wann die Folgen einer politisch veranlassten oder hingenommenen Entwicklung auf die Elemente von Staatlichkeit eine nicht mehr hinzunehmende »Beeinträchtigungswirkung« entfalten. Mit Blick auf die »Flüchtlingskrise« würde dies bedeuten, ausgehend von einem substanziellen Konzept politischer Gemeinschaftlichkeit nach Kriterien dafür zu suchen, in welchem Umfang die Aufnahme schutzsuchender Menschen möglich ist, ohne dass die Substanz dieser Gemeinschaft angetastet wird. Als einschlägige Topoi ließen sich etwa die Zahl der Betroffenen und ihre Integrationswahrscheinlichkeit benennen. Erforderlich wäre die Definition eines Punktes, ab dem die Aufnahme bestimmter Flüchtlinge (qualitative Betrachtung) oder weiterer Flüchtlinge (quantitative Betrachtung) die (normativ angestrebte) personale Dimension von Staatlichkeit so zu beeinträchtigen drohte, dass von Verfassung wegen eine Grenze zu ziehen ist.

Verfassungsrechtswissenschaftlich dürften Vorstöße, die in diese Richtung zielen, allerdings kaum auf Zuspruch stoßen. Aus mehreren Gründen lässt sich die *personale Dimension* von Staatlichkeit nicht gewinnbringend zur Grundlage von Leitlinien und Maßstäben der Flüchtlingspolitik machen: Das Grundgesetz bietet keine hinreichenden Ansatzpunkte für eine substanziell-ethische Aufladung der von ihm verfassten politischen Gemeinschaft, die den vorstehend beschriebenen Ansätzen einen tragfähigen Ansatzpunkt böte. Zu Recht überantwortet das Grundgesetz die (Selbst-)Beschreibung der Wesensmerkmale der politischen Gemeinschaft in reflexiver Weise dem politischen Prozess. Zudem ist die Operationalisierbarkeit von Maßstäben der vorgenannten Art mehr als zweifelhaft. Die Vorstellung, durch die in der politischen Diskussion häufig diskutierten Schritte (Sprachkurse, Wertbekenntnisse, Pflicht zum »Handschütteln«) würden zu einer umstandslosen Assimilation der ehemals Fremden führen, erscheint im übrigen mindestens gewagt. Viel zu sehr wird die politische Diskussion von dem Irrglauben geprägt, dass Integration ein Prozess ist, der nur die eine Seite (jene der zu integrierenden Menschen) berührt. Auch im Prozess gelungener »Integration« einer Vielzahl von Menschen wird das Substrat der unter dem Grundgesetz zu beobachtenden Gemeinschaftlichkeit nicht unberührt bleiben – so, wie die Auflösung eines Zuckerwürfels den Tee nur scheinbar unverändert lässt.

Die Schlussfolgerung, dass das personale Element von Staatlichkeit keine wirklich tragfähigen Maßstäbe dafür bereit hält, wie auf den Migrationswunsch einer großen Zahl von Menschen zu reagieren ist, erscheint insofern unvermeidlich.

3. Wiederkehr altbekannter Schwächen

Die vorstehenden Überlegungen überraschen nicht. In der Diskussion um die Grenzen der europäischen Integration sind die begrenzten Möglichkeiten eines ontologischen

Staatsdenkens inzwischen hinreichend deutlich geworden. Jahrelanges Nachdenken hat die Rechtswissenschaft bei der Suche nach dem Punkt, ab wann ein in kleinen Schritten vollzogener Integrationsprozess zur Wesensbeeinträchtigung von Staatlichkeit führen wird, nicht wirklich weitergebracht. Man kann hierauf mit der Einführung neuer schutzbedürftiger und unantastbarer Seinsgegebenheiten reagieren, wie es das Bundesverfassungsgericht mit der Konstruktion einer »Verfassungsidentität« getan hat. Denkbar erscheint es aber auch, das ontologisch geprägte Staatsdenken um ein Verfassungsdenken zu ergänzen, das Prozesse thematisiert, die sich zwar auf die Zusammensetzung und Zukunftsperspektiven des staatlichen Gemeinwesens auswirken, ohne dessen existentielle Seinsgegebenheit in Frage zu stellen. Diesem Verfassungsdenken geht es um die Analyse und normative Bewertung von Veränderungsprozessen, Verschiebungen und Verwerfungen, die sich im Vorfeld der Berührung des *Status der Staatlichkeit* bewegen – oder schon dahinter.

III. Einforderung von Staatsverantwortlichkeit

Im Zentrum dieses Verfassungsdenkens muss die Beschäftigung mit Gegebenheiten und Entwicklungsverläufen stehen, die sich auf den Anspruch des Grundgesetzes auswirken, den unter seiner Geltung lebenden Menschen in Leben in privater und öffentlicher Autonomie zu ermöglichen. Dies würde zu einem differenzierten Situations- und Lagendenken führen, die Überwindung eingespielter »Innen-Außen«-Dichotomien ermöglichen und zu einer Annäherung demokratisch-staatsorganisationsrechtlichen und grundrechtlichen Denkens beitragen. Gefordert ist damit ein Denken in Verantwortlichkeiten, nicht in Seinsgegebenheiten.

Für derartige Ansätze gibt es in der Rechtsprechung des Bundesverfassungsgerichts Vorbilder: Zu denken ist insbesondere an die jüngeren Entscheidungen, in dem es um die Sicherung der haushaltspolitischen Verantwortung des Gesetzgebers in einem sich ändernden Umfeld europäischer »Rettungspolitik« ging.[4] In der »Flüchtlingskrise« geht es nun um die Frage, welche Verantwortlichkeiten die vom Grundgesetz konstituierte Hoheitsgewalt mit weiten Feld jener Migrationsbewegungen treffen, die 2015 wohl nur einen vorläufigen Höhepunkt erlebt haben. Grundsätzlicher Bezugspunkt dieses Verfassungsdenkens ist die Territorialität; sachlich-inhaltlich geht es darum, welche Rechte und Pflichten bzw. Verantwortlichkeiten die Träger der Hoheitsgewalt mit Blick auf die auf dem Territorium befindliche Bevölkerung treffen. Aus Platzgründen kann dies hier nur ansatzweise beschrieben werden.

1. Verantwortlichkeiten hinsichtlich der Entwicklung der Bevölkerungszusammensetzung

Staatliche Entscheidungen über die Zulassung von Migration weisen eine genuin konstitutionelle Dimension auf. Sie wirken sich auf die Zusammensetzung der Gruppe aus, die unter dem Grundgesetz in privater Freiheit und – soweit es zur Verleihung der Staatsangehörigkeit kommt – öffentlicher Autonomie miteinander zusammen leben (müssen). Migrationsfragen sind damit keine Fragen, die mit einfacher Mehrheit heute so und morgen von einer anderen Mehrheit anders entschieden werden sollten. Sie reichen ihrer Eigenart nach über das, was vom politischen Opportunitätsdenken der jeweiligen einfachen Mehrheit getragen werden könnte, jedenfalls in den Grundzügen hinaus. Sie tragen langfristige Folgewirkungen in sich und haben erhebliche (sozial-, wirtschafts- und verteilungspolitische) Implikationen. Ihrer Natur nach sollten sie damit von besonders breiten, ggf. einer den Anforderungen an die verfassungsändernde Gesetzgebung genügenden Mehrheiten (»super majority«) getragen werden. Dies gilt es ungeachtet des Umstandes zu betonen, dass sich die positive Ordnung des Grundgesetzes hier mit einem Weniger begnügt. Die konstitutionelle Qualität dieser Entscheidungen lässt sich nicht dadurch in Zweifel ziehen, dass auf die nachgelagerte Entscheidung über die Einbürgerung verwiesen wird: Aus der Aufnahme des Migranten ergeben sich faktische und normative Folgezwänge.

Verfassungsrechtliche Ansatzpunkte, vermittels derer den verantwortlichen Staatsorganen substanzielle Vorgaben für die Entscheidung über die Ermöglichung von Migration gemacht werden könnten, dürften (jenseits der vereinzelten Vorgaben in Art. 16a GG oder Art. 116 GG) kaum zu gewinnen sein. Umso wichtiger ist es, dass die Grundentscheidungen vom Gesetzgeber getroffen werden. Im Lichte dieser Bemerkungen bedarf es keiner besonderen Begründung, dass die Entscheidung über die Ermöglichung rechtlich abgesicherter oder auch faktischer Migration nicht von der Regierung getroffen werden kann. Erst recht dürfen diese Fragen nicht nachgelagerten Verwaltungsstellen überlassen bleiben, die – etwa durch den Verzicht auf Abschiebung – vollendete

Tatsachen schaffen können. Ergeben sich zwischen der formalen Gesetzeslage und den tatsächlich eintretenden Entwicklungsverläufen wesentliche Differenzen, ergibt sich eine verfassungsrechtliche Reaktionspflicht des Gesetzgebers, der die Entwicklung entweder in seinen Willen aufnehmen kann oder ihr entgegen steuern muss. Ein mehr als vorübergehendes Auseinanderfallen von gesetzlichem Steuerungsanspruch und faktischer Entwicklung ist nicht hinnehmbar. Die administrative Absicherung der staatlichen Verantwortung muss durch durch ein Erfassungs- und Registrierungssystem bewirkt werden, das die berechtigte Erwartung begründet, dass es nicht zu einer unbeobachteten Einwanderung kommt.

2. Verantwortlichkeiten gegenüber Gebietsansässigen

Staatliche Verantwortlichkeit für die auf dem Staatsgebiet lebende Bevölkerung bedeutet zugleich, dass überkommene Differenzen zwischen Innen und Außen, zwischen Zugehörigkeit und Nichtzugehörigkeit in Frage gestellt werden müssen.

a) Die begriffliche Erfassung von Lagen der (Noch-) Nichtzugehörigkeit

Mit der hier skizzierten Umstellung von einem staatsrechtlichen, auf den »Elementen« der Staatlichkeit aufbauenden zu einem konstitutionellen Denken gehen die Unterschiede zwischen der Gruppe der Staatsangehörigen und den sonstigen Gebietsansässigen nicht grundsätzlich verloren. Sie werden allerdings relativiert. Dem konstitutionellen Denken fehlt es bislang allerdings noch an einem Begriffsapparat, vermittels dessen die Lage und die Perspektive der in Deutschland befindlichen Migranten erfasst und beschrieben werden kann. Diese Beschreibung müßte in der Lage sein, die überkommene Dichotomie zwischen der Kategorie der bereits »Zugehörigen« (Staatsangehörigkeit) und jener der »Anderen« (Fremde, Ausländer) durch eine aussagekräftigere und spezifischere Begrifflichkeit zu ersetzen. Es müßte darum gehen, die scharfe Gegensätzlichkeit zwischen der Normallage und der Sphäre des sozial oder politisch Außenstehenden zu überwinden und Kategorien zu entwickeln, mit denen die heterotope Lage von ansässigen (Noch-) Nichtzugehörigen beschrieben werden kann. Das Verfassungsrecht müßte sich etwa der Aufgabe stellen, den Status der Unionsbürger zu erfassen, die über Art. 20 ff. AEUV und Art. 28 GG Aufenthalts- und begrenzte politische Mitspracherechte genießen und sich damit in einer Zwischenkategorie zwischen der Normallage und der Situation der radikal Anderen bewegen. Es müßte Kategorien zur Beschreibung der Lage jener Nichtdeutscher entwickeln, die sich – unter Zugrundelegung einer realistisch-pragmatischen Sichtweise – dauerhaft in Deutschland aufhalten werden. Diese Lagen dürfen sich nicht weiter in einem blinden Fleck konstitutionellen Denkens befinden. Man könnte diese Lagen mit dem Begriff der Ansässigkeits- oder Zugehörigkeitsenklaven bezeichnen. Der Begriff würde für die Situation von Menschen stehen, die sich, der deutschen Hoheitsgewalt unterworfen, mehr als nur ephemer und mit marginalem Konnex auf deutschem Staatsgebiet aufhalten.

Die Erfassung dieser – je unterschiedlichen – Lagen könnte es dem Verfassungsrecht in der Folge ermöglichen, der Politik gehaltvollere Maßstäbe für die rechtliche Gestaltung der Lage und die je spezifische Statusbegründung an die Hand zu geben. Das Verfassungsrecht darf diesbezüglich nicht einfach dem völkerrechtlichen und EU-rechtlichen Steuerungsanspruch freien Raum lassen, sondern muss sich auf den Eigenwert und den ihm eigenen – staatlichen – Anspruch besinnen. Es darf sich auch nicht einfach damit begnügen, politische Vorstöße – wie damals der Versuch der Begründung des Wahlrechts für Ausländer – zurückzuweisen, sondern muss sich der Herausforderung konstruktiv und mit einer eigenen Zukunftsvision nähern. Man wird der Herausforderung auch nicht gerecht, wenn man sich darauf zurückzieht, die konstitutionelle Ausstrahlung auf einen simplen Entscheidungszwang zwischen schneller Vollintegration oder zügiger Abschiebung zu reduzieren. Die Heterotopie, die sich in der Anwesenheit einer großen Zahl von Menschen manifestiert, die weder den Status voller Zugehörigkeit genießen noch ephemere Fremde sind, lässt sich normativ nicht auf diese Weise in den Griff bekommen.

b) Normative Perspektiven

Es ist hier nicht der Platz, die damit aufgeworfene konstitutionelle Herausforderung im einzelnen abzuarbeiten. Einige Gedanken seien aber erlaubt. In substanzieller Hinsicht muss es in einer freiheitlichen Verfassungsordnung zunächst und vor allem darum gehen, Antworten darauf zu geben, wie sich kollidierende Freiheitsansprüche miteinander zum Ausgleich bringen lassen. *Prima facie* ist dem Freiheitsanspruch der Menschen – auch der Neuankömmlinge in den Sphären heterotoper

(Noch-)Nichtnormalität – der Vorrang zu geben, und zwar auch gegenüber dem demokratisch abgesicherten Recht der mehrheitlich entscheidenden politischen Gemeinschaft, selbstbestimmt über die gesellschaftlichen Ordnungsstrukturen zu entscheiden. Die individuelle Freiheit endet ohne Zweifel dort, wo sie sich nicht mit den »Zumutungen« abzufinden bereit ist, die sich aus dem Freiheitsgebrauch der jeweils anderen ergeben. Die politische Gemeinschaft hat zudem ein legitimes Interesse, sicherzustellen, dass Neuankömmlinge sich so in das Wirtschafts- und Sozialsystem integrieren, dass sie einen gesellschaftlichen Beitrag zu leisten in der Lage sind. Wie weit hier eine »Integrationspflicht« geht, ist bislang aber noch viel zu wenig Gegenstand vertiefender verfassungsrechtlicher Klärung gewesen. Mit Vorsicht wird man Positionen begegnen müssen, wonach das Grundgesetz (möglicherweise sogar über Art. 20 iVm. Art. 79 Abs. 3 GG) der demokratisch entscheidenden Mehrheit Vorgaben hinsichtlich der ethnischen Zusammensetzung der unter dem Grundgesetz lebenden politischen Gemeinschaft, hinsichtlich eines substantiell aufgeladenen Gemeinschaftsbegriffs oder hinsichtlich der Hervorbringung sozialen Zusammenhalts macht. Die demokratisch entscheidende Mehrheit kann ihre Belange diesbezüglich politisch selbst verteidigen und bedarf nicht verfassungsrechtlicher (bzw. -gerichtlicher) Aufsicht. Die politische Gemeinschaft ist dazu berufen, ihre Bindungen und ihre Substanz zu definieren und so – unter Respektierung privater Freiheit – innere Gruppenbindung zu stabilisieren.

Jedenfalls ansatzweise wird die Lage der (Noch-)Nichtzugehörigen seit einiger Zeit mit Blick auf Fragen der öffentlichen Autonomie (politische Teilhabe) thematisiert. Der demokratietheoretische Hinweis auf das Gebot der Kongruenz von Herrschaftsunterworfenheit und politischer Teilhabe ist aus der verfassungsrechtlichen Diskussion nicht mehr wegzudenken. Dauerhafter Aufenthalt ohne öffentliche Autonomie erzeugt danach normative Spannungen. In ähnliche Richtung weist die Staatstheorie: Wenn sich Zugehörigkeitsverhältnisse heute wesentlich über die Ansässigkeit (Territorialität) definieren, muss sich dies in der Zuerkennung politischer Mitspracherechte manifestieren. Die Entscheidung des verfassungsändernden Gesetzgebers, EU-Bürgern auf kommunaler Ebene Teilhabe zu ermöglichen, ist denn auch verfassungsrechtspolitisch nicht auf Einwände gestoßen (wenngleich sie verfassungsrechtsdogmatisch bislang nicht wirklich befriedigend verarbeitet worden ist). Gerade weil es sich bei der Entscheidung darüber, wer zur politischen Teilhabe berechtigt ist, um eine konstitutionelle Frage handelt, die im uniarischen Staat des Grundgesetzes nicht für jedes Land getrennt und nicht von der jeweiligen einfachen politischen Mehrheit entschieden werden sollte, könnte ein Ausländerwahlrecht nur auf Verfassungsebene eingeführt werden. Entschließt sich der Gesetzgeber dazu, Migranten auf den Weg über die (dann allerdings rechtlich gebotene) Einbürgerung zu verweisen, ist hiergegen verfassungsrechtlich nicht zu erinnern. Die Öffnung des Staatsangehörigkeitsrechts muss mit den aufenthaltsrechtlichen Entscheidungen abgeglichen werden.

Ein lagenorientiertes, die strikte Dichotomie von Zugehörigkeit und Fremdheit überwindendes Verfassungsdenken könnte schließlich auch den grundrechtlichen

Diskurs befruchten. Der tendenziell universalistische Zugriff grundrechtlichen Denkens, das gerade mit Blick auf Art. 1 Abs. 1 GG keinen Unterschied zwischen den einzelnen Menschen zu kennen scheint, ließe sich so um differenziertere Denkmuster und Kriterien bereichern. Der Anspruch auf menschenwürdige Behandlung lässt eine radikale, das Menschliche negierende Differenzierung zwischen Zugehörigen und Fremden nicht zu, erzwingt aber auch nicht eine förmliche Gleichbehandlung.[5] Die jüngst geäußerten Vorschläge, bei fehlender Integrationswilligkeit das (eigentlich) verfassungsrechtlich gebotene Existenzminimum zu kürzen, ließen sich so in konstitutionell rückgebundener Weise diskutieren.

3. Staatsverantwortung jenseits der Territorialgrenzen?

Die Unterfütterung eines element-orientierten Staatsdenkens durch ein lagenbezogendes Verfassungsdenken könnte schließlich auch Raum dafür öffnen, über staatliche Verantwortlichkeiten jenseits der eigenen Territorialgrenze nachzudenken. Bekanntlich wird im Asylrecht schon seit längerem darüber diskutiert, ob der Schutzanspruch auch Personen gewährt wird, die noch nicht das deutsche Territorium erreicht haben. Auch wenn man dem Bundesverfassungsgericht darin folgt, dass dies nach geltendem Verfassungsrecht nicht der Fall ist, eröffnen sich bei einer Entgrenzung staatlicher Verantwortlichkeiten doch konzeptionelle Spielräume. Auch im Grundrechtsbereich erscheint es jedenfalls diskussionswürdig, über staatliche Schutzpflichten zugunsten von Menschen zu diskutieren, die sich in unmittelbarer Nähe zur deutschen Grenze befinden.[6] Auch wenn eine entterritorialisierende Ausweitung staatlicher Verantwortlichkeiten mit grundsätzlicher Skepsis zu betrachten ist und nur mit großer Zurückhaltung betrieben werden sollte, erscheint der Hinweis auf die Grenze als Endpunkt staatlicher Verantwortlichkeit als nicht allein tragfähig.

1 Stichworte: Gewinn von Arbeitskräften; Verbesserung der demographischen Lage. Oder auch: Kosten der Aufnahme und Unterbringung; langfristige Belastung der sozialen Sicherungssysteme.

2 »Eine gebietsbezogene Staatsgewalt ... besteht unter den gewandelten Verhältnissen grenzüberschreitender Mobilität unverändert fort.« BVerfG 126, 257. Rdnr. 344 unter Verweis auf Jellinek, Allgemeine Staatslehre, 3. Aufl. 1921, S. 394.

3 Nach den Feststellungen des Gerichts wird die Bundesrepublik Deutschland »nach der Ratifikation des Vertrags von Lissabon weiterhin auch über ein Staatsvolk verfügen.« BVerfG 126, 257, Rdnr. 346 f.

4 BVerfGE 129, 124, Rdnr. 124; BVerfG 132, 195, Rdnr. 118. Hierzu: Nettesheim, Die »haushaltspolitische Gesamtverantwortung« in der Rechtsprechung des BVerfG, in: Brandt (Hrsg.), Verfassung und Krise, 2014, 11.

5 In der Entscheidung des BVerfG vom 18. Juli 2012 (BVerfGE 132, 134; Asylbewerberleistungsgesetz) kommt diese Dimension etwas zu kurz.

6 Zu denken wäre an Personen, die unmittelbar jenseits des deutschen Küstenmeers in einer Notlage sind.

II.

Kyrill-A. Schwarz

Gefährdung der Souveränität? Das Verfassungsrecht und der Vorbehalt des Möglichen unter dem Eindruck der »Flüchtlingskrise«

I. Einleitung

»Souverän ist, wer über den Ausnahmezustand entscheidet.«[1] Ist die gegenwärtige Flüchtlingskrise ein Anwendungsfall für diese These; erweist sie sich als Herausforderung staatlicher Souveränität, wenn die Herrschaft des Rechts durch die Macht des Faktischen in Frage gestellt wird? Erleben wir in Ansehung einer komplexen Wanderungsbewegung einen bedenklichen *»rechtlichen Steuerungsausfall«*[2], gar einen Verlust staatlicher Ordnung, weil die Überforderung der einen Seite mit mangelnder bündischer Solidarität[3] der übrigen Länder, wie sie ein Kennzeichen des föderalen Systems der Bundesrepublik Deutschland ist, einhergeht? Wie kann und soll sich aber der Souverän im – unterstellten – Ausnahmezustand[4] positionieren? Steht das Recht im Ausnahmezustand unter dem »Vorbehalt des Möglichen« oder setzen gar die Fakten das Recht außer Kraft (*»necessitas legem non*

habet«)? Betrachtet man die gegenwärtige Situation sowie verschiedene Äußerungen aus dem politischen Raum[5], so drängt sich der Eindruck auf, der Ausnahmezustand[6], der in der Vergangenheit eher Gegenstand theoretischer Erwägungen war, wirke nunmehr von der Peripherie in das Zentrum der westlich geprägten Gesellschaft hinein. Gleichwohl erscheint es undenkbar, eine Entscheidung zu treffen, in deren Folge entweder hunderttausende in die Bundesrepublik kommende Menschen wieder in ihre Heimat zu schicken oder sie im Land zu belassen sind. Vor diesem Hintergrund war es wohl in der Vergangenheit die zentrale Aufgabe eines europäisierten Grenzregimes, den Ausnahmezustand an den Außengrenzen der Union zu halten – eine Annahme, die sich mittlerweile als haltlos erwiesen hat.

Vor diesem Hintergrund will der nachfolgende Beitrag zunächst den Versuch unternehmen aufzuzeigen, wie eine Rechtsordnung im faktischen Ausnahmezustand unter Rückgriff auf eine Argumentationsfigur wie den »Vorbehalt des Möglichen« eine unvergleichbare Herausforderung bewältigen kann (dazu unter II.), um dann in einem weiteren Schritt die Antworten des Grundgesetzes zur Lösung einer solchen Problemlage zu skizzieren (dazu unter III.). In diesem Zusammenhang wird dann auch nachgewiesen, dass das positive Verfassungsrecht nur bedingt geeignet ist, brauchbare Lösungen bereitzuhalten.

II. Verfassungsrecht im Ausnahmezustand und der »Vorbehalt des Möglichen«

1. Der Schlüsselbegriff der Souveränität

Versteht man Souveränität als Letztentscheidungsrecht in Konfliktfällen,[7] so ist diese zwar idealtypisch rechtlich und tatsächlich unbeschränkt; in der Verfassungswirklichkeit ist sie gleichwohl sowohl (verfassungs-) rechtlichen als auch tatsächlichen Bindungen und Begrenzungen unterworfen. Gleichwohl ist zunächst davon auszugehen, dass moderne Staatlichkeit auch durch das Staatsziel staatlicher Selbstbehauptung charakterisiert wird.[8] Während diese im Normalfall kaum in Frage gestellt werden dürfte, weil die Mechanismen des demokratisch verfassten Rechtsstaates den Rechtsbruch bewältigen können, ohne das Recht selbst in Frage stellen zu müssen, ist der Ausnahmefall die Situation, in der sich die Staatsgewalt den Bindungen des Rechts entziehen kann.[9] Dies ist aber zugleich die Situation, die das Verfassungsrecht – mit Ausnahme der Bestimmungen über den Spannungsfall (Art. 80a GG) und den Verteidigungsfall (Art. 115a ff. GG) – nicht vorhergesehen und auch nicht normiert hat.[10] Vor diesem Hintergrund erweist sich der faktische Ausnahmezustand als eine Provokation für den rechtlich gebundenen Verfassungsstaat, weil nicht mehr das Recht, sondern die Realität zum entscheidenden Herrscher wird, weil Fakten und Umstände als reale Möglichkeiten nicht zu negieren sind.[11]

2. Der »Vorbehalt des Möglichen« als Grenze des Geltungsanspruchs der Verfassung?

Ist man bereit zu konzedieren, dass in der gegenwärtigen »Flüchtlingskrise« die Grenzen einer politischen Bewältigung derselben erreicht werden und zugleich die Leistungsfähigkeit der Solidargemeinschaft insgesamt auf eine Bewährungsprobe gestellt, die ihresgleichen sucht, so kann dies abstrakt mit einem faktischen Zwang umschrieben werden, der die politische Gestaltungsfreiheit zwischen Scylla und Charybdis manövriert – anders gesprochen: Die gesellschaftlichen Funktionssysteme stehen zwischen normativer Anforderung und Wirklichkeit.[12] In dieser Konstellation erweist sich der vom Bundesverfassungsgericht[13] entwickelte »Vorbehalt des Möglichen« als Begrenzung des normativen Befehls auf ein tatsächlich erfüllbares und rechtlich zumutbares Maß.[14] Dabei handelt es sich letzten Endes um den Versuch, Konflikte zwischen Recht und Wirklichkeit zu steuern, ohne dass aus einer Anerkennung der normativen Kraft des Faktischen die Selbstaufgabe des Rechts folge. Dies mag auch dem Gedanken Rechnung tragen, dass ein die Realität ausblendender Normativismus am Ende Gefahr läuft, das Gegenteil einer normativ stabilen Ordnung zu bewirken, wenn nämlich die tatsächlichen Machtverhältnisse maßgeblich werden.[15] Vor diesem Hintergrund ist es denn der Verdienst realistischer Rechtslehren[16], nach den Realisierungsbedingungen von Recht unter Berücksichtigung der Eigengesetzlichkeiten der Wirklichkeit zu fragen.

Allerdings ist auch bei der Berufung auf einen »Vorbehalt des Möglichen« Vorsicht geboten, schafft dies doch zum einen die Gefahr, dass demokratische Verantwortlichkeit nicht mehr transparent und nachvollziehbar ist und damit zugleich neue, nicht demokratisch legitimierte Herrschaftskompetenzen begründet werden können. Zum anderen könnte der Gesetzgeber von der politischen Folgeverantwortung freigestellt sein, wenn er seine originäre Tätigkeit unter einen entsprechenden Vorbehalt stellt.[17]

Versucht man vor diesem Hintergrund eine Analyse des »Vorbehalts des Möglichen«, so erweist er sich primär als ein Ressourcenproblem, sind doch dem Staat zur Verfügung stehende Mittel begrenzt und begrenzen sie damit auch zugleich das politisch Wünschbare und auch das rechtlich Gebotene auf das, was tatsächlich möglich ist.[18] So gesehen kann nur das beansprucht werden, was auch durch den Gesetzgeber bereitgestellt werden kann, wobei diesem dabei ein durchaus weiter Gestaltungsspielraum zusteht.[19]

III. Das Notstandsrecht des Grundgesetzes als Versuch, den »Vorbehalt des Möglichen« zu normieren

Das Grundgesetz unternimmt – unbeschadet der vorstehend geschilderten Schwierigkeiten der Erfassung des nicht zu Erfassenden – gleichwohl den Versuch, normative Vorgaben für die Bewältigung des Ausnahmezustandes zu machen. Es geht also um die Frage, wie das Verfassungsrecht auf eine akute Störung oder unmittelbar bevorstehende Gefährdung der Funktionsfähigkeit der verfassungsrechtlichen Ordnung reagieren kann.[20] Auch wenn das Grundgesetz selbst die Funktionsfähigkeit – mit Ausnahme von Art. 115g Satz 2 GG – nicht thematisiert, so finden sich in der Rechtsprechung des Bundesverfassungsgerichts[21] eine Vielzahl von Fallgestaltungen, in denen auf die Argumentationsfigur der Funktionsfähigkeit als Abwägungstopos[22] zurückgegriffen wird.

Wenn demgegenüber Funktionsstörungen Gegenstand verfassungsrechtlicher Regelungen sind, so ist dies einerseits nicht frei von Bedenken, weil die Verfassung damit den Versuch unternimmt, jenseits des Normalfalles präventive Regelungen zu schaffen, die den Anreiz zur Flucht aus der Verantwortung unter Hinweis auf die behauptete Störung bieten können;[23] gleichwohl spricht dem Grunde nach für solche verfassungsrechtlichen Vorkehrungen, dass es gerade zur Vermeidung eines Rückgriffs auf ungeschriebenes, überpositives Ausnahmezustandsrecht angezeigt sein kann, entsprechende verfassungsrechtliche Legalitätsreserven[24] zu schaffen.[25] Gerade die Existenz von Normen zur Bewältigung von Funktionsstörungen im Ausnahmezustand zeigt, dass die Verfassung sich des Unterschieds zwischen Normallage und Ausnahmesituation bewusst ist und sich einer Interpretation der Normallage von der Ausnahmelage her verschließt.[26]

1. Die Notstandsbefugnisse der Länder nach Art. 91 Abs. 1 GG

Eine erste Möglichkeit, einer unkontrollierten Situation im Zuge der Flüchtlingskrise vorzubeugen, könnte in der Berufung auf die Regelung des inneren Notstands nach Art. 91 Abs. 1 GG gesehen werden. Unter der Voraussetzung einer drohenden Gefahr für den Bestand oder die freiheitliche demokratische Grundordnung[27] des Bundes oder eines Landes werden hier Bund und Ländern bestimmte Handlungsbefugnisse eröffnet. Dabei umfasst das Schutzgut »Bestand eines Landes« – in Parallele zum Bund – neben der Fähigkeit, als effektive Ordnungsmacht aufzutreten, um die ihm obliegende Friedens- und Freiheitsfunktion zu erfüllen,[28] auch die territoriale Integrität eines Landes.[29] Zudem erweist sich die Bestimmung als Garant der Bundesstaatsfähigkeit eines Landes.[30]

Wenn Art. 91 Abs. 1 GG ein Land ermächtigt, im inneren Notstand Instrumente in Anspruch zu nehmen, die ihm grundsätzlich nicht zur Verfügung stehen, so zeigt dies zunächst das Gewicht, das das Grundgesetz der Gefahrenabwehr in diesem Bereich beimisst. Während das betroffene Land selbst nach pflichtgemäßem Ermessen[31] über die Anforderung der Hilfsmittel entscheidet, sind grundsätzlich – als Konkretisierung der allgemeinen Bundestreuepflicht – die ersuchten Länder auch verpflichtet, dem Ersuchen nachzukommen, wobei sie indes ihrerseits prüfen dürfen, ob die Voraussetzungen des Art. 91 Abs. 1 GG vorliegen.[32] Allerdings ist gerade mit Blick auf die Eigenstaatlichkeit der Länder zunächst davon auszugehen, dass diese zunächst auch die ihnen zur Verfügung stehenden Mittel ausschöpfen müssen, bevor sie Hilfeleistungen anderer Bundesländer oder des Bundes selbst anfordern. Allerdings wird man hier nicht das tatsächliche Scheitern des Landes bei der Aufgabenbewältigung verlangen können; ausreichend ist vielmehr, dass das Land auf Grund einer ex ante Prognose[33] zu der Einschätzung gelangt, dass die eigenen Mittel nicht mehr ausreichend sind bzw. dem Land überhaupt nicht zur Verfügung stehen.[34] Gerade letzteres dürfte für die Frage der Grenzsicherung dienen, da für diese eine ausschließliche Gesetzgebungsbefugnis des Bundes nach Art. 87 Abs. 1 Satz 2 GG besteht, mithin Grenzschutzmaßnahmen dem Zugriff der Länder entzogen sind. Wenn diese aber von Entscheidungen des Bundes über Art und Ausmaß der Grenzsicherung nachteilig betroffen sind, dürfte dies grundsätzlich auch den Anwendungsbereich von Art. 91 Abs. 1 GG eröffnen. Allerdings begründet Art. 91 Abs. 1 GG kein Selbsteintrittsrecht der Länder für die Aufgabenwahrnehmung; vielmehr besteht für das von einer Verweigerung der Hilfeleistung betroffene Land die Möglichkeit, das Bundesverfassungsgericht nach Art. 93 Abs. 1 Nr. 3 GG im Wege des Bund-Länder-Streits anzurufen.[35]

2. Die Gefährdung der öffentlichen Sicherheit und Ordnung in Fällen von besonderer Bedeutung (Art. 35 Abs. 2 Satz 1 GG)

Nach Art. 35 Abs. 2 Satz 1 GG – einer Bestimmung, die sachlich zum Bereich der Notstandsverfassung zählt – sind die Länder berechtigt, zur Aufrechterhaltung oder Wiederherstellung der öffentlichen Sicherheit oder Ordnung in Fällen von besonderer Bedeutung Kräfte und Einrichtungen der Bundespolizei anzufordern. Dies gilt aber nur, wenn das Land zur Gefahrenabwehr nicht oder nur unter erheblichen Schwierigkeiten in der Lage ist. Auch hier entspricht dem Recht des Landes – wie bei Art. 91 Abs. 1 GG – grundsätzlich die Verpflichtung des Bundes, der Aufforderung nachzukommen.[36]

Das entscheidende Merkmal, das die Ausnahme von der prinzipiellen Zuständigkeit der Länder für die Gefahrenabwehr begründet, ist die Beschränkung auf Fälle von besonderer Bedeutung;[37] erforderlich ist daher eine Gefährdung der öffentlichen Sicherheit oder Ordnung, die weit über den Normalfall hinausgeht.[38] Auch dies dürfte man – in Ansehung der nur begrenzt justiziablen Einschätzungsprärogative des Landes[39] – bejahen können, wenn der Bund die ihm obliegenden Aufgaben nicht mehr oder nur unzureichend erfüllt und es daher – kausal – zu einer entsprechenden Gefährdungslage kommt.[40]

3. Der Katastrophennotstand nach Art. 35 Abs. 2 Satz 2, Abs. 3 GG

Eine Berufung auf den Katastrophennotstand des Art. 35 Abs. 2 Satz 2 und Abs. 3 GG scheidet demgegenüber in der gegenwärtigen Situation aus, da es sich weder um eine Naturkatastrophe als nachweisbar nicht von Menschen, sondern von Naturkräften verursachte schwere Schadensereignisse handelt, noch ein Unglücksfall als schwerwiegender Schadensfall vorliegt. Auch mit Blick auf Art. 35 Abs. 3 GG dürften die tatbestandsmäßigen Voraussetzungen zu verneinen sein, handelt es sich doch nicht um Ereignisse von katastrophalen Dimensionen.[41] Zudem begründet Abs. 3 GG eine alleinige Zuständigkeit der Bundesregierung,[42] nicht aber die einzelner Länder.

4. Die Berufung auf den Grundsatz der Bundestreue

Sieht man die gegenwärtige Flüchtlingskrise als Störfaktor in den Beziehungen zwischen dem Bund und einzelnen Ländern, so liegt es nahe im Prinzip der Bundestreue[43] als besonderer Ausprägung der Verfassungsverantwortung eine mögliche Lösung zu finden.[44] Allerdings ist auch hier in Rechnung zu stellen, dass dieser in hohem Maße abstrakte Grundsatz in Ansehung seiner Voraussetzungen nur wenig konkrete Aussagen für die vorliegende Problemlage gestattet. So ist der Bundestreue zunächst eigen, dass sie Rechte und Pflichten innerhalb eines bestehenden Rechtsverhältnisses zwischen Bund und Ländern konstituiert oder begrenzt, nicht aber geeignet ist, selbständig ein Rechtsverhältnis zu begründen. Vielmehr müssen die wechselseitigen rechtlichen Beziehungen, innerhalb derer die Treue zu wahren ist, tatsächlichen bestehen.[45] Ferner ist das Prinzip der Bundestreue keine taugliche Grundlage für Handlungsermächtigungen; es setzt diese vielmehr voraus, schafft aber keine Befugnisse oder Kompetenzen.[46] Zudem kann auf den Grundsatz der Bundestreue nur zurückgegriffen werden, wenn nicht konkrete Bestimmungen zur Konfliktlösung bestehen.[47]

Betrachtet man aber diese Prämissen, so erscheint es wenig überzeugend, neben den im Grundgesetz normieren Hilfspflichten des Bundes aus dem Grundsatz der Bundestreue weiterreichende Verpflichtungen ableiten zu wollen. Im Übrigen dürfte selbst bei Annahme einer entsprechenden Rechtspflicht des Bundes zum Schutz der Eigenstaatlichkeit und Funktionsfähigkeit der Länder – gleichsam unter dem Aspekt einer Schutzpflicht[48] – nicht übersehen werden, dass die Schutzpflichtendogmatik erst dann ein verfassungswidriges Unterlassen annimmt, wenn der Schutzpflichtige keinerlei Maßnahmen in Erfüllung der ihm obliegenden Pflicht getroffen hat.[49]

Soweit aber der Bund mit Blick auf die Bewältigung der Flüchtlingskrise in erster Linie eine gesamteuropäische Lösung verfolgt, dürfte dies im Ergebnis von dem ihm eröffneten Gestaltungsspielraum[50] gedeckt sein.

IV. Ergebnis und Ausblick

Betrachtet man die vorstehenden Ausführungen, so bleiben Zweifel an der Leistungsfähigkeit des positiven Verfassungsrechts zur Bewältigung einer Krise ungeahnten Ausmaßes. Damit stellt sich aber die Frage, ob denn jenseits der vom Grundgesetz vorgesehenen Konfliktbewältigungsinstrumente weitere ungeschriebene Befugnisse existieren, auf die sich einzelne Länder berufen können, wenn die Notstandsregelungen der Verfassung keine Lösung mehr zu bieten in der Lage sind.[51] Akzeptiert man zunächst den Befund, dass die geschriebene Notstandsverfassung lückenhaft ist,[52] so mag eine Lösung in einer Verfassungsänderung unter den Voraussetzungen von Art. 79 GG liegen.[53] Allerdings trägt diese Lösung dann nicht, wenn die Verfassungsänderung unterbleibt.[54] Wenn damit der Rückgriff auf überpositives Notstandsrecht naheliegt, so ist indes zu berücksichtigen, dass dieses seiner Eigenart nach zwar gerade nicht normiert ist; gleichwohl bieten Topoi wie der Grundsatz der Verhältnismäßigkeit[55] und die strikte Wahrung der Subsidiarität entsprechender Maßnahmen, die dem Charakter als Ausnahme Rechnung tragen, ausreichende Möglichkeiten zu einer Rückbindung des Notstands an verfassungsrechtliche Leitideen.[56] Zudem ist es auch und gerade im Ausnahmezustand das Bundesverfassungsgericht, dem als Hüter der Verfassung[57] auch im Notstand die Befugnis zusteht, darüber zu entscheiden, was im Ausnahmezustand rechtens ist und was der Verfassung widerspricht.[58]

1 *Schmitt*, Politische Theologie. Vier Kapitel zur Lehre von der Souveränität, 1922, S. 13.

2 So *di Fabio, »Staat heißt auch Herrschaft über die Grenzen«*, http://www.welt.de/146079219.

3 Zum Postulat der Solidarität im Bundesstaat siehe nur *BVerfGE* 1, 117 (131); 72, 330 (383 ff.); 86, 148 (213 ff.); 101, 158 (221); 116, 327 (380); siehe ferner auch im Schrifttum: *Klein*, Der Bundesstaat in der Rechtsprechung des Bundesverfassungsgerichts, in: Härtl (Hrsg.), Handbuch Föderalismus, Bd. I, 2012, § 17, Rdnr. 13.

4 Eine vorzügliche Darstellung der Geschichte des Ausnahmezustandes findet sich bei *Agamben*, Ausnahmezustand, 6. Aufl., 2014, S. 18 ff.; siehe ferner auch *Randelzhofer*, Staatsgewalt und Souveränität, in: Isensee/Kirchhof (Hrsg.), HStR II, 3. Aufl., 2004, § 17, Rdnr. 13 ff.

5 Siehe dazu nur die Äußerungen des Bayerischen Ministerpräsidenten *Seehofer, der von einem drohenden Notstand spricht*, http://www.csu.de/aktuell/meldungen/september-2015/seehoferzurfluechtlingssituation-1/.

6 Dies ist nach allgemeiner Ansicht eine Lage, in der so schwere Gefahren für den Bestand eines Staates, seiner Sicherheit und seiner Rechtsordnung bestehen, dass deren Bewältigung mit den im Normalfall zur Verfügung stehenden Mitteln nicht mehr möglich erscheint, vgl. in diesem Sinne nur: *Stern*, Das Staatsrecht der Bundesrepublik Deutschland, Band II, 1980, S. 1457.

7 So beispielsweise *Schöbener/Knauff*, Allgemeine Staatslehre, 2. Aufl., 2013, § 3 Rdnr. 31; ähnlich auch *Zippelius*, Allgemeine Staatslehre, 16. Aufl., 2010, S. 50.

8 Ausführlich *Depenheuer*, Selbstbehauptung des Rechtsstaates, 2. Aufl., 2008, S. 30.

9 *Schmitt*, Legalität und Legitimität, 1932, S: 70 ff.

10 In diesem Sinne auch *Heller*, Staatslehre, 1934, S. 255; *Isensee*, Verfassungsrecht als »politisches Recht«, in: Isensee/Kirchhof (Hrsg.), HStR XII, 3. Aufl., 2014, § 268, Rdnr. 115.

11 Auch dazu *Schmitt*, Politische Theologie, 2. Aufl., 1934, S. 13.

12 Siehe dazu nur *Hesse*, Die normative Kraft der Verfassung, 1959, S. 7 f., der von der Notwendigkeit spricht, »*…den Weg zu suchen zwischen Preisgabe des Normativen an die bloße Faktizität auf der einen Seite und der durch die Wirklichkeit verdrängten und gegenstandslos gemachten Normativität auf der anderen Seite.*«.

13 Siehe beispielsweise nur *BVerfGE* 33, 303 (337); 35, 79 (152); 82, 60 (82); 87, 1 (35); 97, 332 (349); 103, 242 (259); 112, 74 (84).

14 Vgl. *Depenheuer*, Vorbehalt des Möglichen, in: Isensee/Kirchhof (Hrsg.), HStR XII, 3. Aufl., 2014, § 269, Rdnr. 6; siehe ferner auch *Leisner*, Die Leistungsfähigkeit des Staates. Verfassungsrechtliche Grenzen der Staatsleistungen?, 1998, S. 31 ff.

15 So deutlich *Depenheuer*, (o. Fußn. 14), § 269, Rdnr. 13.

16 Vgl. dazu nur *Depenheuer*, (o. Fußn. 14), § 269, Rdnr. 14 m. w. N. in Fn. 23.

17 Siehe dazu auch *Depenheuer*, (o. Fußn. 14), § 269, Rdnr. 31 f.

18 Sehr anschaulich in *BVerfG (K)*, NJW 2001, 1411 (1412) zum Vorbehalt des Möglichen beim Einsatz von Polizeikräften.

19 *BVerfGE* 33, 303 (334 f.).

20 Diese Situation bezeichnet *Klein*, Funktionsstörungen in der Staatsorganisation, in: Isensee/Kirchhof (Hrsg.), HStR XII, 3. Aufl., 2014, § 279, Rdnr. 1 als »Funktionsstörung«.

21 Vgl. nur *BVerfGE* 6, 84 (92);10, 4 (13); 28, 243 (261); 33, 303 (339); 48, 127 (160); 82, 322 (338); 96, 264 (278 f.); 100, 313 (318); 104, 319 (326, 330); 110, 199 (216); 120, 82 (110 ff.); 129, 300 (314, 321).

22 Ausführlich dazu auch *Schwarz*, BayVBl. 1998, S. 710 ff.

23 Zu diesbezüglichen Bedenken vgl. auch *Klein*, (o. Fußn. 20), § 279, Rdnr. 15.

24 Zum Begriff *Schneider*, Kabinettsfrage und Gesetzgebungsnotstand nach dem Bonner Grundgesetz, in: VVDStRL 8 (1950), S. 21 (42).

25 Zustimmend daher auch *Klein*, (o. Fußn. 20), § 279, Rdnr. 16.

26 Vgl. dazu nur *Böckenförde*, NJW 1978, S. 1881 (1885 f.); *Grzeszick*, Ungeschriebenes Verfassungsrecht, in: Depenheuer/Grabenwarter (Hrsg.), Verfassungstheorie, 2010, § 12, Rdnr. 40 ff.; *Klein*, Innerer Staatsnotstand, in: Isensee/Kirchhof (Hrsg.), HStR XII, 3. Aufl., 2014, § 280, Rdnr. § 280, Rdnr. 4.

27 Dazu grundlegend *BVerfGE* 2, 1 (12 f.); 5, 85 (140).

28 Dazu *Grzeszick*, in: Friauf/Höfling (Hrsg.), GG, 14. Ergl., 2005, Art. 91 Rdnr. 5; *Haratsch*, in: Sodan (Hrsg.), GG, 3. Aufl., 2015, Art. 91 Rdnr. 4; *Hernekamp*, in: v. Münch/Kunig (Hrsg.), GG, 6. Aufl., 2012, Art. 91 Rdnr. 5; *Heun*, in: Dreier (Hrsg.), GG, 2. Aufl., 2008, Art. 91, Rdnr. 8; *Klein*, (o. Fußn. 26), § 280, Rdnr. 17; *Volkmann*, in: v. Mangoldt/Klein/Starck, GG., 6. Aufl., 2010, Art. 91 Rdnr. 14 ff.; *Windthorst*, in: Sachs (Hrsg.), GG, 7. Aufl., 2014, Art. 91, Rdnr. 11.

29 Vgl. dazu nur *Epping*, in: Epping/Hillgruber, GG, 2. Aufl., 2013, Art. 91 Rdnr. 4; *Heun*, (o. Fußn. 28), Art. 91, Rdnr. 8; *Krieger*, in: Schmidt-Bleibtreu/Hofmann/Henneke (Hrsg.), GG, 13. Aufl., 2014, Art. 91, Rdnr. 8; *Stern*, (o. Fußn. 6), S. 1470; *Windthorst*, (o. Fußn. 28), Art. 91, Rdnr. 12.

30 So auch *Epping*, (o. Fußn. 29), Art. 91 Rdnr. 5; *Haratsch*, (o. Fußn. 28), Art. 91 Rdnr. 4; *Hernekamp*, (o. Fußn. 28), Art. 91 Rdnr. 5; *Grzeszick*, (o. Fußn. 28), Art. 91, Rdnr. 7; *Klein*, (o. Fußn. 26), § 280, Rdnr. 17; *Krieger*, (o. Fußn. 29), Art. 91, Rdnr. 8.

31 So auch übereinstimmend: *Grzeszick*, (o. Fußn. 28), Art. 91, Rdnr. 11, 14; *Haratsch*, (o. Fußn. 28), Art. 91 Rdnr. 6 f.; *Heun*, (o. Fußn. 28), Art. 91, Rdnr. 10; *Klein*, (o. Fußn. 26), § 280, Rdnr. 17; *Krieger*, (o. Fußn. 29), Art. 91, Rdnr. 11; *Volkmann*, (o. Fußn. 28), Art. 91 Rdnr. 13, 22; *Windthorst*, (o. Fußn. 28), Art. 91, Rdnr. 10, 17, 19. Entscheidend dürfte dabei sein, dass auch entsprechende Lage- und Risikobeurteilungen einer verfassungsgerichtlichen Kontrolle zugänglich bleiben.

32 So übereinstimmend *Epping*, (o. Fußn. 29), Art. 91 Rdnr. 10; *Grzeszick*, (o. Fußn. 28), Art. 91, Rdnr. 15; *Haratsch*, (o. Fußn. 28), Art. 91 Rdnr. 8; *Heun*, (o. Fußn. 28), Art. 91, Rdnr. 15; *Klein*, (o. Fußn. 26), § 280, Rdnr. 20; *Krieger*, (o. Fußn. 29), Art. 91, Rdnr. 16; *Stern*, (o. Fußn. 6), S. 1464, 1471; *Volkmann*, (o. Fußn. 28), Art. 91 Rdnr. 25 ff.; *Windthorst*, (o. Fußn. 28), Art. 91, Rdnr. 21,

33 Dazu *Haratsch*, (o. Fußn. 28), Art. 91 Rdnr. 4; *Hernekamp*, (o. Fußn. 28), Art. 91 Rdnr. 10, 14; *Grzeszick*, (o. Fußn. 28), Art. 91, Rdnr. 11; *Krieger*, (o. Fußn. 29), Art. 91, Rdnr. 11.

34 Vgl. nur *Grzeszick*, (o. Fußn. 28), Art. 91, Rdnr. 15; *Heun*, (o. Fußn. 28), Art. 91, Rdnr. 15; *Klein*, (o. Fußn. 26), § 280, Rdnr. 22.

35 *Epping*, (o. Fußn. 29), Art. 91 Rdnr. 10; *Haratsch*, (o. Fußn. 28), Art. 91 Rdnr. 8; *Heun*, (o. Fußn. 28), Art. 91, Rdnr. 15; *Krieger*,

(o. Fußn. 29), Art. 91, Rdnr. 16; *Windthorst*, (o. Fußn. 28), Art. 91, Rdnr. 23.

36 Übereinstimmend dazu auch *Bauer*, in: Dreier (Hrsg.), GG, 2. Aufl., 2006, Art. 35, Rdnr. 26, 28; *v. Danwitz*, in: v. Mangoldt/Klein/Starck, GG., 6. Aufl., 2010, Art. 35 Rdnr. 63; *Epping*, (o. Fußn. 29), Art. 35 Rdnr. 19; *Erbguth*, in: Sachs (Hrsg.), GG, 7. Aufl., 2014, Art. 35, Rdnr. 40; *Grzeszick*, in: Friauf/Höfling, GG, 17. Ergl., 2006, Art. 35, Rdnr. 37; *Gubelt*, in: v. Münch/Kunig (Hrsg,), GG, 6. Aufl.,, 2012, Art. 35 Rdnr. 27; *Klein*, (o. Fußn. 26), § 280, Rdnr. 32; *Leisner*, in: Sodan (Hrsg.), GG, 3. Aufl., 2015, Art. 35 Rdnr. 4; *Sannwald*, in: Schmidt-Bleibtreu/Hofmann/Henneke (Hrsg.), GG, 13. Aufl., 2014, Art. 91, Rdnr. 48.

37 Vgl. dazu auch *Bauer*, (o. Fußn. 37), Art. 35, Rdnr. 27; *Epping*, (o. Fußn. 29), Art. 35 Rdnr. 18; *Erbguth*, (o. Fußn. 36), Art. 35, Rdnr. 36; *Grzeszick*, (o. Fußn. 36), Art. 35, Rdnr. 43; *Klein*, (o. Fußn. 26), § 280, Rdnr. 33; Sannwald, (o. Fußn. 36), Art. 35, Rdnr. 35; *Stern*, (o. Fußn. 6), S. 1469.

38 *Epping*, (o. Fußn. 29), Art. 35 Rdnr. 18; *Erbguth*, (o. Fußn. 36), Art. 35, Rdnr. 36; *Gubelt*, (o. Fußn. 36), 2012, Art. 35 Rdnr. 25; *Leisner*, (o. Fußn. 36), Art. 35 Rdnr. 4; grundlegend auch *Thiele*, Katastrophenschutzrecht im deutschen Bundesstaat, in: Härtl (Hrsg.), Handbuch Föderalismus, Bd. III, 2012, § 54, Rdnr. 8, der zu Recht darauf verweist, dass der Ausnahmefall sowohl ein atypisches Schadensereignis als auch den Umstand voraussetzt, dass die zuständigen Einsatzkräfte überfordert sind und eine Bewältigung der Situation mit den bestehenden Mitteln und Zuständigkeiten allein nicht möglich.

39 Dazu auch im Schrifttum *v. Danwitz*, (o. Fußn. 36), Art. 35, Rdnr. 60; *Gubelt*, (o. Fußn. 36), 2012, Art. 35 Rdnr. 23; *Sannwald*, (o. Fußn. 37), Art. 35, Rdnr. 35.

40 Vgl. nur *Klein*, (o. Fußn. 26), § 280, Rdnr. 32.

41 Zu den entsprechenden Voraussetzungen *BVerfGE* 115, 118 (143); 132, 1 (13), vgl. ferner auch im Schrifttum *v. Danwitz*, (o. Fußn. 36), Art. 35 Rdnr. 70 ff.; *Epping*, (o. Fußn. 29), Art. 35 Rdnr. 20; *Gubelt*, (o. Fußn. 36), Art. 35 Rdnr. 29; *Grzeszick*, (o. Fußn. 36), Art. 35, Rdnr. 47 ff.; *Klein*, (o. Fußn. 26), § 280, Rdnr. 34 ff.; *Ladiges*, NVwZ 2012, S. 1225 ff.; *Leisner*, (o. Fußn. 36), Art. 35 Rdnr. 6.

42 So auch *BVerfGE* 115, 118 (149); 133, 241 (260); ausführlich ferner auch *Bauer*, (o, Fußn. 37), Art. 35, Rdnr. 32; *Epping*, (o. Fußn. 29), Art. 35 Rdnr. 28; *Erbguth*, (o. Fußn. 36), Art. 35,

Rdnr. 41; *Grzeszick*, (o. Fußn. 36), Art. 35, Rdnr. 47; *Gubelt*, (o. Fußn. 36), Art. 35 Rdnr. 29; *Klein*, (o. Fußn. 26), § 280, Rdnr. 38.

43 Ausführlich dazu *Isensee*, Idee und Gestalt des Föderalismus im Grundgesetz, in: Isensee/Kirchhof (Hrsg.), HStR VI, 3. Aufl., 2008, § 126, Rdnr. 160 ff.; *Sommermann*, in: v. Mangoldt/Klein/Starck, GG., 6. Aufl., 2010, Art. 20 Rdnr. 37 ff.

44 Auch *Klein*, (o. Fußn. 26), § 280, Rdnr. 19, sieht daher die Bundestreue als ein mögliches Instrument zur Bewältigung von Funktionsstörungen.

45 *BVerfGE* 13, 54 (75 f.); 21, 312 (326); 42, 103 (117).

46 *BVerfGE* 34, 9 (44); siehe später auch *BVerfGE* 76, 1 (77).

47 *BVerfGE* 34, 216 (232); 42, 345 (358 f.); ferner im Schrifttum: *Bauer*, Die Bundestreue, 1992, S. 371 ff.; *Isensee*, (o. Fußn. 41), § 126, Rdnr. 166.

48 Ausführlich zur Theorie grundrechtlicher Schutzpflichten im Schrifttum auch *Calliess*, Schutzpflichten, in: Merten/Papier (Hrsg.), HGR II, 2006, § 44, passim; *Dietlein*, Die Lehre von den grundrechtlichen Schutzpflichten, 1992, passim; *Hain*, DVBl. 1993, S. 982 ff.; *Isensee*, Das Grundrecht als Abwehrrecht und als staatliche Schutzpflicht, in: Isensee/Kirchhof (Hrsg,), HStR IX, 3. Aufl., 2011, § 191, Rn. 217 ff.; *E. Klein*, NJW 1989, S. 1633 ff.; *H. H. Klein*, DVBl. 1994, S. 489 ff.; *Möstl*, DÖV 1998, S. 1029 ff.; *Szczekalla*, Die sogenannten grundrechtlichen Schutzpflichten im deutschen und europäischen Recht, 2002, *Unruh*, Zur Dogmatik der grundrechtlichen Schutzpflichten, 1996.

49 Vgl. dazu nur *BVerfGE* 56, 54 (71, 80 ff.); 77, 170 (215); 77, 381 (404 f.); 85, 191 (212); 92, 26 (46).

50 Zu diesem Gestaltungsspielraum siehe nur *BVerfGE* 77, 170 (214); 79, 174 (202); 88, 203 (262); 96, 56 (64); 106, 166 (177); 121, 317 (356).

51 Dazu nur *Grzeszick*, (o. Fußn. 26), § 12, Rdnr. 49 ff.; *Klein*, (o. Fußn. 26), § 280, Rdnr. 85.

52 *BVerfGE* 133, 241 (260, 267).

53 Vgl. zu dieser Lösung etwa *BVerfGE* 126, 55 (73).

54 Darauf weist zu Recht auch *Klein*, (o. Fußn. 26), § 280, Rdnr. 88 hin.

55 Dazu *Grzeszick*, Staat und Terrorismus. Eine staatstheoretische Überlegung in praktischer Absicht, in: Isensee (Hrsg,), Der Terror, der Staat und das Recht, 2004, S. 55 (75).

56 *Klein*, (o. Fußn. 26), § 280, Rdnr. 89.
57 *BVerfGE* 119, 247 (258).
58 So auch die Forderung bei *Klein*, (o. Rdnr. 26), § 280, Rdnr. 89.

III.

Christoph Grabenwarter

Der entgrenzte Staat und die Menschenrechte

1. Krisen und Grenzverluste

Seit dem Ende des Kalten Krieges sind die aus dem Völkerrecht erwachsenden Herausforderungen für den demokratischen Staat in Europa einem grundlegenden Wandel unterworfen. Deutschland und Österreich grenzten zuvor unmittelbar an den Eisernen Vorhang, die Nachbarstaaten sicherten ihre Grenzen gegen eine Ausreise ihrer Bürger mit Mauern, Zäunen, Minen und Scharfschützen. Militärische Strategien waren auf die Verteidigung des eigenen Territoriums und – im Fall eines Militärbündnisses – auf das der Bündnispartner gerichtet.

Die Krisen im Nahen und Mittleren Osten und auch jene in Afrika führen gegenwärtig zu einer Migrations- oder Flüchtlingskrise, welche die Staaten primär im Umgang mit der Migration einer großen Zahl von Menschen, gleichzeitig aber auch in der Bekämpfung ihrer Hauptursachen, nämlich von Bürgerkriegen und asymmetrischer Kriegsführung zwischen Staaten und nichtstaatlichen Kombattanten, herausfordert. Die Staaten Mittel- und Westeuropas erfahren diese Herausforderungen allerdings nicht erst in den letzten Monaten.

Die Balkankrise in den 1990er Jahren und die Folgen der Auflösung staatlicher Strukturen im Nahen und Mittleren Osten sowie in Teilen Afrikas in den Folgejahren bis in die jüngste Vergangenheit waren und sind seit längerem Auslöser von Migrationsbewegungen kleineren oder größeren Ausmaßes. Die Streitkräfte von Mitgliedstaaten der EU, vor allem aber jener der NATO, waren und sind zunehmend an Auslandseinsätzen zu friedenserhaltenden und friedensschaffenden Operationen beteiligt.

Zwar sind die Ursachen für diese Herausforderungen oft tausende Kilometer vom Territorium der Staaten entfernt. Die Herausforderung entsteht aber kurzfristig, einerseits weil sich die Staatsgewalt hinaus begibt in die Welt rudimentärer oder inexistenter staatlicher Strukturen; andererseits weil Menschen in großer Zahl gleichzeitig das Staatsgebiet erreichen, die Staatsgrenze überschreiten und sich mit dem Erreichen des europäischen Grundrechtsraumes in den Verantwortungsbereich von Staaten begeben, für die – wenigstens auf dem Papier – hohe menschenrechtliche Standards gelten.

Tausende, oft Zehntausende Menschen erreichen den europäischen Menschenrechtsraum innerhalb weniger Stunden gleichzeitig. Sie unterliegen der »Juridsdiktion« dieser Staaten, wie es in der sperrigen Übersetzung des Artikel 1 der Europäischen Menschenrechtskonvention heißt. Sie schafft die Verpflichtung der Staaten und den Anspruch der ankommenden Menschen auf den menschenrechtlichen Standard, der sich in Europa in 60 Jahren für die ganze Welt vorbildhaft herausgebildet hat. An ihm ist nicht zu rütteln.

Die Praxis kann mit diesem Anspruch gegenwärtig nicht mithalten, weil der Grund- und Menschenrechtsschutz, wie er in Verfassungen und Menschenrechtskatalogen verbrieft ist, von einer Normallage ausgeht, in der die grundrechtlich bestimmte Staat-Bürger-Beziehung nicht im Augenblick entsteht, sondern Folge und Konsequenz einer längeren Entwicklung ist.

Verfassungen und Menschenrechte haben die Beschränkung der Gewährleistung auf die Bürger, die auf dem Territorium ihres Staates leben, längst überwunden. Die Erstreckung des Menschenrechtsschutz auf Ausländer, die sich auf dem Staatsgebiet aufhalten, insbesondere auf Asylsuchende, und die Verantwortlichkeit für extraterritoriale Akte ist heute selbstverständlich. Dennoch ist bei einem Blick auf die Praxis die Frage nach den Grenzen der Leistungsfähigkeit des Staates unabweisbar. Er muss Ressourcen der Registrierung, Verpflegung und Beherbergung vorhalten, die – betrachtet man die Größen- und Zahlenverhältnisse – die in den Staaten früher (Slowenien, Österreich, Schweden) oder später (Deutschland) erschöpft sein werden.

Das Europarecht verschleiert die Probleme und löst sie nicht. Als Folge des Schengener Durchführungsübereinkommens (SDÜ) verschwanden zwischen den meisten Staaten der Europäischen Union zwar nicht die Grenzen. Allerdings wurden sie weniger wahrnehmbar, weil es an den Grenzübertrittsstellen keine Kontrollen mehr gab. Grenzen waren bei einer Autoreise meist nur mehr sichtbar durch kleine quadratische blaue Schilder mit gelben Sternen am Straßenrand und die Änderung des Tempolimits auf der Autobahn. Staaten, die an andere Staaten der EU angrenzen, wurden in diesem Sinn grenzenlos, entgrenzt.

Auf diese Situation traf in den Jahren 2014 und 2015 das Scheitern des Dublin-Regimes über die Zuständigkeit im Asylverfahren in der Folge prekärer werdender humanitärer Bedingungen in Griechenland und in Süditalien und der Rechtsprechung der europäischen Gerichtshöfe. Durch nicht im juristischen Bereich gelegene Umstände verstärkten sich die Überschreitungen zunächst der Außengrenzen, die vielfach im und am Mittelmeer liegen, dann der Nicht(-mehr)-Grenzen im Inneren des Schengen-Raumes. Die Routine der Verfassungs- und Verwaltungsgerichte im Umgang mit »Dublin-Fällen« wurde gestört durch massive Unzulänglichkeiten in der Menschenrechtssituation im Süden und Osten des Kontinents.

Im Süden Europas sind die juristischen und sozialstaatlichen Ressourcen für menschrechtskonforme Behandlung einer großen Zahl von Menschen auf der Flucht vor politischer Verfolgung oder wirtschaftlicher Not schlicht nicht gegeben. In den östlichen Mitgliedstaaten ist die Bereitschaft der Aufnahme dieser Menschen in den meisten Fällen gering und die Absicht der Asylsuchenden, dort Schutz zu suchen, praktisch nicht vorhanden. Die übrigen Staaten Mittel-, West- und Nordeuropas in der EU, die für Flüchtlinge attraktiv sind, geraten durch die Migrationsbewegung in die Situation einer – wenigstens temporären – Überforderung. Sie verfügen zwar – noch – über die Mittel für die Aufnahme einer größeren Zahl von Migranten aus Drittstaaten. Ihr rechtsstaatliches System ist aber auf große Mengen gleichzeitig ankommender Menschen nicht eingerichtet.

2. Migration und die Verantwortlichkeit für Menschenrechtsverletzungen jenseits der Grenze

Menschen erreichen nach tausenden Kilometern beschwerlicher Reise erschöpft Mitteleuropa und beantragen Asyl nach der Genfer Flüchtlingskonvention; Asylgesetze und gesetzliche Regelungen über die Grundversorgung der Asylbewerber schaffen den rechtlichen Rahmen für das Verfahren und die Unterbringung dieser Menschen. Dabei unterliegt Deutschland gleich anderen demokratischen Rechtsstaaten in Europa völkerrechtlichen Verpflichtungen nach der EMRK und europarechtlichen Bindungen nach Unionsrecht. In ihnen ist ein sozialstaatliches und rechtsstaatliches Niveau enthalten, das in den Herkunftsländern von Migranten nicht auch nur im Ansatz gewährleistet wird. Dieser Umstand verstärkt einerseits den Migrationsdruck jenseits von Fällen politischer Verfolgung, andererseits führt er zu Schwierigkeiten in der Rechtsdurchsetzung, wenn jenseits der eigenen Staatsgrenze – sei es in anderen Mitgliedstaaten der Europäischen Union oder des Europarates oder anderen Staaten – rechtsstaatliche und sozialstaatliche Standards nicht gewährleistet werden. Die Lage wird verschärft durch Asylrechtskoordinationsregime (Dublin II und III), die in ihrer ursprünglich durchaus sinnvollen Grundkonzeption an der Wirklichkeit gescheitert sind. Die völkerrechtlichen Verpflichtungen haben zur Konsequenz, dass die Kongruenz zwischen der Ausübung von Staatsgewalt und der Verantwortlichkeit des Staates einerseits und dem Territorium und seiner Grenzen abnimmt; der Staat ist nicht bloß auf die Einhaltung der Menschenrechte auf seinem Territorium beschränkt, sondern hat eine Garantenstellung auch bei Sachverhalten mit Auslandsbezug.

Zwar kann und muss der Staat die verfassungsrechtlichen Strukturen und grund- und menschenrechtliche Garantien zwar zunächst nur für sein Territorium gewährleisten. Die völkerrechtlichen Verpflichtungen der Mitgliedstaaten auf dem Gebiet der Menschenrechte, die auf das Verfassungsrecht einwirken, wurden aber im Gefolge der Rechtsprechung des Europäischen Gerichtshofes für Menschenrechte (EGMR) in einigen wesentlichen Bereichen sukzessive ausgeweitet und der erforderliche Territorialbezug gelockert.

Aus den Art. 2 und 3 der Europäischen Menschenrechtskonvention (EMRK) wird seit Jahrzehnten abgeleitet, dass die EMRK keinen Anspruch auf Aufenthalt oder politisches Asyl in einem Mitgliedstaat gewährleistet. Nach der Rechtsprechung des EGMR können aber Ausweisung oder Auslieferung für den Aufenthaltsstaat dann zu einer völkerrechtlichen Verpflichtung führen, wenn die betreffende Person im Staat, der Ziel ihrer Ausweisung oder Auslieferung ist, einer Strafe oder Behandlung ausgesetzt wird, welche entweder die Schwelle zur unmenschlichen oder erniedrigenden Behandlung erreicht, oder wenn im Extremfall einer Tötung eine Verletzung des Rechts auf Leben droht. Es wurde mit den Gewährleistungspflichten aus den Menschenrechten begründet, dass die Verantwortlichkeit des Staates vorverlagert wird und er Maßnahmen zur Abwendung der Realisierung einer Gefahr für die körperliche oder physische Integrität zu treffen hat, unabhängig davon, von wem die Gefährdung ausgeht: Es reicht hin, wenn die betroffene Person im Fall ihrer Abschiebung dem realen

Risiko einer Misshandlung ausgesetzt ist. Die Auswirkungen dieser Rechtsprechung werden noch dadurch verstärkt, dass im Einzelfall Verletzungen von Art. 3 EMRK auch dann festgestellt werden, wenn der Zielstaat der Ausweisung selbst Mitgliedstaat der Europäischen Menschenrechtskonvention ist und insoweit eine Verletzung bei vertragskonformen Verhalten durch den Zielstaat nicht in Betracht kommen dürfte, zumindest dürfte von keinem realen Risiko gesprochen werden.

Die Verantwortlichkeit des Staates wird in ihrer Bewältigung noch komplexer durch die Mitgliedschaft in der Europäischen Union. Auf diese Weise wird der Staat für Rechtsakte verantwortlich gemacht, die er als Einzelstaat nicht beeinflussen, oft gar nicht verhindern kann. Die Probleme, die damit angesprochen sind, sind jene, wie sie im *Bosphorus*-Urteil zu Tage getreten sind, in denen eine Verantwortlichkeit des Mitgliedstaates der Europäischen Union angenommen wurde, weil Sanktionsmaßnahmen im Zusammenhang mit dem Kampf gegen den Terrorismus ergriffen wurden.[1] Für den Augenblick ist diese Situation immer noch in Schwebe, wenngleich dadurch entschärft, dass der Europäische Gerichtshof für Menschenrechte seine Kontrolldichte insoweit stark zurückgenommen hat. Diese Zurückhaltung wird jedoch nicht auf Dauer aufrechtzuerhalten sein, dies mit Blick vor allem darauf, dass der EuGH einen Beitritt der Europäischen Union zur EMRK gegenwärtig für unvereinbar mit dem Unionsrecht hält. Angesichts der Dichte von Regelungen auch im Zusammenhang mit der Migration und Grundlagen des Primärrechts, die auch ein Solidaritätsprinzip umfassen, ist es auf Dauer nicht hinnehmbar, wenn das Unionsrecht keine Antwort auf die Migrationskrise hat.

Staatliche Verantwortlichkeit in Sachverhalten mit Auslandsbezug gibt es auch in einer ganz anderen Gruppe von Fällen. Armeen westeuropäischer Staaten werden heute im Regelfall nicht mehr für klassische kriegerische Auseinandersetzungen eingesetzt. Vielmehr kommen sie im Rahmen humanitärer Interventionen auf Basis von Resolutionen des UN-Sicherheitsrates zum Einsatz. Nach Ansätzen einer zunächst territorialen Begrenzung der Verantwortlichkeit von Staaten, die sich an internationalen Militäraktionen beteiligen (Fall *Bankovic*)[2], wurde die Zurechnung in jüngerer Zeit großzügiger. Mit dem Kriterium des Unterstehens der Jurisdiktion eines Mitgliedstaates (Art. 1 EMRK) wurde der Weg geöffnet für eine Verantwortlichkeit auch im Rahmen von Aktionen auf der Basis von Kapitel 7 der Charta der Vereinten Nationen. Zwar hat der EGMR die Kontrolldichte im Fall *Behrami* im Hinblick auf das Menschenrechtsziel in der Satzung der Vereinten Nationen erheblich zurückgenommen,[3] die Tendenz einer erweiterten Zurechnung wurde jedoch fortgesetzt. Erst im Vorjahr hat der EGMR im Fall *Jaloud* entschieden, dass es der Verantwortlichkeit des Staates keinen Abbruch tut, wenn seine Truppen einem fremden Kommando unterstellt würden, weil die Formulierung maßgeblicher Grundsätze des Einsatzes einschließlich der Regelung der Anwendung von Gewalt dem Staat selbst vorbehalten bliebe. Daher stellt er fest, dass im Fall der Beteiligung eines Staates an einer multinationalen Streitkraft in einem fremden Staat Hoheitsgewalt im Sinne von Art. 1 EMRK über jene Personen ausgeübt wird, die einen von seinen Soldaten überwachten Kontrollpunkt passieren wollten; daran ändere sich auch nichts, wenn das Oberkommando über die internationale Streitkraft bei einem anderen Staat liege. In der Sache stellt der EGMR fest, dass die Niederlande ihren Verpflichtungen nicht nachgekommen seien, den Tod eines Kontrollierten angemessen zu untersuchen, um die verantwortlichen Personen zur Rechenschaft zu ziehen, insbesondere wurden Zeugen erst spät befragt, Beweismittel nicht gesichert, die Autopsie wäre mangelhaft gewesen etc.[4]

Diese Zitate machen deutlich, wie eng rechtliche Bindungen des Staates auch bei Handlungen seiner Soldaten im Ausland geworden sind. Diese Konsequenz liegt auf der Linie der bisherigen Entwicklung der Rechtsprechung. So richtig der Grundgedanke ist, so sehr bedarf es bei der konkreten Kontrolle der Berücksichtigung der besonderen Umstände des Einzelfalls. Welche Möglichkeiten der Entwicklung bestehen hier im staatlichen Handeln einerseits und in der Rechtsprechung andererseits.

3. Neubegrenzung – Neubesinnung – Neubestimmung?

Der Staat hat zunächst in einer isoliert juristischen Betrachtung die Option, Grenzen für den Zustrom von Migranten dicht zu machen. Dass ein Staat mit seinen Organen Kontrolle über sein Territorium ausübt und dies auch in Bezug auf die Personen tut, die das Gebiet betreten und wieder verlassen wollen, ist nicht nur legitim, sondern auch Merkmal eines effektiven Staates. Daran ändert auch nichts, wenn der Staat diese Funktion in einer supranationalen Struktur in Kooperation mit anderen Staaten bezogen auf das größere Gebiet mehrerer Staaten tut. Hand in Hand mit der Ausübung staatlicher Gewalt geht die Bindung an die Grund- und Menschenrechte.

Vor diesem Hintergrund liegt ein scheinbar einfacher Ausweg aus den schwierigen Herausforderungen im Rückzug des Staates auf sein Territorium und die Errichtung von physisch von Menschen nicht zu überwindenden Grenzzäunen, wie es Ungarn im Herbst 2015 auf Teilen seiner Südgrenze vorexerziert hat. Wer das Territorium eines Staates nicht erreicht, löst keine Verantwortlichkeit aus, so die ebenso einfache wie wenig differenzierte Grundposition. Ein Zaun verhindert das regelmäßig rechtswidrige Eindringen von Flüchtlingen jenseits der Grenzkontrollstellen. Auch für Auslandseinsätze gäbe es – in anlagenrechtlicher Terminologie – die Nullvariante: Eine Armee, die sich nicht an internationalen Einsätzen beteiligt, sondern zu Hause bleibt, gerät nicht in Gefahr, für die Tötung unschuldiger Zivilisten im Hindukusch verantwortlich zu sein.

Diesen Weg mögen einzelne kleinere Staaten an der Peripherie der Union gehen können; von besonderer europäischer Solidarität zeugt er nicht, für Deutschland ist er deshalb keine Alternative. Verfassungs- und europarechtliche, vor allem aber auch politische Gründe sprechen dagegen. Auch die Tatbestände von Notstandsverfassungsrecht in Bezug auf die Grundrechte (Art. 11 Abs. 2, 17a Abs. 2 GG etc.) oder von Notstandsklauseln in völkerrechtlichen Menschenrechtsverträgen (z.B. Art. 15 EMRK) sind bei weitem nicht erfüllt, um Grund- und Menschenrechte zu suspendieren.

Man sieht an den oben genannten Beispielen und Konstellationen, dass europäische Grund- und Menschenrechte in außereuropäischen Gebieten Wirkungen entfalten. Die

Gegenüberstellung von Menschenrechtsschutz bei Auslandseinsätzen einerseits und Ausweisungsentscheidungen andererseits wird durch den Auslandsbezug nahe gelegt. Überall dort, wo europäische Staatsorgane – sei es militärisch, sei es polizeilich oder in anderem Zusammenhang – außerhalb Europas hoheitlich tätig werden oder Wirkung entfalten, werden sie sehr weitgehend den Bindungen europäischer Grundrechte unterworfen. Ausweisungsentscheidungen bringen Personen nach der Rückkehr in ihren Heimatstaat in eine Situation, die bei isolierter Betrachtung auf dem Territorium des Mitgliedstaates eine Verletzung von Fundamentalgarantien bedeuten würde.

Die gemeinsame Betrachtung zweier so unterschiedlicher Konstellationen ist mit dem nahe liegenden Einwand konfrontiert, dass ein Zusammenhang nur bei oberflächlicher Betrachtung besteht und künstlich hergestellt wird. Tatsächlich haben Auslandseinsätze von europäischen Armeen und massenhafte Migrationsbewegungen eine gemeinsame Ursache: Das Scheitern von Staaten oder die Verletzung fundamentaler Menschenrechte durch zwar nicht gescheiterte, aber diktatorische Systeme. Darin erschöpft sich die Gemeinsamkeit nicht; sie liegt auch darin, dass wir es mit Menschenrechtssituationen in prekären Situationen zu tun haben. Im Fall der Auslandseinsätze besteht das Prekäre darin, dass diese Verpflichtung häufig auf ein rechtsstaatliches Vakuum oder wenigstens Defizit in jenem Staat oder Gebiet trifft, in dem (europäisches) staatliches Organhandeln wirksam wird. Der Gegensatz verschärft sich dadurch, dass sich staatliche Armeen selbstverständlich an das Kriegsvölkerrecht binden, ihre Gegner oft nicht. Die Wahrung der

Menschenrechte ist unter diesen Umständen besonders schwierig. Die Problematik der Übertragung von Standards aus der Normallage rechtsstaatlicher Vollziehung und Gewährleistung auf dem staatlichen Territorium in Mitteleuropa auf Gebiete außerhalb Europas liegt vor allem darin, dass der Staat in diesen Gebieten über keine vergleichbare staatliche Struktur, über schwierigere Informationswege und oft minimale Möglichkeiten der Absicherung staatlichen Verhaltens verfügt. Die militärische, wenngleich oft quasi-polizeiliche, Friedenssicherung kann schwerlich denselben Maßstäben unterworfen werden, wie der Vollzug des Polizeigesetzes von Nordrhein-Westfalen in der Kölner Innenstadt.

Die rechtsstaatliche Bewältigung der Migrationskrise ist aus anderen Gründen prekär. Eine große Zahl von Personen hat mit dem Erreichen des Staatsgebietes von der ersten Minute an und ohne Wenn und Aber Anspruch auf eine menschenrechtskonforme Behandlung; das Verbot menschenunwürdiger Behandlung in Art. 3 EMRK kennt keinen Vorbehalt. Die einzelnen Staaten sind aber gegenwärtig in einem gewissen Nordwest-Südost-Gefälle nicht darauf eingerichtet, nicht in der Lage oder möglicherweise teilweise auch gar nicht gewillt, die Menschenrechtsgarantien auf Punkt und Beistrich zu erfüllen. Auch dort, wo sie es eine begrenzte Zeit lang könnten, werden sie es nicht nachhaltig tun können. Soweit ersichtlich ist, hat kein Mitgliedstaat des SDÜ eine Rechtslage, die faktisch effektiv eine Unterscheidung zwischen Einwanderern, Asylbewerbern und Menschen mit vorübergehendem internationalen Schutz trifft. Auch der politische Diskurs trägt dieser Differenzierung nicht hinreichend Rechnung.

Ein nicht ohne weiteres zu bewältigendes weiteres Grundproblem besteht in der Asymmetrie der Ermittlungsmöglichkeiten des Staates und vorhandener Faktenbasis in Asylverfahren. Behörden und Verwaltungs- wie Verfassungsgerichte haben es mit Sprachproblemen zu tun, aber auch mit großen Schwierigkeiten bei der Ermittlung von Sachverhalten, die sich in tausenden Kilometern Entfernung zugetragen haben. Man hat sich mit den Schwierigkeiten, so gut es geht, arrangiert und in der gerichtlichen Praxis ein bemerkenswertes Niveau der Entscheidungsqualität erreicht. Der Rückgriff auf mehr oder weniger aktuelle und umfassende Länderberichte von internationalen Organisationen und NGOs ist neben den Angaben des Asylbewerbers häufig – *faute de mieux* – das (Beweis)Mittel der Wahl. Wenn diese nicht über Dokumente zum Nachweis ihrer Identität und Herkunft verfügen, so kann das an den Personen liegen und Teil einer Migrationsstrategie sein, aber auch daran, dass bestimmte asiatische und afrikanische Staaten ihren Bürgern keine Dokumente ausstellen wollen oder gar nicht können. Die Asymmetrie erreicht ihren Höhepunkt, wenn diese Staaten ein Interesse haben, ihre Einwohner (oder bestimmte Teile der Bevölkerung) los zu werden.

Keiner dieser Gesichtspunkte ist völlig neu. Neu sind ihr Zusammentreffen und die quantitative Komponente. Westeuropäische Staaten haben es seit den fünfziger Jahren stets geschafft, auch größere – mit Migrationsschüben verbundene – Krisen im Osten und Süden Europas rechtsstaatlich zu bewältigen. Ausmaß und Dauer der gegenwärtigen Migrationsbewegungen scheinen jene der historischen Anlässe für bisherige Erfahrungen zu übertreffen. Dennoch würde es lohnen und zielführend erscheinen, ausgehend von bestehenden Ansätzen weiter zu denken. So sieht etwa bereits die Richtlinie 2001/55/EG des Rates vom 20. Juli 2001 über Mindestnormen für die Gewährung vorübergehenden Schutzes im Falle eines Massenzustroms von Vertriebenen bestimmte Maßnahmen zur Förderung einer ausgewogenen Verteilung der Belastungen, die mit der Aufnahme dieser Personen und den Folgen dieser Aufnahme verbunden sind, auf die Mitgliedstaaten vor. Hierbei ist hervorzuheben, dass die Funktionsfähigkeit des Asylsystems im Europa der 15 insgesamt noch Ziel der Richtlinie war (Art. 2 Buchst. a). Wo stehen wir heute knapp anderthalb Jahrzehnte später im Europa der 28?

Die Frage, welche in diesem Zusammenhang die Rechtsprechung der Verfassungsgerichte wie des Europäischen Gerichtshofes für Menschenrechte – und im Rahmen der Durchführung des Unionsrechts auch der EuGH – zu beantworten haben, ist, ob die Aussagen zur Verantwortlichkeit für die Wahrung der Menschenrechte im Zusammenhang mit aufenthaltsbeendenden Maßnahmen und im Zuge von Auslandseinsätzen weiterer Differenzierung bedürfen und welche Bedeutung die Bindung an Europa- und Völkerrecht für die Verantwortlichkeit des einzelnen Mitgliedstaates bei der Kontrolle der Erfüllung der Garantien hat.

Schließlich kann eine quantitative Überforderung des Asylsystems durch asylfremde Verfahren bzw. zahlreiche Sachverhalte ohne Asylgrund dazu führen, dass dieses seine ureigene Aufgabe nicht mehr erfüllen kann, mit der weiteren Konsequenz, dass Verletzungen nicht nur des Art. 3 EMRK, sondern auch der Genfer Flüchtlingskonvention drohen. Die Aufnahme einer größeren Zahl von Menschen ohne Asylgrund wiederum wirft die viel fundamentalere rechtsstaatliche Frage nach der Gleichmäßigkeit der Vollziehung der Gesetze auf. Das vom Parlament beschlossene Gesetz hat auch Begrenzungsfunktion für die Vollziehung. Nähme man der Rechtsform des Gesetzes durch faktisches Verhalten der Organe die Begrenzungsfunktion für staatliches, verwaltungsbehördliches Handeln, würde ein zunehmend grenzenloser Staat auch in einer anderen, rechtsstaatlichen Perspektive entgrenzt.

1 EGMR 30.6.2005 (GK), Bosphorus ./. Irland, Nr. 45036/98.
2 EGMR 12.12.2001 (GK), Bankovic u.a. ./. Belgien u.a., Nr. 52207/99.
3 EGMR 2.5.2007 (GK), Behrami ua ./. Frankreich und Saramati ./. Deutschland u. Norwegen, Nr. 71412/01.
4 EGMR 20.11.2014 (GK), Jaloud ./. Niederlande, Nr. 47708/08.

C.
Staat und Grenze

I.

Klaus F. Gärditz

Die Ordnungsfunktion der Staatsgrenze: Demokratizität, Liberalität und Territorialität im Kontext

Wenn von der Ordnungsfunktion der Staatsgrenze im Kontext der »Flüchtlingskrise« die Rede ist, erscheint auf den ersten Blick klar: Flucht entgrenzt. *Giorgio Agamben* hat gerade im Flüchtling eine geschichtsmächtige Zentralgestalt gesehen, weil dieser die alte Einheit von Staat, Nation und Staatsgebiet aus den Angeln hebe.[1] Dies erscheint indes aus mehrerlei Gründen zumindest für das vorliegende Thema ungenau: Der moderne Staat als territoriale Macht- und Entscheidungseinheit verklammert ein personales Substrat (Staatsvolk) auf einem stabilen Herrschaftsraum (Staatsgebiet) durch wirksame Herrschaft (Staatsgewalt), verbindet also die formalen Zurechnungskriterien der Personalität und Territorialität. Über die Zusammensetzung des Staatsvolks oder die sozialen Grundlagen personaler Radizierung ist damit nichts ausgesagt. Der Nationalstaat ist daher nur ein kontingentes – auf Grund der Unbestimmtheit seiner Bezugspunkte eher begrenzt greifbares – Modell der Staatenbildung, die auf einen bestimmten sozialen Kontext (Kultur, Sprache, Ethnie und/oder Historie) verweist, der austauschbar, aus globaler Sicht eher eine mitteleuropäische Erfindung mit begrenzter Vorbildwirkung und mangels Globalisierungsresistenz von eher flüchtiger Konsistenz ist. Flüchtlinge überwinden zudem nicht nur Grenzen, sie flüchten, wenn sie Schutz vor Verfolgung suchen, gerade auch hinter eine Grenze, weil nämlich nur eine territorial umgrenzte Herrschaft ein realistisches Schutzversprechen abgeben kann. Auch bei der »Flüchtlingskrise« geht es eben nicht um eine »Enträumlichung« des Lebensstils, nicht um eine neue globale Mobilität, nicht um eine Verflüssigung territorialer Bindungen, sondern um eine gewollte Verlagerung des territorialen Lebensmittelpunktes von einem zu einem anderen (sichereren oder einfach nur hoffnungsvolleren) Ort – eine dezidiert territoriale Relokation. Bezeichnenderweise verbietet es das Refoulement-Verbot als Herzstück des internationalen Flüchtlingsschutzes (Art. 33 UN-Abkommen über die Rechtsstellung der Flüchtlinge), Flüchtlinge an der Grenze zurückzuweisen, wenn ihnen Gefahr einer relevanten Verfolgung droht. Die Grenze wird auch hier vorausgesetzt und ihre Verwaltung rechtlich reguliert, nicht aber der Grenzbalken niedergerissen. Dies zeigt, dass die Funktion der sich scheinbar auflösenden Staatsgrenzen einer differenzierteren Betrachtung bedarf.

I. Territorialität und Formalisierung von Zugehörigkeit

Staatsgrenzen erfüllen völkerrechtliche Ordnungsfunktionen, das Staatsgebiet und damit die staatlicher Regelungsgewalt unterworfenen Räume abzugrenzen. Der Eigenwert räumlicher Hegung zeigt sich heute besonders, wenn man auf die Barbarei entterritorialisierter (asymmetrischer) Konflikte blickt.[2] Räumliche Grenzziehungen gehören in ausdifferenzierten sozialen Gemeinschaften zu den ganz allgemeinen Grundbedürfnissen, einen territorialen Ordnungsanspruch im Inneren mit einem Abgrenzungsanspruch gegenüber anderen – räumlich radizierten – Gemeinschaften zu verbinden.[3] Ohne Grenzen ist hierarchische, geordnete Herrschaft nicht möglich.[4] Die stetige Territorialisierung von Herrschaft bildete daher nicht zuletzt einen wesentlichen Modernisierungsschub, der überhaupt erst die Entstehung von stabilen Gemeinwesen ermöglicht hat, die nach freiheitlichen Prinzipien organisierbar sind. In der Grenzenlosigkeit liegt daher kein automatischer Zugewinn an Freiheitlichkeit. Gewinne und Verluste offener Grenzen sind namentlich ungleich verteilt, bleiben in den Folgen ambivalent.[5]

Territoriale Grenzen sind überdies nicht nur ein Instrument der Exklusion, sondern auch der Inklusion. Hierbei geht es – entgegen einer verbreiteten Wahrnehmung – gerade nicht darum, die Geschlossenheit von substanzhaft definierten Gemeinschaften auch räumlich zu garantieren und dadurch innere Gruppenbindung zu stabilisieren. Der eigentliche Wert der Grenze besteht – im Gegenteil – heute vor allem darin, ein formales sowie freiheitsverträgliches Kriterium zu haben, das einen Ankerpunkt von Zugehörigkeit jenseits der (mit Recht diskreditierten) Kriterien der Abstammung, Herkunft und Ethnie (Art. 3 Abs. 3 Satz 1 GG) bietet. Bürgerschaftliches Miteinander wird heute in den meisten Lebens- wie Regelungsbereichen nicht mehr primär personal, sondern territorial definiert.[6] In dieser Territorialisierung liegt ein wesentlicher mobilitäts- wie globalisierungsbedingter Freiheitsgewinn, eine gezielte Überwindung vermeintlicher Schicksalshaftigkeit vorgefundener Gemeinschaften, sodass der Narrativ fortschreitender Entterritorialisierung[7] schon aus diesem Grund zu einseitig formuliert ist. Territorialität und ihre Grenzen sind damit aber – dies mag paradox klingen – gerade für Einwanderungsgesellschaften (wie die unsrige) essentiell. Territorialität ermöglicht die Formalisierung von Zugehörigkeitsverhältnissen und erhält überschaubare Räume, in denen gesellschaftliche Integration auf der Grundlage gemeinsamer sowie gleicher Freiheit praktisch organisierbar ist, ohne im wabernden Morast materialer Zugehörigkeitskonstruktionen zu versinken.

II. Demokratierelevanz von Territorialität

Demokratie lebt von Formalisierungsleistungen, die Legitimationserzeugung auf der Grundlage gleicher Freiheit ermöglichen. Mitgliedschaft in einem demokratischen Legitimationssubjekt erfolgt zwar über personale Zurechnung (Staatsangehörigkeit als individualisiertes Substrat des Volkes), differenziert also im Politischen zwischen einem personalkörperschaftlichen Innen und einem Außen,[8] auch wenn der individualfreiheitliche – grundrechtsgesicherte – Gesamtintegrationsauftrag darüber hinausreicht und alle Menschen erfasst.[9] Demokratie kann aber auf Territorialität nicht sinnvoll verzichten. Demokratie als Form kollektiver Selbstbestimmung ist Herrschaft und damit auf *Beherrschbarkeit* angewiesen, weil demokratische Regelungen den Anspruch erheben müssen, über ihre Geltung hinaus auch soziales Miteinander über funktionsfähige Institutionen praktisch zu gestalten. Demokratische Herrschaft vollzieht sich in erster Linie durch Rechtsetzung – also Ausübung von Regelungsgewalt – auf dem eigenen Staatsgebiet, auf dem allein reguläre Herrschaft und ihre Legitimation, gründend auf öffentlicher Kommunikation, organisierbar sowie praktisch durchsetzbar sind. Auch eine europäische Demokratie, über deren Öffentlichkeitsfähigkeit und kommunikative Kohärenz gestritten wird, definiert sich über ein Hoheitsgebiet, nicht über einen materiellen Begriff des Europäischen.[10] Territoriale Grenzen sind damit zwar keine theoretisch denknotwendige, aber doch eine praktische Formalisierungsvoraussetzung von Demokratie.

Die Demokratizität der Grenze hat aber auch Folgen für die Entscheidung über den Gebietszugang. Die Zusammensetzung der Bevölkerung ist zunächst einmal zwar keine unmittelbare demokratische Frage, weil das demokratische Legitimationssubjekt erst durch die formale Zurechnungsleistung der Staatsangehörigkeit (sprich: durch Einbürgerung oder durch territorialen Staatsangehörigkeitserwerb der Nachkommen) tangiert wird (vgl. §§ 4 Abs. 3, 8 ff., 29 StAG). Die dauerhafte Gebietszulassung begründet aber richtigerweise ein grundsätzliches Recht auf Mitgliedschaft im demokratischen Legitimationssubjekt (erneut: Einbürgerung) in angemessener Zeit sowie unter zumutbaren Bedingungen (vgl. auch Art. 34 UN-Flüchtlingskonvention).[11] Eine zunächst zwischenstaatliche Zuordnungsfrage wird zur Frage individueller Teilhabe an der Herrschaftslegitimation. Dieser demokratische Over-spill der Gebietszulassung verdeutlicht, dass bereits die Regeln des Aufenthalts demokratiesensibel sind. Sind nämlich alle Menschen, denen auf unbestimmte Zeit Gebietszugang gewährt wird, kraft eigenen Rechts potentielle Neustaatsbürgerinnen und -bürger, geht es beim Gebietszugang um demokratiepolitisch wesentliche Fragen, gerade weil Demokratie gleiche Freiheit formalisiert und ohne Preisgabe ihrer eigenen Prämissen eben nicht an einen substantialistischen Volksbegriff anknüpfen kann. Wer einmal Mitglied ist, ist ohne Vorbehalte Vollmitglied – eine der entscheidenden freiheitlichen Rationalisierungsleistungen des modernen Staatsangehörigkeitsrechts. Die Definition von Mitgliedschaft war aus diesem Grund schon immer ein spannungsreicher Prozess zwischen Öffnung und Grenzziehung,[12] der keine eindeutigen Lösungen kennt, aber jedenfalls nur demokratisch verhandelt werden kann.[13]

Eine Entscheidung über den Gebietszugang hat daher nach demokratisch gesetzten Regeln zu erfolgen. Auch der Grad der Öffnung der Grenzen ist eine regulative Entscheidung, die demokratisch verantwortet und rechtsstaatlich eingehegt werden muss. Wenn man denjenigen der zahlreichen Migranten, die – ob als Flüchtlinge im Rechtssinn, als subsidiär geschützte Personen oder als Geduldete – auf absehbare Zeit nicht in ihre Heimat zurückkehren können oder auf Grund praktischer Hindernisse jedenfalls nicht zurückkehren werden, vernünftigerweise möglichst frühzeitig eine dauerhafte Bleibeperspektive anbieten (können) will,[14] muss man erst recht ebenso von Anfang an den Gebietszugang und die Aufnahme als demokratisch entscheidbare – also auch politisierbare – Rechtsfragen behandeln, nicht als Schicksalsfügung oder Entscheidung nach gleichermaßen wertgesättigter wie demokratieabstinenter Moralität. Damit hängt aber letztlich wieder alles an der Rechtlichkeit, deren Beurteilung im Übrigen oft schwerer ist, als es populäre Rufe manchmal suggerieren.

III. Freiheitsrelevanz von Territorialität

Territorialität ist auch relevant für die individuelle Freiheitsentfaltung. Gewiss erweisen sich Grenzen zunächst einmal als Hindernis und Freiheitsbeschränkung. Ein liberales Kernprojekt der europäischen Integration bestand daher von Anfang an darin, durch Recht Grenzen (zunächst ökonomisch) zu überwinden. Der »Verfassungsstaat als Friedensgarant«[15], der Rechte schützt, Institutionen zu ihrer Durchsetzung zur Verfügung stellt und sozialen Ausgleich organisiert, ist aber auch auf Grenzen im Interesse des Freiheitsschutzes angewiesen, gerade weil Konfliktausgleich im demokratischen Rechtsstaat keine Ziele höherer Gerechtigkeit oder guter Ordnung verfolgt, sondern sich mit relativen und vorläufigen Relationierungen begnügen muss. Die besondere Leistung des demokratischen Rechtsstaats besteht darin, Konflikte gestuft abzuarbeiten, Kompromisse zu ermöglichen und Interessen zu balancieren. Dies setzt aber Überschaubarkeit und Praktikabilität voraus. Ohne funktionierende Grenzen scheitert dies. Beispielsweise ein hoch gehaltenes Niveau sozialer Leistungen, die – auch mit Blick auf eine (in der Sache im Wesentlichen überzeugende) Rechtsprechung des BVerfG[16] – grundsätzlich territorial nach Einwohnerstatus und nicht nach Staatsangehörigkeit gewährt werden, setzt voraus, dass der Gebietszugang rational reguliert wird, also nicht allein von einer Wahl des Aufenthaltsorts durch die Betroffenen in privater Willkür abhängt. Eine Verflüssigung von Grenzen – in der Sache eine materielle Privatisierung räumlicher Ordnungsfunktionen – ist eben auch ein Verlust an Stabilität, auf die ein Gemeinwesen, das wirksam Individualrechte gewährleisten und sozialen Zusammenhalt katalysieren soll, nicht einfach verzichten kann.[17]

Rechtlich institutionalisierte Verfahren, Schutzpflichten oder soziale Leistungsrechte sind abhängig von einem Mindestmaß an Ordnung, innerhalb derer sich politischer Wille in konkrete rechtliche Relationen übersetzen lässt. Die Gewährung von Gebietszugang ist auch kein einseitig positiver Freiheitsgewinn, sondern – wie die meisten Entscheidungen – mit Konflikten verbunden, weil der Freiheitsgewinn des einen häufig mit Freiheitsverzicht an anderer Stelle verbunden ist. Für soziale Verteilungsentscheidungen ist dies offensichtlich, weil die Bedarfsdeckung entweder zu einer Kürzung der Leistungen führt und/oder zu Mehrausgaben, die (jedenfalls mittelbar) durch Steuereinnahmen zu refinanzieren sind. Entsprechendes gilt aber auch für andere Regelungsebenen. Scheitert etwa eine geordnete Aufnahme und gesellschaftliche Integration, sind damit Folgekosten verbunden. Eine konfliktreichere Gesellschaft wird beispielsweise eher bereit sein, Grundrechtseingriffe zur Abwehr von Gefahren hinzunehmen als eine sozial stabile. Die Entwicklungspfade, die die Anti-Terrorgesetzgebung genommen hat, illustrieren dies ebenso wie die Binnenbilanz des Flüchtlingsrechts: Die Einschränkungen des Asylgrundrechts durch Art. 16a GG sowie entsprechende Beschleunigungsgesetzgebung[18] haben die fallbezogene Verwirklichung eines Individualgrundrechts gerade deshalb stark gedrosselt, weil Asylverfahren zu Massenverfahren geworden sind, in denen Einzelfälle und -schicksale überhaupt nur noch durch eine Typisierung zu bewältigen sind, die die Einzelnen auf Mitglieder ethnischer, politischer, religiöser oder sozialer Gruppen reduziert. Die vorübergehende Unterbringung jüngst etwa von Asylantragstellern vom Westbalkan, die nicht die geringste Aussicht auf Schutzgewährung haben, geht letztlich auf Kosten der zahlreichen Flüchtlinge, die greifbare Fluchtgründe haben. Und die Diskussion, den Familiennachzug aus generalpräventiven Gründen einzuschränken,[19] illustriert weitere Szenarien, auf Quantität mit qualitativen Einschränkungen zu reagieren. Dies alles zeigt, dass eine vorbehaltlose Grenzöffnung mittelbar auch zu Freiheitseinbußen führen kann. Welche davon wir hinzunehmen bereit sind, muss in dem Rahmen, der durch die individualgrundrechtlich unverzichtbaren Minima abgesteckt wird, demokratisch fortwährend verhandelt werden. Dies ist nur möglich, wenn über den Gebietszugang nach rechtlichen Kriterien entschieden werden kann, weil anderenfalls die zu lösenden Freiheitskonflikte unüberschaubar werden und dem demokratischen Diskurs entgleiten. Die notwendigen parlamentarischen Debatten sind dann auch der richtige Ort für politische Moralität.

Das Asylrecht zeigt besonders deutlich die Territorialität des freiheitlichen Schutzversprechens,[20] ist dieses Grundrecht doch erst mit dem Erreichen des deutschen Territoriums tatbestandlich anwendbar.[21] Menschen suchen innerhalb der deutschen Staatsgrenze den Schutz, den ausschließlich eine funktionierende Territorialgewalt anbieten kann. Ohne Territorialität gibt es keine Zuflucht, kein Schutzversprechen, sondern allenfalls ein Weglaufen als fluider Dauerzustand. In einen *failed state* mit unfreiwillig offenen Grenzen flüchtet niemand. Und für diejenigen, die vor Verfolgung fliehen, dürften vorbehaltlos offene Grenzen, über die auch die Peiniger aus dem Herkunftsland unbehelligt nachziehen können, kein ausnahmslos attraktives Freiheitsversprechen sein. Auch die – uneingeschränkt positiv zu bewertende – Entwicklung, dass Fragen des Aufenthalts gegenüber der früheren (in der Sache untragbaren) ausländerpolizeilichen Generalklausel heute durchweg differenziert verrechtlicht sowie zugleich in die Matrix subjektiver Rechte integriert wurden[22] und damit (vergleichsweise spät) Anschluss an allgemeine Pfade des Verwaltungsrechts[23] gefunden haben, war nur auf der Grundlage territorial stabiler Herrschaftsräume möglich. Eine Entgrenzung kann auch hier Freiheitsverluste nach sich zu ziehen. Neuere Vorschläge, das (angesichts unionsrechtlicher Überlagerung in seiner Bedeutung freilich begrenzte) Asylgrundrecht des Art. 16a Abs. 1 GG vom subjektiven Recht zu einem objektiven Gewährleistungsauftrag zu deformieren,[24] verdeutlichen diese Gefahr.

IV. Vorläufige Bilanz

Grenzen erfüllen nach alledem gerade in einem freiheitlichen Gemeinwesen zentrale Ordnungsfunktionen. Ohne Grenzen droht ein Rückfall in Ordnungsmuster, in denen personale Gruppenzugehörigkeit an die Stelle der allgemeinen und diskriminierungsfreien Rechtsbindung in einem territorialen Herrschaftsraum tritt. Personalität müsste andere Gründe für Loyalitäten schaffen, die letztlich auf durchweg freiheitsfeindlichen Gruppenidentitäten beruhen oder sogar – den Prämissen individueller wie demokratischer Selbstbestimmung zuwider laufend – im identitären Blutrausch als unverfügbar konstruiert werden.

1. Ein Raum der Freiheit, der Sicherheit und des Rechts

Die Entwicklung vom Binnenmarkt zum Raum (!) der Freiheit, der Sicherheit und des Rechts (Art. 67 ff. AEUV) hat den ökonomischen um einen (weiteren[25]) politischen Raum ergänzt,[26] ist aber eben *Raum* geblieben, was den Grenzbegriff gedanklich miteinschließt. Die erheblichen Intensivierungsschübe, die für die europäische Integration gerade vom Abbau von Grenzen als zunächst rechtlicher und dann auch physischer Barriere ausgingen, waren nur möglich, weil zugleich gemeineuropäische Außengrenzen geschaffen wurden.[27] Schengen ist insoweit Symbol für die Wechselbezüglichkeit von Ent- und Vergrenzung, für den Anspruch auf territoriales Ordnen als Voraussetzung einer auf Recht gegründeten Gemeinschaft. Sowohl die Vollzugsverweigerung der verantwortlichen Staaten bei der Verwaltung der Außengrenzen als auch die Wiedereinführung von Grenzkontrollen im Binnenraum stehen dann als Fanale für das Fassadenhafte einer viel beschworenen europäischen Wertegemeinschaft.

2. Ausnahmeabstinenz der Rechtsstaatlichkeit – auch in der Krise

Ein Bestehen auf vorpolitischen Wahrheiten ist hierbei ebenso schädlich wie die Lust am Abdriften in einen – bisweilen herbeigesehnten – Gubernativ-Exzeptionalismus.[28] Der demokratische Rechtsstaat lebt auch davon, dass er präterlegale Ausnahmetatbestände nicht kennt, die Ausnahme also verrechtlicht[29] und damit zur demokratischen Modelliermasse macht. Ein Bestehen auf der Einhaltung des Rechts ist daher auch in Krisenzeiten unverzichtbar,[30] weil anderenfalls mit der Formalität auch die demokratische Beherrschbarkeit von Herrschaft verloren geht, sprich: Politik vorbei an den demokratischen Institutionen der Rechtserzeugung gemacht wird. Das muss auch im Umgang mit den Grenzen gelten.

3. Bürokratische Beherrschbarkeit

Demokratische Herrschaft setzt voraus, dass sich die im Rahmen des Vollzugs demokratisch gesetzten Rechts auftretenden Konflikte im Großen und Ganzen in der regulären Mechanik des Bürokratischen bewältigen lassen. Bisweilen kann dann auch ein elastischeres Recht, das der Verwaltung Reaktionsspielräume belässt, problemadäquat sein. Das Krisenhafte an der Flüchtlingskrise ist auch weniger die Zahl der Menschen, die einwandern, sondern das Scheitern (überwiegend unverschuldet) überforderter Verwaltungsstäbe, Einwanderung zu verwalten und menschenwürdig aufzufangen. Bürokratien wirken kalt, distanziert und unnahbar, strahlen also keine Wärme einer humanen Geste aus. Sie sind aber unverzichtbar, wenn das Zusammenleben in Selbstbestimmung auf der Prämisse gleicher Freiheit aller geordnet werden soll.[31] Die souveräne Geste aus Leidenschaft ist sympathisch, stellt aber die eigene Weltsicht über die Gleichheits- und Freiheitsansprüche der Mitglieder des Legitimationssubjekts.

Bürokratie ist gewiss kein Ersatz für Menschlichkeit und Mitgefühl, gerade dort, wo sich die hässliche Fratze populistischer Agitation zeigt. Funktionierende Bürokratie ist aber eine Voraussetzung, die Freiräume für demokratisch verantwortete Menschlichkeit schafft, auf die alle angewiesen sind – zuallererst die Flüchtlinge, denen durch schnelle Entscheidungen und geordnete Unterbringung mehr geholfen ist als durch Lichterketten. Wenn die Verwaltung des Gebietszugangs wieder möglich wird und damit die Grenze ihre rechtliche Funktionalität zurückgewinnt, wäre ein großer Schritt auf dem Weg zu einem demokratischen »Wir schaffen das!« getan.

4. Demokratischer Pragmatismus statt Rechtsstaatsromantik

Dies ändert aber nichts daran, dass auch die deutsche Rechtsstaatsromantik einer kritischen Überprüfung bedarf. Die bisweilen naive Überschätzung der Bindekraft rechtlicher Regeln hat eben auch dazu geführt, dass ganze Gebäude praktischer Politik ausschließlich auf den sandigen Boden der Rechtlichkeit gegründet wurden. Einsturzsicher ist dies nicht. Vieles was integrationspolitisch angestrebt ist, wurde ersichtlich in Gutwetterstimmung normiert, ohne robusten Durchsetzungswillen, wenn es einmal auf politische Rechtstreue ankommen sollte. Ein materielles Flüchtlingsrecht für ein Unionsgebiet, das sich über gemeinsame Außengrenzen definiert, ist nur so belastbar, wie die Mitgliedstaaten bereit sind, solidarisch für eine Verteilung innerhalb dieser Grenzen zu sorgen.

Die Stärke des demokratischen Rechtsstaats liegt gerade darin, Komplexität zu reduzieren und Probleme auf überschaubare Relationen zu kondensieren, die Utopien ebenso vermeiden wie aufgeregte Überreaktionen auf – manchmal wehleidig, manchmal lustvoll – gezeichnete Dystopien. Vielleicht ist die Flüchtlingskrise (nach der Finanzmarktkrise) daher ein geeigneter Anlass, statt auf die Macht des Rechts auch im Visionären zu vertrauen, lieber kleinere Brötchen zu backen und sich auf das Machbare zu konzentrieren. In der Flüchtlingskrise sind dies etwa menschenwürdige Unterkünfte, Versorgung, Schule, Sprachkurse und ein funktionierendes System der Registrierung von Flüchtlingen sowie der Asylantragsbearbeitung, aber eher keine neuen Großprojekte europäischer Integration. Offene Binnengrenzen als eine der wirklich großen Errungenschaften europäischer Integrationspolitik lassen sich nur retten, wenn man die politische Bedeutung der Grenze(n) wieder ernst nimmt, auch um einen unproduktiven Rückfall in eine Verklärung des Nationalstaats[32] zu vermeiden.

Die Flüchtlingskrise bietet gewiss genügend Chancen. Diese Chancen zu nutzen, ist aber nur möglich, wenn zuvor der Primat des Politischen zurückgewonnen,[33] sprich:

der Grenzzutritt wieder zu einer regelbaren Frage des Rechts gemacht wird. Was man daraus politisch-inhaltlich macht, ist eine ganz andere Frage. Auch die Entscheidung für eine großzügigere Aufnahme jenseits kleinteilig regulierter Aufnahmekriterien könnte selbstverständlich eine Lösung sein. Die Verfassung gewährleistet (im Bereich der Migration eher begrenzt) individuelle Rechte, bindet darüber hinaus aber nicht die demokratische Einwanderungspolitik materiell, verpflichtet schon gar nicht – wie in diesem Band behauptet wird[34] – auf den Erhalt einer soziokulturell-substanzhaft bestimmten Tönung als Nationalstaat, ein Kriterium, das – neben inhaltlichen Einwänden – schon am basalen Test juristischer Subsumptionseignung versagt.[35] Die Grenze als eine rechtliche Errungenschaft lässt auch eine regulierte Öffnung intakt, solange sich der Anspruch auf Regelbarkeit *grosso modo* aufrechterhalten lässt. Die Schlichtheit des Modells offener Grenzen bietet demgegenüber auf die Herausforderungen einer konfliktreichen Welt ebenso wenig Antworten wie die gefühlsduseligen Sehnsüchte selbsternannter Volksversteher nach identitär verkitschter Heimeligkeit und kollektiver Nestwärme hinter Stacheldraht und Mauern.

Demokratien sind schließlich lernfähig,[36] weil ihre eigenen Regelungsansprüche stets nur vorläufig und damit revidierbar bleiben. Gesellschaftlicher Wandel ist weder Verheißung noch Bedrohung, sondern politisierbar und damit Gegenstand demokratischer Gestaltungsansprüche. Es besteht Grund zu Optimismus, dass die deutsche Einwanderungsgesellschaft zu einem pragmatischen Umgang mit den Staatsgrenzen jenseits von Abschottung und Resignation finden wird. Die Re-Politisierung der Grenze in der politischen Öffentlichkeit und im Deutschen Bundestag mit den typischen Antagonistenrollen zeigt, dass die gegenwärtige »Flüchtlingskrise« nicht zur Demokratiekrise werden muss.

1 *Giorgio Agamben*, Means Without End: Notes on Politics, 2000, S. 16: »Inasmuch as the refugee, an apparently marginal figure, unhinges the old trinity of state-nation-territory, it deserves instead to be regarded as the central figure of our political history«.
2 Zur Entterritorialisierung *Herfried Münkler*, Kriegssplitter: Die Evolution der Gewalt im 20. und 21. Jahrhundert, 2015, S. 317 ff.
3 *Daniel Erasmus Khan*, Die deutschen Staatsgrenzen. Rechtshistorische Grundlagen und offene Rechtsfragen, 2004, S. 12 ff.
4 *H. Patrick Glenn*, The Cosmopolitan State, 2013, S. 84 f.
5 *Alexander Somek*, The Cosmopolitan Constitution, 2014, S. 209 ff.
6 *Klaus Ferdinand Gärditz*, Der Bürgerstatus im Licht von Migration und europäischer Integration, in: Repräsentative Demokratie in der Krise?, VVDStRL 72 (2013), S. 49 (60 ff.).
7 *Glenn* (Fn. 4), S. 170 f.
8 *Martin Nettesheim*, Ein Vakuum darf nicht hingenommen werden, FAZ v. 29. 10. 2015, S. 8.
9 Auch graduell-evolutive Modelle, die Zugehörigkeit neben Staatsangehörigen und Ausländern weiter auffächern wollen, knüpfen ebenfalls (und in besonderem Maße) an der Territorialität an. Grundsätzlich *Anuscheh Farahat*, Progressive Inklusion, 2014, S. 141 ff. und passim.
10 Regelungstechnisch missglückt ist insoweit Art. 49 Abs. 1 Satz 1 EUV, wonach jeder »Europäische Staat« der EU beitreten kann. Die Aufnahme setzt eine Änderung des Primärrechts voraus (Art. 49 Abs. 2 EUV), sodass die Mitgliedstaaten schlicht im Konsens entscheiden (müssen), welcher Staat definitionsgemäß dann als ›europäisch‹ gilt.
11 So im Ergebnis mit variierenden Begründungen *Otto Depenheuer*, Zwischen staatlicher Souveränität und Menschenrecht. Grundfragen staatlicher Einwanderungpolitik, in: Festschrift für Georg Brunner, 2001, 46 (57, 59); *Gärditz* (Fn. 6), S. 121 ff; *Thomas Groß*,

Postnationale Demokratie – Gibt es ein Menschenrecht auf transnationale Selbstbestimmung?, Rechtswissenschaft 2011, S. 125 (139 ff.); angedeutet auch *Dieter Murswiek*, in diesem Band.

12 Diagnostisch *Ayelet Shachar*, Citizenship, in: Michael Rosenfeld/András Sajó (Hrsg.), The Oxford Handbook of Comparative Constitutional Law, 2012, S. 1002 (1018).

13 Hiergegen aber *Nico Krisch*, Beyond Constitutionalism: The Pluralist Structure of Postnational Law, 2010, S. 93 f.

14 In die Gegenrichtung *Christian Hillgruber*, in diesem Band.

15 *Josef Isensee*, Der Verfassungsstaat als Friedensgarant, in: Rudolf Mellinghoff/Gerd Morgenthaler/Thomas Puhl (Hrsg.), Die Erneuerung des Verfassungsstaates, 2003, S. 12 ff.

16 BVerfGE 111, 160 (171 ff.); 111, 176 (185 f.); 132, 144 ff.

17 *Ayelet Shachar*, The Birthright Lottery: Citizenship and Global Inequality, 2009, S. 45 f.

18 Jüngst das Asylverfahrensbeschleunigungsgesetz v. 20.10.2015 (BGBl. I 1722).

19 Etwa *Hillgruber* (Fn. 14), in diesem Band.

20 Ähnlich auch *Paul Kirchhof*, Staatliche Souveränität als Bedingung des Asylrechts, in: Festschr. f. Kay Hailbronner, 2013, S. 105 (114 ff.).

21 Für die herrschende Meinung BVerwGE 69, 323 (324 ff.); *Hans-Georg Maaßen*, in: Volker Epping/Christian Hillgruber (Hrsg.), GG, 2. Aufl. (2013), Art. 16a Rn. 49, 51. Für die Gegenansicht etwa *Fabian Wittreck*, in: Horst Dreier (Hrsg.), GG, Bd. I, 3. Aufl. (2013), Art. 16a Rn. 85.

22 *Daniel Thym* Migrationsverwaltungsrecht, 2010, S. 197 ff.

23 *Rainer Wahl* Herausforderungen und Antworten, 2006, S. 18 ff., 35 ff.

24 *Axel Hopfauf*, Asylgrundrecht als objektive Gewährleistung?, ZRP 2015, S. 225 ff.

25 Auch die rechtlichen Bedingungen des Ökonomischen sind politisch. Zutreffend *Gertrude Lübbe-Wolff* Europäisches und nationales Verfassungsrecht, VVDStRL 60 (2001), S. 246 (251).

26 *Christian Calliess/Moritz Hartmann*, Zur Demokratie in Europa: Unionsbürgerschaft und europäische Öffentlichkeit, 2014, S. 46.

27 Luzide hierzu *Frank Schorkopf*, Der Europäische Weg, 2010, S. 105 ff.

28 Sehr richtig *Frank Schorkopf*, Finanzkrisen als Herausforderung der Rechtsetzung, VVDStRL 71 (2012), S. 183 (219).

29 Vgl. *Udo Di Fabio*, Sicherheit in Freiheit, NJW 2008, S. 421 ff.

30 *Stephan Harbarth*, Eine Bankrotterklärung für Europa, FAZ v. 12. 11.2015, S. 7; *Paul Kirchhof*, Deutschland im Schuldensog, 2012, S. 216 f.

31 *Christoph Möllers*, Demokratie – Zumutungen und Versprechen, 2008, S. 88 f.

32 Etwa *Rainer Hank*, Alle Menschen werden Brüder?, FAS v. 20. 12.2015, S. 23.

33 *Nettesheim* (Fn. 8).

34 *Dietrich Murswiek*, Nationalstaatlichkeit, Staatsvolk und Einwanderung, in diesem Band.

35 Treffend *Josef Isensee*, Recht als Grenze – Grenzen des Rechts, 2009, S. 16: »Gleichwohl baut das Grundgesetz die Demokratie nicht auf einen so unsicheren, unabgrenzbaren, schwankenden Grund wie den der Wunschvorstellung vom Volk als naturwüchsiger Organismus oder als ethnischer, historischer, kultureller, soziologischer Einheit.« Siehe auch *Oliver Lepsius* Die gegensatzaufhebende Begriffsbildung, 1994, S. 26.

36 Aufschlussreich hierzu *Steffen Augsberg*, Gesellschaftlicher Wandel und Demokratie: Die Leistungsfähigkeit der parlamentarischen Demokratie unter Bedingungen komplexer Gesellschaften, in: Hans Michael Heinig/Jörg Philipp Terhechte (Hrsg.), Postnationale Demokratie, Postdemokratie, Neoetatismus, 2013, S. 27 (37 ff.).

II.

Dietrich Murswiek

Nationalstaatlichkeit, Staatsvolk und Einwanderung

I. Das Grundgesetz als Verfassung des deutschen Volkes

Das Grundgesetz ist eine Staatsverfassung. Wie jede Staatsverfassung ist es kein abstraktes normatives Gehäuse. Es konstituiert nicht eine ort- und zeitlose Organisation, sondern einen historisch-konkreten Staat – den Nationalstaat der Deutschen[1]. Im 19. Jahrhundert entstanden, ist dieser Staat zwar nicht das unmittelbare Ergebnis der Freiheits- und Demokratiebewegung, die zugleich die staatliche Einheit der Nation herstellen wollte, sondern wurde erst durch Bismarcks Machtpolitik und damals noch nicht als parlamentarische Demokratie verwirklicht. Nationale Selbstorganisation der Völker auf der Basis sprachlicher, kultureller und historischer Gemeinsamkeiten war aber das bis weit ins 20. Jahrhundert hineinreichende und sich auch in den heutigen Staatsgrenzen weitgehend widerspiegelnde Konstruktionsprinzip der europäischen Staatenwelt, dessen Durchsetzung mit der Ablösung der dynastisch legitimierten Monarchien durch demokratische, gewaltenteilende und freiheitsgewährleistende Rechtsstaaten – wenngleich nicht überall ganz synchron – einherging.

Als nach der Katastrophe des Zweiten Weltkriegs die Staatlichkeit in Deutschland neu verfasst werden musste, hat der Parlamentarische Rat dezidiert das Prinzip der Nationalstaatlichkeit fortgesetzt. Das Bundesverfassungsgericht hat es als »die Grundentscheidung« des Parlamentarischen Rates bezeichnet, nicht einen neuen Staat zu errichten, sondern das Grundgesetz als Reorganisation des von Bismarck gegründeten Staates auf einem Teilgebiet zu begreifen. »Dieses Verständnis der politischen und geschichtlichen Identität der Bundesrepublik Deutschland« liege dem Grundgesetz zugrunde[2]. Nachdem das Bundesverfassungsgericht zuvor schon die rechtliche Identität der Bundesrepublik Deutschland mit dem früher »Deutsches Reich« genannten Staat festgestellt hatte[3], hebt es mit der zitierten Formulierung die historisch gewachsene Identität des Gemeinwesens hervor. Damit kann natürlich nicht eine politische Identität mit überwundenen und überlebten Verfassungen und Regimes gemeint sein, sondern nur die Identität des Staates als desjenigen Staates, in welchem sich das deutsche Volk als durch seine Geschichte, Kultur und Sprache geprägte politische Willensgemeinschaft organisiert hat. Der fortbestehende Staat, den es neu zu verfassen galt, ist der Staat des deutschen Volkes. Die Entscheidung für die Fortsetzung dieses Staates war eine bewusste Entscheidung für den Nationalstaat[4]. Die Abgeordneten des Parlamentarischen Rates beriefen sich auf das nationale Selbstbestimmungsrecht der Deutschen[5], also auf das Recht jedes Volkes, sich in einem eigenen Staat zu organisieren, auf das »unvernichtbare Recht [des deutschen Volkes] auf eigene Gestaltung der Formen und Inhalte seiner politischen Existenz«[6] und verstanden das deutsche Volk weiterhin als Staatsnation: »Als ein Volk einheitlicher Kultur und Geschichte, einheitlicher Sprache und einheitlicher Grundgesinnung wollen wir diese Gemeinschaft auch in der staatspolitischen Ebene wieder werden.«[7]

Es ist keine introvertierte oder gar isolationistische, sondern es ist die europaoffene, auf Integration in die Europäischen Union abzielende Nationalstaatlichkeit, die aber – bei aller internationalen Offenheit – die Staatlichkeit eines konkreten, durch seine Kultur und Sprache geprägten Volkes bleibt. Das Grundgesetz bringt dies an verschiedenen Stellen deutlich zum Ausdruck[8]. Diese Grundentscheidung steht in engem Zusammenhang mit der Grundentscheidung über das Subjekt der Demokratie. Es ist nicht irgendein beliebiges Volk, von dem in Deutschland die Staatsgewalt ausgeht, sondern es ist das deutsche Volk. Dieses ist nach dem Grundgesetz Subjekt der verfassunggebenden Gewalt; dieses ist Subjekt der demokratischen Legitimation staatlicher Herrschaft.

II. Nationalstaatlichkeit als Rahmen für die Einwanderungs- und Flüchtlingspolitik

Was ergibt sich daraus für die Einwanderungs- und Flüchtlingspolitik?

Das Prinzip der Nationalstaatlichkeit ist der verfassungsrechtliche Rahmen, welcher der Einwanderungspolitik vorgegeben ist. Für eine aktiv gestaltende Migrationspolitik ergibt sich daraus zunächst, welche Ziele sie *nicht* verfolgen darf: Sie darf nicht die Überwindung des Nationalstaats durch eine multikulturelle Gesellschaft oder gar einen Vielvölkerstaat anstreben. Die Entstehung ethnisch-religiöser und sprachlicher Parallelgesellschaften darf weder geplant noch in Kauf genommen werden. Sofern Parallelgesellschaften sich als unbeabsichtigte Nebenfolge einer nicht hinreichend durchdachten Migrationspolitik entwickeln, muss die Politik – etwa durch Integrationsmaßnahmen – auf ihre Rückbildung hinwirken.

Der Nationalstaat ist keine statische Größe, sondern entwickelt sich ständig weiter. Das gilt auch für seine ethnisch-kulturelle Basis, und das gilt ebenso für das demokratische Subjekt, das Staatsvolk. Aufgabe der Politik ist es aber, in allen Entwicklungen die kulturellen, demographischen, sprachlichen Voraussetzungen des Nationalstaats zu erhalten[9]. Damit wäre es, um den Extremfall zu bezeichnen, unvereinbar, wenn die Migrationspolitik dazu führt, dass in Deutschland eine kulturell hier nicht verwurzelte Mehrheitsbevölkerung entsteht. Dieser Extremfall mag heute als so unrealistisch erscheinen, dass er keine weitere Beachtung verdient. Das wäre aber eine Fehleinschätzung. Bleibt die Geburtenrate der Deutschen so niedrig wie bisher und die der Immigranten so hoch, wie sie in ihren Herkunftsländern ist, wird der Extremfall immer wahrscheinlicher. Und wenn die Grenzen für alle Immigrationswilligen ohne Obergrenze geöffnet bleiben, wird dieser Fall in absehbarer Zukunft sogar mit Gewissheit eintreten[10].

Entsprechendes lässt sich unter dem Aspekt des Staatsvolkes sagen: Wer zum Staatsvolk und somit zum Subjekt der Demokratie gehört, ist eine Frage der Staatsangehörigkeit und nicht der Abstammung oder ethnischen

Zugehörigkeit. Das Grundgesetz als nationalstaatliche Verfassung setzt aber voraus, dass das Staatsvolk in seiner großen Mehrheit aus ethnisch Deutschen besteht und dass diejenigen, die eingebürgert werden, sich sprachlich-kulturell assimilieren oder jedenfalls integrieren. Deutschland schottet sich nicht ab gegen jede Einwanderung und Einbürgerung, aber Verfassungserwartung des Grundgesetzes ist, dass dabei der Charakter Deutschlands als Nationalstaat der Deutschen nicht verlorengeht. In diesem Sinne muss auch die Identität des Staatsvolkes erhalten bleiben[11]. Das wäre jedenfalls dann nicht mehr der Fall, wenn ein erheblicher Teil des Staatsvolkes nicht der deutschen Sprache mächtig wäre.

Die Voraussetzungen der Einbürgerung sind im einzelnen nicht im Grundgesetz, sondern auf einfachgesetzlicher Ebene geregelt. Die Verfassung lässt dem Gesetzgeber die Möglichkeit offen, durch Einbürgerungen auch die Zusammensetzung des Staatsvolkes zu verändern. Aber diese Ermächtigung bedeutet nicht, dass Regierung und Parlament durch politische Entscheidungen eine völlig neue ethnisch-kulturelle Struktur des Staatsvolkes herbeiführen dürfen.

Eine Politik der Einwanderung ohne Obergrenzen ist auch hiermit nicht vereinbar. Dem lässt sich nicht entgegenhalten, dass Immigranten nicht automatisch die deutsche Staatsangehörigkeit erhalten. Wer nämlich auf Dauer hier lebt, dem wird die Staatsangehörigkeit nicht dauerhaft vorenthalten werden können.

Natürlich muss unterschieden werden zwischen der Aufnahme von Menschen, die dauerhaft einwandern wollen, und solchen, die als Flüchtlinge nur vorübergehend Schutz suchen. Während Einwanderung uneingeschränkt den Grenzen des Nationalstaatsprinzips unterliegt, können Flüchtlinge auch in größerer Zahl aufgenommen werden, wenn es eine realistische Rückkehrperspektive gibt. Während Einwanderer sich integrieren müssen und nur bei positiver Integrationsprognose aufgenommen werden dürfen, ist Integration von Flüchtlingen nur dann ein Thema, wenn es keine Rückkehrperspektive oder keinen Rückkehrwillen gibt[12]. Dann sind sie Einwanderer, und dann richtet sich die Aufnahmekapazität auch nach den Voraussetzungen für eine erfolgreiche Integration. Wenn seitens der Bundesregierung jetzt gesagt wird, man müsse alles für die Integration der syrischen Flüchtlinge tun, dann werden sie als Einwanderer behandelt. Dann arbeitet die Regierung nicht daran, die Voraussetzungen für eine möglichst baldige Rückkehr der Flüchtlinge in ihre Heimat zu schaffen, sondern vereinnahmt sie für Deutschland. Das ist schon im Hinblick auf den Willen der Flüchtlinge und die Bedürfnisse ihrer Herkunftsländer problematisch. Mit dem Grundgesetz unvereinbar ist es jedenfalls, für die Aufnahme von Flüchtlingen dann auf eine Obergrenze zu verzichten, wenn man davon ausgeht, dass sie dauerhaft im Land bleiben.

III. Kriterien für die Bestimmung einer Obergrenze

Eine Obergrenze lässt sich numerisch nicht exakt aus der Verfassung ableiten. Aber aus der Verfassung ergibt sich, dass es eine Obergrenze geben muss, die sich aus den Erfordernissen der Wahrung der nationalen Identität und daher insbesondere aus der Beachtung der realen Integrationskapazität ergibt.

Es ist klar, dass die Integrationskapazität des aufnehmenden Landes nicht allein von der Zahl der Immigranten abhängt. Sie hängt auch vom Zeitverlauf ab: Wenn pro Jahr nur wenige Immigranten eintreffen, ist die Integrationschance auch dann groß, wenn sie sich im Laufe der Jahre zu einer großen Zahl summieren, während die Integrationschance gering ist, wenn sehr viele Menschen aus einer fremden Kultur in kurzer Zeit kommen und dann in Deutschland weitgehend unter sich bleiben. Die Integrationskapazität hängt zu einem großen Teil auch von der Integrationsfähigkeit und Integrationswilligkeit der Einwanderer ab. Die Erfahrungen zeigen, dass etwa Italiener oder Spanier sich gut in Deutschland integriert haben, während es große Probleme bei Immigranten aus einigen anderen Herkunftsländern gibt. Dies muss bei der Auswahl der Immigranten, bei der Bestimmung von Länderkontingenten oder bei der Konkretisierung des maximalen Aufnahmevolumens berücksichtigt werden.

Nur am Rande kann hier darauf hingewiesen werden, dass das maximale Aufnahmevolumen nicht allein durch die Integrationskapazität – unter dem Aspekt der Wahrung der nationalen Identität – begrenzt sein muss. Weitere verfassungsrechtlich vorgegebene Grenzen ergeben sich aus der Notwendigkeit, die Funktionsfähigkeit des Staates zu wahren. Der Staat darf – auch dort, wo er aus humanitären Gründen Menschen aus akuter Not helfen will – durch die Öffnung der Grenzen und die Aufnahme von Flüchtlingen nicht die Fähigkeit verlieren, seine sonstigen Staatsaufgaben in der Weise zu erfüllen, wie die Verfassung dies voraussetzt. Zu diesen Aufgaben gehören insbesondere die Wahrung der inneren Sicherheit, die Wahrung der ökonomischen Voraussetzungen der Sozialstaatlichkeit oder die Wahrung der Voraussetzungen der Eigentumsordnung und des freiheitlichen Zusammenlebens. Die Regierung darf nicht sehenden Auges Zustände herbeiführen, in denen die Polizei nicht mehr in der Lage ist, flächendeckend das Gewaltverbot durchzusetzen und die Menschen gegen Übergriffe anderer wirksam zu schützen; sie darf uns nicht in eine Lage hineingleiten lassen, in der massive Absenkungen der Sozialstandards notwendig werden, um alle Menschen versorgen zu können. Sie darf nicht Zustände entstehen lassen, die massive Eingriffe in das Privateigentum erforderlich machen (Wohnungszwangsbewirtschaftung, Zwangseinweisungen in Wohnungen), um allen Menschen Wohnraum zu verschaffen. Sie darf nicht zulassen, dass Zustände entstehen, in denen durch Konfliktpotentiale aus Einwanderergruppen, wie sie in Frankreich sichtbar wurden, die innere Sicherheit derart bedroht wird, dass dann massive Freiheitseinschränkungen notwendig werden, um die Gefahren unter Kontrolle zu halten (Verstärkung der Tendenzen zum Überwachungsstaat, Erleichterung polizeilicher Eingriffe bis hin zu Notstandsmaßnahmen). Kurz: Sie darf nicht durch ihre Flüchtlings- oder Immigrationspolitik einen Notstand herbeiführen, der dann allerlei freiheitsverkürzende Maßnahmen rechtfertigt.

IV. Die Obergrenze in der gegenwärtigen Flüchtlingskrise

Die sich unter dem Aspekt der Nationalstaatlichkeit aus dem Grundgesetz ergebende Obergrenze für die Aufnahme von Immigranten ist mit einer Million von

Deutschland aufgenommener Flüchtlingen im Jahr 2015 schon evident überschritten worden. Die gegenwärtige Politik der Bundesregierung unterscheidet nicht wirklich zwischen Einwanderern und Flüchtlingen, also zwischen einerseits denen, die man einlädt, nach Deutschland einzuwandern, weil man sie als Bereicherung für unser Land ansieht, insbesondere weil sie auf dem Arbeitsmarkt gebraucht werden und demographische Defizite auffüllen können, und andererseits denen, die hier vorübergehend Aufenthalt wegen politischer Verfolgung oder wegen einer humanitären Notlage erhalten sollen. Sie geht, wie eine Vielzahl von Äußerungen zeigt, vielmehr davon aus, dass die über eine Million »Flüchtlinge«[13], die seit 2015 nach Deutschland gekommen sind, dauerhaft hier bleiben werden.

Deshalb stellt sich nicht die Frage, wie vielen Flüchtlingen oder Asylberechtigten hier maximal ein – vorübergehender – Aufenthalt gewährt werden könnte. Dass die Regierung die in der »Flüchtlingskrise« nach Deutschland kommenden Menschen als dauerhaft bleibende Einwanderer betrachtet, ist sowohl im Hinblick auf die Motivation vieler Flüchtlinge, die aus elenden wirtschaftlichen Verhältnissen in das deutsche Sozialsystem flüchten und sich hier bessere Lebensverhältnisse erhoffen, als auch im Hinblick darauf plausibel, dass eine Befriedung der Verhältnisse im Nahen Osten nicht in Sicht ist und mit einer langen Aufenthaltsdauer in Deutschland gerechnet werden muss. Die Frage ist daher, ob die Obergrenze für dauerhaft hier bleibende Einwanderer überschritten ist. Und diese richtet sich nach der Integrationskapazität.

Nachdem anfangs illusionäre Äußerungen zu hören waren, dass die Flüchtlinge überwiegend gut qualifiziert seien und problemlos in den deutschen Arbeitsmarkt integriert werden könnten, ist insoweit inzwischen Ernüchterung eingetreten. Dennoch fordert die Bundesregierung unverdrossen die schnelle Integration der Flüchtlinge. Sie geht davon aus, dass sie alle hierbleiben und daher Einwanderer sind. Anders als in jedem Einwanderungsland der Welt werden die Einwanderer aber nicht nach ihrer Integrationsfähigkeit und -willigkeit, nicht nach ihren beruflichen Qualifikationen und nach den Bedürfnissen des deutschen Arbeitsmarkts ausgewählt. Vielmehr werden sie überhaupt nicht ausgewählt, sondern ohne jede Rücksicht auf die Bedürfnisse des eigenen Landes und ohne jede Integrationsprognose in unbeschränkter Zahl aufgenommen. Diese weltweit singuläre Einwanderungspolitik ist mit den verfassungsrechtlichen Anforderungen an eine Steuerung der Einwanderung nach Maßgabe der Integrationskapazität unvereinbar.

Eine Million Einwanderer allein im Jahr 2015, deren Integrationsfähigkeit und Integrationswilligkeit in keiner Weise geprüft worden sind, sind viel zu viele. Die Integration wird plakativ gefordert und soll nach Vorstellung mancher Politiker sogar gesetzlich angeordnet werden. Sie wird aber bei einer solchen Zahl von Immigranten, die in so kurzer Zeit aus völlig fremden kulturellen Kontexten und ohne Kenntnis der deutschen Sprache nach Deutschland kommen, unmöglich sein. In Frankreich ist die Integration vieler aus Nordafrika stammender Muslime nach Jahrzehnten immer noch nicht gelungen, obwohl diese überwiegend französisch zumindest als zweite Sprache schon in ihrem Herkunftsland gelernt haben dürften. Zwangsintegration ist zum

Scheitern verurteilt und im übrigen mit den Prinzipien des freiheitlichen Verfassungsstaats kaum vereinbar.

Was gegenwärtig unter Billigung der Bundesregierung stattfindet, ist eine Umstrukturierung der Bevölkerung Deutschlands: Aus der nach Sprache, Kultur und Geschichte deutschen Mehrheitsbevölkerung wird eine multikulturelle Gesellschaft ohne einheitliche Sprache und Tradition. Die Politik der offenen Grenzen läuft auf das hinaus, was der Titel eines berühmten Buches zum Ausdruck bringt: »Deutschland schafft sich ab«[14]. Bundeskanzlerin Merkel ist vom TIME-Magazin zur »Person des Jahres« 2015 erkoren worden, weil sie mit ihrer Politik den Prozess vorantreibe, »eine alte und quälende nationale Identität abzulegen.«[15]

Es gibt nicht wenige, die dies gut finden. Und eine nationale Identität ist, wie alles in der Geschichte, etwas, was vergänglich ist. Aber die Identität des deutschen Volkes verdampft nicht von alleine. Gegenwärtig ist sie gefährdet durch politische Entscheidungen der Bundesregierung. Und die Bundesregierung ist an das Grundgesetz gebunden. Sie ist nicht berechtigt, die Identität des Volkes, das sie repräsentiert und dessen Wohl zu wahren sie geschworen hat, einwanderungspolitisch auflösen. Rechtlich steht dem das Grundgesetz entgegen.

V. Obergrenze und Demokratie

Die Entscheidung der Bundeskanzlerin, die Grenzen für alle offenzuhalten, die als Flüchtlinge nach Deutschland kommen, hat im übrigen keine demokratische Legitimation, und zwar aus mehreren Gründen:

- Eine Entscheidung von so weitreichender Bedeutung kann nicht von der Kanzlerin allein getroffen werden. Nach der Rechtsprechung des Bundesverfassungsgerichts sind »wesentliche« Entscheidungen dem Parlament vorbehalten. Die Öffnung der Schleusen für über eine Million Flüchtlinge allein im Jahr 2015 ist hinsichtlich ihrer Auswirkungen auf die Zukunft der Bundesrepublik Deutschland und des deutschen Volkes von äußerster Dramatik. Die Zusammensetzung des Volkes und seine Identität, die öffentliche Sicherheit und Ordnung, die Aufgabenlast der Kommunen und Landkreise, die Folgezwänge für die Bereitstellung von Wohnungen, ärztlicher Versorgung und Sozialhilfe, die hieraus resultierenden Belastungen des Haushalts in Höhe von vermutlich mehr als 30 Milliarden Euro pro Jahr[16] sind einige Stichworte für solche Auswirkungen. Es gibt wohl keine Entscheidung der Bundesregierung seit der Wiedervereinigung, die eine solche Tragweite hatte und die Deutschland so sehr verändern wird, wie diese. Indem die Bundeskanzlerin diese Entscheidung aus einem moralischen Bauchgefühl heraus spontan getroffen hat, ohne zuvor das Parlament zu fragen, hat sie den demokratischen Parlamentsvorbehalt eklatant verletzt.
- Fast alle Flüchtlinge, die in der gegenwärtigen Flüchtlingskrise nach Deutschland gekommen sind, können sich weder auf das Asylgrundrecht berufen noch haben sie einen Aufenthaltstitel. Fast alle Flüchtlinge müssten nach § 18 Abs. 2 AsylG von den Grenzbehörden »zurückgeschoben« werden. Die Bundesregierung hat offenbar angeordnet, dass diese Vorschrift nicht angewendet wird. Damit verletzt sie nicht nur diese

Norm, sondern stellt die Bindung der Exekutive an das Gesetz (Art. 20 Abs. 3 GG) in Frage. Zwar darf das Bundesinnenministerium gemäß § 18 Abs. 4 AsylG aus humanitären Gründen oder zur Wahrung politischer Interessen der Bundesrepublik Deutschland anordnen, dass ein eigentlich zurückzuschiebender Ausländer nicht zurückgeschoben wird. Diese Vorschrift ist aber auf individuelle Einzelfälle zugeschnitten und ermächtigt nicht dazu, generell und unkontrolliert die Einreise zu ermöglichen. – Indem die Bundesregierung sich über das Gesetz stellt, handelt sie nicht nur rechtsstaatswidrig, sondern auch ohne demokratische Legitimation. Denn die Exekutive schöpft ihre Legitimation gerade auch aus der Bindung an das parlamentsbeschlossene Gesetz. – Zur Klarstellung: Die Aufnahme auch großer Gruppen von Flüchtlingen aus humanitären Gründen ist damit nicht ausgeschlossen. Aber die Flüchtlinge benötigen einen Aufenthaltstitel, den die zuständige oberste Landesbehörde oder das Bundesministerium des Innern ihnen zur Verfügung stellen kann (so nach § 23 AufenthG) und den sie bei der Einreise vorweisen müssen. So bleibt die Einreise kontrolliert und begrenzt. Die Regierung muss wissen, wer einreist, und sie muss entscheiden, wie viele Personen aus welchen Ländern sie einreisen lassen will. Was zur Zeit stattfindet, ist der totale Kontrollverlust.

- Die Regierung darf nicht die Identität des Volkes, dem sie ihre Legitimation verdankt, strukturell verändern. Das Volk ist das Subjekt der Demokratie. Die Regierung leitet ihre Legitimation von diesem Subjekt ab, aber darf nicht über das Subjekt verfügen. Indem die Bundeskanzlerin eine Entscheidung trifft, die sich auf die Identität des Volkes und auf den Charakter des Staates als des Nationalstaats dieses Volkes gravierend auswirkt, ohne das Volk zu fragen, macht sie sich selbst zum Souverän. Das ist mit dem Prinzip der Volkssouveränität nicht vereinbar.

Nationalstaatlichkeit und Identität des Staatsvolks sind für die verfassten Staatsgewalten unantastbar. Wer darüber verfügen dürfte, ist allein das Volk selbst kraft seiner verfassunggebenden Gewalt. Ob eine verfassunggebende Volksentscheidung über die Ersetzung des Nationalstaats durch einen Vielvölkerstaat oder eine multikulturelle Gesellschaft und über die Auflösung des deutschen Volkes in einer multikulturellen Bevölkerung auf legale Weise herbeigeführt werden könnte, ist umstritten. Das Bundesverfassungsgericht hat im Lissabon-Urteil gesagt, dass die Eingliederung Deutschlands in einen europäischen Bundesstaat, zwar an Art. 79 Abs. 3 GG scheitern müsste, wenn sie durch die verfassten Staatsorgane vorgenommen würde, dass sie aber durch eine verfassunggebende Volksentscheidung gemäß Art. 146 GG legitimiert werden könnte[17]. Folgt man dieser Auffassung, dann ließe sich eine die Auflösung des Nationalstaats und der nationalen Identität des Volkes bewirkende Einwanderungspolitik durch eine verfassunggebende Volksentscheidung legitimieren. Solange das Volk aber nicht gefragt worden ist, ob es der Umwandlung Deutschlands in einen multikulturellen Staat zustimmen will, ist eine Politik der für alle wirklichen oder vermeintlichen Flüchtlinge ohne Obergrenze offenen Grenzen[18] mit dem Grundgesetz unvereinbar.

- Völkerrechtlich steht dem deutschen Volk das Selbstbestimmungsrecht der Völker zu. Dieses impliziert das Recht der sprachlich-kulturell-historisch geprägten, auf einem bestimmten Territorium ansässigen Nation, sich in ihrem eigenen Staat zu organisieren[19]. Das Grundgesetz ermächtigt nach Auffassung des Bundesverfassungsgerichts die Staatsorgane nicht, das Selbstbestimmungsrecht des deutschen Volkes aufzugeben. Dieser Schritt sei allein dem unmittelbar erklärten Willen des Volkes vorbehalten[20]. Das war zwar in bezug auf den Beitritt Deutschlands zu einem europäischen Bundesstaat gesagt, muss aber auch im Kontext der Einwanderungspolitik gelten: Das deutsche Volk verlöre faktisch sein Recht auf Selbstorganisation in einem eigenen Staat, wenn aufgrund der durch Entscheidungen der Regierung herbeigeführten oder ermöglichten Änderung der Bevölkerungszusammensetzung eine Entscheidung für einen eigenen Nationalstaat gar nicht mehr möglich wäre. Das Selbstbestimmungsrecht – und damit nach Auffassung des Bundesverfassungsgerichts auch Art. 79 Abs. 3 GG – verlangt, dass das Volk selbst die Entscheidung darüber trifft, ob es statt in einem eigenen Nationalstaat in einem multiethnischen und multikulturellen Staat leben will.

1 Hierzu ausführlich *Dietrich Murswiek*, Kommentar zur Präambel des Grundgesetzes, in: Bonner Kommentar zum Grundgesetz, Loseblattkommentar (2005), Rn. 217–242 m.w.N.

2 *BVerfGE* 77, 137 (150).

3 *BVerfGE* 36, 1 (16).

4 Eingehender hierzu *Christian Hillgruber*, Der Nationalstaat in der übernationalen Verflechtung, in: HStR II, 3. Aufl. 2004, § 32 Rdnr. 5 ff.

5 Z.B. Abg. Dr. *Schmid*, PR-Akten Bd. 9, Dok-Nr. 2, S. 18 (45); Abg. *Süsterhenn*, ebd. S. 48.

6 Abg. Dr. *Schmid*, PR-Akten Bd. 9, Dok-Nr. 2, S. 18 (45); ebenso bereits der Herrenchiemsee-Konvent, PR-Akten Bd. 2, Dok-Nr. 14, S. 504 (579 i.V.m. 506 ff.).

7 Abg. Dr. *Seebohm*, PR-Akten Bd. 9, Dok-Nr. 10, S. 504 (568).

8 Dazu im einzelnen *Murswiek* (Fn. 1), Rn. 218.

9 Zur »Identitätspflege« *Murswiek* (Fn. 1), Rn. 233–238; *Rupert Scholz*, Von der verspäteten zur negierten Nation?, FAZ v. 18.12.2015, S. 8.

10 Bereits 2014 hatten laut Statistischem Bundesamt 20,3 % der in Deutschland lebenden Menschen einen Migrationshintergrund (der bei den verschiedenen Gruppen hinsichtlich der Integrationsfähigkeit sehr unterschiedlich ist; sehr viele dieser Menschen sind sehr gut integriert), www.destatis.de/DE/ZahlenFakten/GesellschaftStaat/Bevoelkerung/MigrationIntegration/Migrationshintergrund/Aktuell.html (abgerufen 20.12.2015). Wenn in den nächsten Jahren so viele Flüchtlinge kommen wie 2015, nämlich rund 1 Million, werden es in vier Jahren (Ende 2019) bereits 5 Millionen Menschen seit Beginn der Flüchtlingskrise sein. Man rechnet damit, dass pro Flüchtling durchschnittlich 3–4 Menschen im Wege des Familiennachzugs kommen werden. Das könnte dazu führen, dass 2020 bereits 20 Millionen eingeströmt sein werden. Das wären dann rund 20 % der auf fast 100 Millionen angewachsenen Gesamtbevölkerung. Berücksichtigt man die sehr unterschiedliche Geburtenrate bei ethnisch Deutschen und bei Einwanderern, könnte der Anteil der nicht deutschstämmigen Menschen schon 2020 bei 40 % liegen.

11 Vgl. auch z.B. auch *Scholz* (Fn. 9).

12 Vgl. den Beitrag von *Christian Hillgruber* in diesem Band.

13 Ich verzichte im folgenden darauf, »Flüchtlinge« jeweils in Anführungszeichen zu setzen. Vermutlich sind die allermeisten Menschen, die in dieser »Flüchtlingskrise« nach Deutschland kommen und von Regierung und Medien fast immer als »Flüchtlinge« bezeichnet werden, keine Flüchtlinge im Sinne der Genfer Flüchtlingskonvention und auch nicht subsidiär schutzberechtigt im Sinne der EU-Qualifikationsrichtlinie.

14 *Thilo Sarrazin*, Deutschland schafft sich ab, 2010.
15 TIME, http://time.com/time-person-of-the-year-2015-angela-merkel-choice/ (abgerufen 18.12.2015).
16 Eine Schätzung des Kieler Instituts für Weltwirtschaft nimmt – je nach Szenario der weiteren Entwicklung der Flüchtlingszahlen – jährliche Kosten zwischen 25 und 50 Mrd. Euro an, www.ifw-kiel.de/medien/medieninformationen/2015/simulation-von-fluchtlingskosten-bis-2022-langfristig-bis-zu-55-mrd-20ac-jahrlich (abgerufen 20.12.2015).
17 *BVerfG*, Urt. v. 30.6.2009 – 2 BvE 2/08 u.a., Abs.-Nr. 179 f., 218 f., 228 = *BVerfGE* 123, 267 (332, 344, 347 f.) – Lissabon.
18 Zur Bedeutung der Grenzen für die soziokulturelle Identität vgl. *Hans-Detlef Horn* in diesem Band.
19 Dazu z.B. *Dietrich Murswiek*, Offensives und defensives Selbstbestimmungsrecht. Zum Subjekt des Selbstbestimmungsrechts der Völker, in: Der Staat 23 (1984), S.523 ff.
20 *BVerfG*, Urt. v. 30.6.2009 – 2 BvE 2/08 u.a., Abs.-Nr. 228 = *BVerfGE* 123, 267 (347 f.) – Lissabon.

III.

Hans-Detlef Horn

Grenzschutz im Migrationsrecht. Es geht nicht nur um innere Sicherheit

I. Die Lage: Gemeinsame Migrationspolitik, lückenhafte Grenzschutzpolitik

Die Vertragskompetenz in Kapitel 2 der Unionspolitik im und für einen Raum der Freiheit, der Sicherheit und des Rechts fasst zusammen, was zusammengehört: Asyl und Einwanderung einerseits, Kontrollen an den Grenzen andererseits (Art. 67 Abs. 2 Satz 1, Art. 77 ff. AEUV). Doch tatsächlich haben sich diese Politiken nicht zusammen entwickelt. Fortschritte vollzogen sich weder im Gleichschritt noch miteinander, sondern unterschiedlich und nebeneinander. Asyl- und Migrationspolitik, beide schon programmatisch als »gemeinsame Politik« (Art. 78, 79 AEUV) aufgegeben, wurden konzeptionell integriert und weitgehend harmonisiert.[1] Die europäische Grenzpolitik hingegen (Art. 77 AEUV), nach Wegfall der Binnengrenzkontrollen im Schengen-Raum auf dessen Außengrenzen bezogen, ist von beidem noch weit entfernt: von einer konzeptionellen Verzahnung mit der Asyl- und Migrationspolitik ebenso wie von einem vergleichbaren Ausbau zu einer gemeinsamen Agenda. Neben den vereinheitlichten Standards bei Grenzkontrolle und Visaerteilung (Schengener Grenzkodex[2], Visa-Kodex[3]) überwiegen dort, wo die wirksame Überwachung des Grenzübertritts an den Außengrenzen sichergestellt werden soll (Art. 77 Abs. 1 lit. b AEUV), lediglich punktuelle Maßnahmen.

So hat sich der Außengrenzschutz im Zuge der schon seit 2014 anschwellenden Migrations- und Flüchtlingsströme buchstäblich als Lücke in der europäischen »Kapitel 2«-Politik erwiesen. Die Asylpolitik ist ungebremst unter den Druck massenhafter Grenzüberschreitungen geraten, vorbei an und ungehindert von einer weitgehend wirkungslosen Politik des Grenzschutzes. An den Außengrenzen findet Kontrolle kaum mehr oder gar nicht statt. Dem Flüchtling begegnet keine Kontrollbehörde an der Grenze, sondern erst die Asylbehörde hinter der Grenze. Sein Grenzübertritt als solches ist zum Tatbestand ohne Voraussetzung und Rechtsfolge geworden. Die vereinbarten Standards bei der Grenzkontrolle laufen ins Leere, ebenso der operative Auftrag der Frontex-Agentur zur Koordinierung und Unterstützung der Grenzsicherung;[4] geschweige denn gelangen deren Soforteinsatzteams[5] oder das Überwachungssystem Eurosur[6] zu effektivem Einsatz.

II. Die Agenda: Integrierte Migrations- und Grenzpolitik

Unter dem Ausfall der solidarischen Außengrenzsicherung hat auch die gemeinsame Asyl- und Flüchtlingspolitik ihre Basis in der angeordneten (Art. 80 AEUV) Solidarität der Mitgliedstaaten weithin verloren. An die Stelle einer gerechten Verteilung der Migrationslasten sind unter Missachtung aller Rechtspflichten und Obliegenheiten vielerorts Ausweich- und Abwehrstrategien getreten, die allesamt das befördern, was das einheitliche Politikkonzept gerade verhindern will: eine massenhafte und unkontrollierte Sekundärmigration innerhalb der Europäischen Union, entstanden dadurch, dass der Zustrom von Drittstaatsangehörigen entweder an den Nachbarstaat durchgeleitet oder an der Grenze zum Nachbarstaat abgeblockt wird.

Die Bundesrepublik Deutschland setzt solchen Strategien ein überragendes Politikkonzept der Humanität entgegen. Mit der Ausübung ihres Selbsteintrittsrechts[7] hat sie auf die Verweigerung der Einreise bei Ankunft aus einem sicheren Drittstaat verzichtet und die Zuständigkeit für die Prüfung jeglichen Aufnahmeersuchens an sich gezogen. Doch muss sich dies auch danach befragen lassen, ob damit nicht Effekte ausgelöst werden, die wohl kaum zu einer Eindämmung jener Sekundärmigrationen beitragen, und – zweitens und vor allem – ob damit nicht jene Aufgabe mehr erschwert denn gefördert wird, die offenkundig auf der politischen Agenda steht: der solidarische Ausbau einer integrierten Migrations- und Grenzpolitik. Der Weg, um einer dauerhaften Verstetigung der gegenwärtigen Lage zu begegnen, sowohl dem Migrantenstrom nach Europa wie dem Staatenzwist in Europa, kann nur dahingehen, effektiven Migrantenschutz und effektiven Grenzschutz in einem austarierten Gesamtkonzept zu gewährleisten, das allseitige politische Solidarität und Legitimität beanspruchen kann.

Der Tatbestand, an dem diese Regelungsaufgabe an ihren neuralgischen Punkt gelangt, ist der Grenzübertritt oder die Einreise. Zwar ist die Verhütung und Bekämpfung illegaler Einwanderung seit jeher eines der erklärten und unbestrittenen Ziele gemeinsamer europäischer Migrationspolitik (Art. 79 Abs. 1, Abs. 2 lit. c AEUV). Aber unter den Komplexitätsbedingungen des weithin ausdifferenzierten und in vielzählige Rechtsakte zersplitterten europäischen und internationalen Rechts zum Asyl- und Flüchtlingsschutz, zur subsidiären und vorübergehenden Schutzgewährung, zu Einwanderungs- und Aufenthaltsvoraussetzungen wird der Tatbestand der illegalen Einwanderung regelmäßig erst nach der erfolgten Einreise und anschließender Prüfung erkennbar. Dementsprechend fokussieren die hier einschlägigen Sekundärrechtsakte ganz wesentlich jene Fragen, die sich aus einem illegalen Aufenthalt ergeben, wie insbesondere die Bedingungen für die Rückführung und Abschiebung abgelehnter Asylbewerber oder sonst illegal aufhältiger Drittstaatsangehöriger.[8] Was indessen die Einreise selbst angeht, so verlässt sich auch die Unionskompetenz im Bereich illegaler Einwanderung weitgehend auf die andere Unionskompetenz, die zur wirksamen Überwachung des Grenzübertritts an den Außengrenzen und dem Ausbau eines integrierten Grenzschutzsystems ermächtigt (Art. 77 Abs. 1 lit. b und c, Abs. 2 lit. d AEUV).

III. Die sicherheitspolitische Grenzfunktion

Nach dem Schengener Grenzkodex (Art. 4–13) umfasst der Außengrenzschutz die (»eingehende«) Personenkontrolle und Überprüfung der individuellen Einreisevoraussetzungen an den Grenzübergangsstellen, die Überwachung der sog. grünen Grenze zur Verhinderung des unbefugten Grenzübertritts und die Einreiseverweigerung bei Gefährdung der öffentlichen Ordnung oder inneren Sicherheit. Solcher Außengrenzschutz wird als Voraussetzung und Folge eines funktionierenden Staatenraumes ohne Kontrollen an den Binnengrenzen angesehen.[9]

Doch der Verzicht auf die Binnengrenzkontrolle lässt die Hoheitsgewalt der Mitgliedstaaten über ihre Grenze unberührt.[10] Dem entspricht es, dass der Grenzkodex unter außergewöhnlichen Umständen die vorübergehende Wiedereinführung der Binnengrenzkontrollen zulässt. Allerdings ist diese Möglichkeit nur als letztes Mittel (ultima ratio) eröffnet. Sie ist einzig auf den Fall beschränkt, in dem die öffentliche Ordnung oder die innere Sicherheit in einem Mitgliedstaat ernsthaft bedroht ist (Art. 23), und zwar selbst dann, wenn aufgrund anhaltender schwerwiegender Mängel bei den Kontrollen an den Außengrenzen das Funktionieren des Binnenraums insgesamt gefährdet ist (Art. 29).

Das ist mehr als nur ein Konstruktionsfehler. Was sich hier vielmehr offenbart, das ist ein rein polizei- und sicherheitsrechtliches Verständnis staatlicher Grenzen, derjenigen im Binnenraum der Schengen-Staaten ebenso wie derjenigen gegenüber Drittstaaten. Andere Anliegen der Kontrolle und Überwachung an der Grenze, jenseits der Abwehr von Gefahren für die öffentliche Ordnung und innere Sicherheit, kommen nicht in Betracht. Für solches Verständnis stellt mithin der schiere Zustrom von Flüchtlingen, wie ihn Europa und Deutschland gegenwärtig erfahren, kein Thema dar; diesen per se und gesamthaft als Tatbestand einer Sicherheitsgefahr anzusehen, scheidet aus.

Indessen bleiben in jenem Verständnis additive souveränitäts- und bevölkerungspolitische Funktionen staatlicher Grenzen ausgeblendet. Interessen, wie solche an einer rationalen Steuerung der massenhaften Einreise, an der Gewährleistung dahingehender demokratischer Willensbildung oder schlicht an der Kenntnis darüber, wer das eigene Staatsgebiet betritt, finden keine Berücksichtigung; unter der Maxime »offener Staatlichkeit« gilt im Übrigen allein das Asyl-, Flüchtlings- und Migrationsrecht hinter der Grenze.

IV. Die identitätspolitische Grenzfunktion

Die geographische Umschließung des staatlichen Raums durch eine – theoretisch raumlose – (Linear-)Grenze (von slawisch: granica)[11] sichert dem Staat nicht nur die »schneidende Eindeutigkeit seines ausschließlich gedachten Herrschaftsanspruchs«, sondern setzt der im Staat verbundenen politischen Gemeinschaft auch »die Differenz, die ihr Identifizierbarkeit gibt und damit die Möglichkeit von Identität erst schafft«.[12] Die Völkerrechtsgemeinschaft achtet und sichert den nach innen gewendeten Integrationswert der Grenze durch den Schutz ihrer Integrität an der Außenseite.[13] Unter dem geschichtlichen Wandel von der Vorstellung geschlossener Grenzen hin zur Programmatik offener Grenzen schwindet zwar die symbolpolitische Bedeutung sichtbarer Schranken und Schlagbäume, Zäune und Mauern, und damit auch deren psychopolitische Bedeutung für den realen Erfahrungsraum der staatlichen Gemeinschaft.[14] Doch auch, soweit mit dem physischen Verschwinden von Grenzanlagen eine »Juridifizierung der Grenze« zur bloßen »Rechtszuordnungsgrenze« verschiedener staatlicher Zuständigkeiten einhergeht,[15] bleibt der identitätspolitische Bedeutungsgehalt der Grenze als fundamentale Wesenskonkretisierung von Staat und Staatlichkeit erhalten:

Ohne Grenze kein Staat. Das meint mehr als »Ohne Staatsgebiet kein Staat«[16]. Der Wert der Grenze erschöpft sich nicht in seiner klassischen (politisch-geographischen, geopolitischen) Territorialfunktion, nicht in der Vermessung eines Raumes, in dem der Staat nach innen seine Gebietshoheit ausübt und über den er nach außen seine territoriale Souveränität behauptet.[17] Beides steht ohnehin nicht infrage, wenn sich die staatlichen Räume unter offenen Grenzen zu Transit- und Zufluchtsräumen für Fremdstaatsangehörige wandeln.

Was vielmehr und weitergehend in Rede steht, das ist die auch politisch-sozio-kulturelle Dimension der Grenzfunktion. »Die Tatsache der geographischen Umschlossenheit ermöglicht und befördert in hohem Maße den gesellschaftlich-politischen Umschluß«.[18] Indem und weil sich das staatliche Dasein und Leben unausweichlich auf dem Grunde eines Territoriums erhebt, steht dessen Umgrenzung zugleich für jene kulturelle Identität, geschichtliche Individualität und wertgebundene Verfasstheit, die sich auf ihm ausgeformt und dem staatlichen Raumwesen seine eigentümliche »volkliche« Prägung gegeben haben. Es ist nicht der geographische Raum als solcher, sondern es sind diese aus der Raumgenossenschaft der Bevölkerung hervorgegangenen geistig-kulturellen Verständigungen und Gestaltungen, Geltungen und Haltungen des Zusammenlebens, aus denen die Territorialgrenze ihre eigentliche Bedeutung für den Staat als politischer Einheit bezieht.[19] In dieser Dimension aber markiert die (verfassungs-)staatliche Grenze nach innen nicht nur einen Ordnungsraum der inneren Sicherheit von Recht und Freiheit, sondern sie repräsentiert auch solche identitätsstiftenden Faktoren wie politische Zugehörigkeit und kulturelles Selbstverständnis, geistige Heimat und soziale Lebensform, während sie nach ihrer Außenseite das sowohl Trennende wie Verbindende, das Standhafte wie das Bewegliche des eigenen Besitzstandes in der Differenz von System und Umwelt vermittelt.[20]

V. Der Grenzübertritt: Staatliches Bestimmungsrecht und parlamentarisches Hausgut

Wie die Herrschaft über die Grenze, so unterliegt auch die Herrschaft über den Grenzübertritt dem Regime des Staats- und des Völkerrechts. Wie jene, so ankert auch diese im traditionellen Souveränitätsrecht des Staates, erfährt darin die Anerkennung und Sicherung des Rechts der Staatengemeinschaft, wird durch dieses aber auch modifiziert und gebunden.

Grundsätzlich kann jeder Staat über den Zutritt von Fremden auf sein Staatsgebiet frei entscheiden. Das ist sein ursprüngliches, aus insoweit variierter Personalhoheit[21] fließendes und völkerrechtlich anerkanntes Recht. Eine internationalrechtliche Freizügigkeit gibt es nicht.

Das Recht des Staates, den Fremden an der Grenze abzuweisen, sichert seine Hoheit, über die Zusammensetzung der eigenen Bevölkerung zu bestimmen. Das schließt das Recht auf Grenzsicherung mit ein. Hier offenbart sich der tiefe Zusammenhang, der zwischen der Souveränität der Staaten (Art. 2 Abs. 1 UN-Charta) und dem Selbstbestimmungsrecht der Völker (Art. 1 Abs. 2 UN-Charta) besteht. Sind demnach Grenzöffnung und Grenzkontrolle zwar nicht geboten, so aber aus ebenjener Staatssouveränität doch möglich. Das Staatsrecht der Demokratie stellt indessen die dahingehende Entscheidung unter Parlamentsvorbehalt. Aus den identitätspolitischen Funktionen der Grenze folgt: Grenzöffnung und Grenzkontrolle sind parlamentarisches, nicht exekutivisches Hausgut.

Auch die Gewährung von Asyl ist nach traditionellem Völkerrecht ein staatliches Souveränitätsrecht.[22] Weder die internationalen Menschenrechtspakte noch ein Satz des Völkergewohnheitsrechts stellen dem Recht des Staates ein Individualrecht des Schutzsuchenden auf Asylgewährung entgegen. Auch wenn demgegenüber das deutsche Grundgesetz (in Art. 16a Abs. 1) nach Maßgabe des hier wie nirgends sonst überwölbenden Unionsrechts dem politisch Verfolgten einen subjektiven Asylanspruch einräumt, so setzt aber die Asylgewährung in jedem Fall die Grenzöffnung, mithin die Einreise des Asylsuchenden voraus.[23] Er muss das Land erreicht haben, von dem er Schutz begehrt; nach dem Gemeinsamen Europäischen Asylsystem (GEAS) ist das der durch seine Außengrenzen bestimmte Schengen-Raum. Für die Varianten des sog. internationalen Schutzes gilt nichts anderes. Namentlich die Verpflichtungen aus der Genfer Flüchtlingskonvention und deren Umsetzung im europäischen Unionsrecht, wie vor allem das Verbot des Refoulement (Art. 33 Abs. 1 GFK), knüpfen an den Aufenthalt des Flüchtlings im schutzgewährenden Staat an.

Wegen des potentiellen Übergriffs in die Rechte des Herkunftsstaates, die jede Unterschutzstellung durch den Aufnahmestaat bedeutet, mag dies nach geltendem Völkerrecht gar nicht anders möglich erscheinen.[24] Gleichwohl bleibt die Frage, ob damit das staatliche Herrschaftsrecht über den Grenzübertritt vollkommen dem Regime des (europäischen) Asyl- und Flüchtlingsrechts hinter der Grenze unterworfen sein muss, mithin diesem zu weichen hat. Einem integrativen Politikprojekt, das jenseits der Fälle, in denen eine ernsthafte Gefahr der öffentlichen Ordnung oder inneren Sicherheit droht, auch die bevölkerungspolitisch-kulturellen Grenzfunktionen in Bedacht nimmt, stellt sich demgegenüber die Aufgabe, nach Möglichkeiten zu suchen, die die Anliegen des Asyl- und Flüchtlingsschutzes mit den Schutzgütern einer effektiven Grenzkontrolle harmonisiert.[25] Ein Beispiel ist das sog. Landgrenzenverfahren in exterritorialen Transitzonen nach dem Vorbild des Flughafenverfahrens (Art. 16 a Abs. 4 GG, § 18a AsylG). Hiernach werden solche Fälle, in denen sich der nachgesuchte Asyl- oder internationale Schutz nach Prüfung in einem beschleunigten Verfahren als offensichtlich unbegründet erweist, wie etwa bei der Einreise aus sicheren Drittstaaten oder der Herkunft aus sicheren Herkunftsländern, als Fälle illegalen Grenzübertritts mit der Rechtsfolge der Abweisung an der Grenze behandelt.[26] Zwar dient auch das Konzept der Registrierzentren oder Hotspots der schnellen Identifikation illegaler Einreisen.[27] Weil dieses aber erst hinter der Grenze greift, bleibt dann alles Weitere dem Recht der Aufenthaltsbeendigung und Rückführung überantwortet.

VI. Die eigentliche humanitäre Verwerfung: Der Zwang auf den Fluchtweg

Wer gegen die Abweisung oder Abschiebung unberechtigt Asylsuchender den Einwand der Inhumanität oder des »unfreundlichen Gesichts« erhebt, der übersieht allemal, dass die eigentliche humanitäre Verwerfung in der Zumutung liegt, für die Prüfung des Aufnahmeersuchens erst einmal an die Grenze des ersuchten Staates zu gelangen. Das geltende europäische wie internationale Asyl- und Flüchtlingsrecht ist bei Lichte besehen ein einziges Anreizsystem, in der Begrifflichkeit der Migrationsforschung: ein Pull-Faktor, durch das die Schutzsuchenden in die Widrigkeiten und Gefahren des Land- oder Seeweges bis zur Grenze des Aufnahmelandes gezwungen werden. Es sind auch die Auswirkungen dieser Rechtslage, durch die schließlich die Fragen nach einer Berechtigung zur Einreise und auf Schutzgewährung unter zusätzlichen Druck geraten.

Um dagegen die dringend gebotene Abhilfe zu schaffen, gilt es daher noch weitergehend nach Möglichkeiten zu suchen, wie der Antrag eines Schutzsuchenden auch ohne die Notwendigkeiten von Fluchtweg und Grenzübertritt gestellt und geprüft werden kann.[28] Die Modelle des Kontingentflüchtlings oder der Visaerteilung zur Vorprüfung zeigen die Richtung an, in der letzten Endes proaktiv auf völkervertragliche Vereinbarungen hingewirkt werden muss, auf deren Grundlage die Stellung eines Aufnahmeantrags vor Ort im Herkunfts- oder vorübergehenden Zufluchtsstaat, auch über das Internet, zulässig und geschützt, dann aber auch erforderlich ist. Mit solcher Vorfeldklärung der legalen Einreise – nebst organisiertem Flüchtlingstransfer (analog den Boatpeople aus Vietnam) – gewönne Europa jene Kontrolle über seine Grenzen zurück, die eine effektive Migrationssteuerung unter sowohl humanitär- wie sicherheits- und identitätspolitischen Gesichtspunkten gewährleisten würde und ohne die der gemeinsame Raum der »Verantwortung, der Solidarität und der Partnerschaft in Migrations- und Asylfragen«[29] im Post-Stockholm-Prozess schwerlich vorankommen wird.

1 Gemeinsames Europäisches Asylsystem (GEAS) mit Asylverfahrensrichtlinie (RL 2013/32/EU), Aufnahmerichtlinie (RL 2013/33/EU), Anerkennungsrichtlinie (RL 2011/95/EU), Dublin III-Verordnung (VO/EU Nr. 604/2013) und Eurodac-Verordnung (VO/EU Nr. 603/2013); zu einem noch darüber hinausgehenden Konzept einer integrierten Asyl-, Flüchtlings- und Einwanderungspolitik *Daniel Thym*, Migrationsverwaltungsrecht, 2010, S. 18 ff., 93 ff.; *Jürgen Bast*, Aufenthaltsrecht und Migrationssteuerung, 2011, S. 111 ff.; *ders.*, Das Recht als Archiv sozialer Konstruktionen der Migration, in: Rechtswissenschaft 3 (2012), S. 139 ff.

2 VO/EG Nr. 562/2006, zuletzt geändert durch VO/EU Nr. 1051/2013.

3 VO/EG Nr. 810/2009.

4 VO/EG Nr. 2007/2004.

5 VO/EG Nr. 863/2007.

6 VO/EU Nr. 1052/2013.

7 Nach Art. 17 der Dublin III-Verordnung (Fn. 1) in Verbindung mit § 18 Abs. 4 Nr. 2 AsylG.

8 Wie etwa die Rückführungsrichtlinie (RL 2008/115/EG) und die Anerkennungsrückführungsrichtlinie (RL 2001/40/EG); auch

die Entscheidung des Rates Nr. 2007/575 zur Errichtung eines Europäischen Rückkehrfonds zur Unterstützung der freiwilligen Rückkehr von Drittstaatlern.

9 Vgl. 6. Erwägungsgrund zur Grenzkodex-Verordnung (Fn. 2).

10 Die Europäische Union selbst hat keine eigene, staatsanaloge Grenze. Es gibt kein unionsunmittelbares Territorium. Die Union verfügt daher auch nicht über eine originäre Gebietshoheit. Sie übt die ihr übertragenen Hoheitsrechte lediglich im »räumlichen Geltungsbereich« der Verträge aus. Dieser ist akzessorisch zu den Staatsgebieten der Mitgliedstaaten. Die Union ist demnach in der Gestaltung ihres räumlichen Wirkungsbereichs vollständig von den territorialen Entscheidungen der Mitgliedstaaten abhängig. Die unmittelbaren Wirkungen supranationaler Hoheitsgewalt auf und in den nationalen Staatsgebieten berührt nicht die territoriale Souveränität der Mitgliedstaaten über ihre Gebietsgrenzen. Dazu BVerfGE 123, 267 (402 f.); *Florian Becker*, Gebiets- und Personalhoheit des Staates, in: Josef Isensee / Paul Kirchhof (Hrsg.), Handbuch des Staatsrechts der Bundesrepublik Deutschland (HStR), 3. Aufl., Bd. XI, 2013, § 230 Rn. 70 ff. Zur Eigenart der EU-Außengrenze *Andreas Müller*, Das Projekt einer soziologischen Beobachtung der EU-Außengrenze, European Journal of Transnational Studies – EJOTS 1 (2009), S. 5 ff.

11 Zur Entwicklung der rationalen Grenzlinie in der Folge der Ablösung der mittelalterlichen Herrschaftszustände durch den neuzeitlichen Territorialstaat *Daniel-Erasmus Khan*, Die deutschen Staatsgrenzen, 2004, S. 17 ff., 21 ff.

12 *Udo Di Fabio*, Verschiebung oder Auflösung von Grenzen: zur Bedeutung der Staatsgrenzen für das sich ausweitende Europa, in: Winfried Brugger / Görg Haverkate (Hrsg.), Grenzen als Thema der Rechts- und Sozialphilosophie, ARSP Beiheft Nr. 84, 2002, S. 153.

13 Vgl. *Bernhard Kempen*, Staat und Raum, 2014, S. 25 ff.; *Hans-Detlef Horn*, Der Staat und »sein« Gebiet: eine durch Rechtsgrenzen gesicherte Schicksalsgemeinschaft, in: Gilbert Gornig / Hans-Detlef Horn (Hrsg.), Territoriale Souveränität und Gebietshoheit, 2016, i.E.

14 Anschauliche Schilderung der Geschichte von Grenzen »vom Limes bis Schengen«: *Wilfried von Bredow*, Grenzen, 2014.

15 *Di Fabio* (Fn. 12), S. 154 ff., 164.

16 *Wolfgang Graf Vitzthum*, Staatsgebiet, in: Josef Isensee / Paul Kirchhof (Hrsg.), HStR, 3. Aufl., Bd. II, 2004, § 18 Rn. 1; *Kempen* (Fn. 13), S. 13.

17 Zur Unterscheidung der Rechtsinstitute *Alfred Verdross / Bruno Simma*, Universelles Völkerrecht, 3. Aufl. 1984, §§ 1038 ff. (S. 655 ff.); *Becker* (Fn. 10), § 230 Rn. 13 ff.

18 *Hermann Heller*, Staatslehre, 6. Aufl. 1983, S. 162.

19 Vgl. *Heller* (Fn. 18), S. 165 f.

20 Systemtheoretische Analyse: *Niklas Luhmann*, Soziale Systeme, 1. Aufl. 1987, S. 35 f., 51 ff.; aus sozialtheoretischer Perspektive *Monika Eigmüller*, Der duale Charakter der Grenze. Bedingungen einer aktuellen Grenztheorie, in: dies. / Georg Vobruba (Hrsg.), Grenzsoziologie. Die politische Strukturierung des Raums, 2006, S. 55 ff. m.w.N.

21 *Albrecht Randelzhofer*, Asylrecht, in: Josef Isensee / Paul Kirchhof (Hrsg.), HStR, 3. Aufl., Bd. VII, § 153 Rn. 1.

22 Statt vieler: *Randelzhofer* (Fn. 21), § 153 Rn. 3; BVerfGE 74, 51 (59).

23 Einen schon verfassungsunmittelbar gegebenen Anspruch auf Einreise gewährleistet das Leistungsrecht des Art. 16a Abs. 1 GG nach überwiegender Auffassung hingegen nicht: BVerfGE 69, 323 (324 ff.); *Randelzhofer* (Fn. 21), § 153 Rn. 50; *Hans-Georg Maaßen*, in: Volker Epping / Christian Hillgruber (Hrsg.), GG, 2. Aufl. 2013, Art. 16 a Rn. 49, 51; a.A. *Fabian Wittreck*, in: Horst Dreier (Hrsg.), GG, 3. Aufl., Bd. I, 2013, Art. 16a Rn. 85.

24 *Randelzhofer* (Fn. 21), § 153 Rn. 50; *Ulrich Fastenrath*, So nicht – aber wie? Europa kann nicht jeden aufnehmen. Es setzt die falschen Anreize. Grenzsperren sind möglich – wenn auf der Fluchtroute Solidarität gewahrt wird, in: Frankfurter Allgemeine Zeitung vom 29.10.2015, S. 8.

25 In diese Richtung weist immerhin der am 15.12.2015 von der EU-Kommission vorgelegte Verordnungsvorschlag für ein »Neues Grenzmanagement« an den Außengrenzen Europas. Darin ist namentlich der Aufbau einer (aus Frontex hervorgehenden) Europäischen Agentur für Grenz- und Küstenschutz vorgesehen, die die nationale Grenzsicherung an den Außengrenzen überwachen, Schwachstellen analysieren, erforderliche Maßnahmen anmahnen und deren Durchsetzung unterstützen soll. Die Agentur soll überdies zur Entsendung personell verstärkter europäischer Grenzschutz- und Küsten-

wache-Teams befugt werden können, wenn ein Mitgliedstaat nicht in der Lage oder nicht gewillt ist, Gefährdungen des Schengen-Raums, die aus erheblichem Migrationsdruck resultieren, wirksam entgegenzutreten. Vgl. COM(2015) 671 final; Presseerklärung abrufbar unter http://europa.eu/rapid/press-release_IP-15-6327_de.htm.

26 Zu dem Vorschlag der Einrichtung von Transitzonen in Deutschland siehe das Positionspapier von CDU und CSU »Menschen in Not helfen, Zuwanderung ordnen und steuern, Integration sichern« vom 1.11.2015.

27 Die Einrichtung von Registrierzentren in Deutschland geht zurück auf den »Beschluss der Parteivorsitzenden von CDU, CSU und SPD« vom 5.11.2015. Zu den nach Beschluss der EU-Kommission einzurichtenden Hotspots in Griechenland und Italien vgl. zuletzt die Communications vom 15.12.2015, COM(2015) 678 final, COM(2015), 679 final.

28 Überlegungen und Anmahnungen dazu auch von *Fastenrath* (Fn. 24).

29 Ziff. 6 des Stockholmer Programms des Europäischen Rats, ABl. C 115/1 vom 4.5.2010.

D.
Migration und Menschenrechte

I.

Eckart Klein

Rechtliche Klarstellungen zur Flüchtlingskrise

I. Einführende Überlegungen

Der Beitrag erhebt nicht den Anspruch, dass auf seiner Basis die Flüchtlingskrise zu bewältigen sei, und zwar aus zweierlei Gründen. Zum einen bietet das Recht nur die Grundlage, auf der gehandelt werden darf und soll. Ob dies tatsächlich geschieht, ob das Recht die Kraft hat, Leitlinie und Maßstab des exekutiven und auch des judikativen Handelns zu sein, ist selbst in rechtsstaatlichen Gemeinwesen keineswegs immer gesichert. Das Recht vollzieht sich nicht von selbst, es ist auf den Gehorsam der Rechtsunterworfenen angewiesen, der zwar im Staat grundsätzlich erzwungen werden kann, im internationalen Bereich aber ist der Durchsetzungsmechanismus aus Gründen der staatlichen Souveränität nur schwach ausgeprägt und bleibt selbst in einem relativ verfestigten Staatenverbund wie der Europäischen Union letztlich stets vom guten Willen der Staaten abhängig. Zum anderen ist fraglich, ob das Recht ausreichende Möglichkeiten für die Problembewältigung bereit hält. Es ist müßig, jedenfalls nicht hilfreich, an das Rechtsbewusstsein der beteiligten Staaten oder Personen zu appellieren, wenn die rechtlichen Vorschriften offenkundig versagen, also ihre Befolgung zur Problemlösung nicht beizutragen vermögen, möglicherweise ihre Anwendung die Situation noch zuspitzen würde. Allerdings darf der Vorwurf des Versagens der rechtlichen Grundlagen nicht leichtfertig erhoben werden. Zuvor ist streng zu prüfen, ob es Möglichkeiten gibt, dem Recht wieder seine regelnde Funktion zu verschaffen, sei es durch strikten Rechtsvollzug, sei es durch Beeinflussung der faktischen Lagen, die seiner Beachtung im Wege stehen, sei es schließlich durch entschlossene Änderung des Rechts.

Die Geeignetheit des Rechts, die Flüchtlingskrise zu bewältigen, könnte auch dadurch in Zweifel gezogen werden, dass ihm seine moralische Fundierung abgesprochen wird. Der Kälte des Rechts wird die Wärme des Willkommens für die Flüchtlinge entgegengehalten, die der Hilfe bedürftig und daher ungeachtet rechtlicher Regeln aufzunehmen sind. So zutreffend es ist, dass Recht und Moral es schwer aushalten, auf Dauer auseinander zu driften, muss doch sehr vorsichtig mit diesem Argument umgegangen werden. Zu schnell könnte demokratisch legitimierte Gesetzgebung durch individuelle Moralvorstellungen ausgehöhlt werden. Ein weithin überzeugender Widerspruch zwischen Recht und Moral wird – jedenfalls in demokratischen Gesellschaften – in den meisten Fällen zumindest nicht auf der Hand liegen. Auch die Rechtsbefolgung kann moralisch abgesichert sein. All dies rät zur Vorsicht, selbst wenn man aus gut gemeinten Gründen von der Anwendung des Rechts absehen möchte. In jedem Fall wird man gut beraten sein, sich der bestehenden rechtlichen Grundlagen zu vergewissern, in deren Rahmen oder zumindest von denen ausgehend die Flüchtlingskrise bewältigt werden muss – *ne quid res publica detrimenti capiat.*

Im Folgenden soll zunächst erörtert werden, ob ein Recht auf Migration und zur Einreise in ein bestimmtes Land vom Völker-, vom europäischen und vom nationalen Recht garantiert ist (II.). Daran schließt sich die Frage an, ob und wie der Staat seine Grenzen schützen darf und dazu gegebenenfalls sogar verpflichtet ist; dabei sind auch für die Zukunft absehbare Migrationsbewegungen in die Überlegung einzubeziehen (III.). Schließlich ist der interne Aspekt der Problembewältigung, nämlich die Aufnahme, Versorgung und letztlich die Integration der Bleibewilligen und Bleibeberechtigten zu beleuchten, aber auch die Maßnahmen, die im Verhältnis zu nicht bleibeberechtigten Personen zur Verfügung stehen (IV).

II. Gibt es ein Recht auf Migration und Zuwanderung?

1. Ein Recht auf Migration ist im Völkerrecht dahin anerkannt, dass jeder das Recht hat, jedes Land, eingeschlossen das eigene Land, zu verlassen.[1] Daraus lässt sich aber kein Recht ableiten, in ein beliebiges anderes Land einzureisen. Es ist unbestritten Teil der territorialen Souveränität eines Staates, den Zugang zu seinem Gebiet zu kontrollieren. Diese Kompetenz im Sinn einer freien Entscheidung über den Zutritt ist allerdings durch Normen des Verfassungs-, Völker- und Europarechts eingeschränkt. Art. 11 GG gewährleistet für Deutsche die jederzeitige Einreise.[2] Auch nach allgemeinem Völ-

kerrecht ist der Heimatstaat verpflichtet, seinen (Staats-) Angehörigen den Zugang zu seinem Territorium zu gestatten.[3] Darüber hinaus gehen Art. 12 Abs. 4 IPBPR und Art. 3 Abs. 2 Prot. Nr. 4 EMRK, wonach niemandem das Recht versagt werden darf, in sein »eigenes Land« einzureisen. Auch wenn die erstgenannte Bestimmung in gewissem Umfang das Recht auf Einreise über den Kreis der eigenen Staatsangehörigen hinaus erweitert, ergibt sich daraus kein generelles Zuwanderungsrecht.[4] Ein Einreiserecht fremder Staatsangehöriger und eine entsprechende staatliche Aufnahmeverpflichtung können zudem in sonstigen vertraglichen Verpflichtungen wie Freundschafts-, Niederlassungs- und Schifffahrtsverträgen begründet sein. Das Unionsrecht garantiert für Unionsbürger das Einreise- und Aufenthaltsrecht nach Maßgabe der allgemeinen Freizügigkeitsregeln (Art. 45 GRC, Art. 21 AEUV) und des freien Personen- und Dienstleistungsverkehrs. Auf den EU-Beitritt vorbereitende Assoziationsverträge können auch für Staatsangehörige aus Drittländern entsprechende Bestimmungen enthalten.[5]

2. Aus dem internationalen Flüchtlingsrecht ergibt sich gleichfalls kein unmittelbares Einreise- und Bleiberecht. Das Völkerrecht enthält keinen Rechtsanspruch auf die Gewährung territorialen Asyls, die vielmehr im politischen Ermessen des Staates steht.[6] Vertragliche Vorschriften[7], aber wohl auch Völkergewohnheitsrecht verbieten jedoch einem Staat, Personen, die auf sein Staatsgebiet gelangt sind, in Staaten zurückzuschicken oder dorthin abzuschieben, in denen sie schweren Menschenrechtsverletzungen, insbesondere Folter oder sonstiger unmenschlicher oder erniedrigender Behandlung

ausgesetzt wären; dies gilt auch und gerade im Hinblick auf den eigenen Staat des Flüchtlings (Non-refoulement-Prinzip). Die Genfer Flüchtlingskonvention von 1951/1967 enthält eben diese Grundsätze (Art. 33); auch sie gibt Flüchtlingen keinen Anspruch auf Asyl, sondern verpflichtet nur die Vertragsparteien in bestimmtem Umfang zu Verfolgungsschutz.[8] Entsprechendes sieht Art. 19 Abs. 2 GRC vor.

3. Das Grundgesetz geht jedoch weiter. Es gewährleistet in Art. 16a ein Recht auf Asyl für »politisch Verfolgte«. Dieser Begriff ist weit auszulegen und deckt sich im Wesentlichen mit dem Flüchtlingsbegriff der Genfer Flüchtlingskonvention (Art. 1). Darunter fallen jedoch weder Wirtschaftsflüchtlinge noch Bürgerkriegsflüchtlinge. Einen Anspruch auf Aufnahme haben diese Personen nur, wenn sie gleichzeitig politisch verfolgt sind. Dem Staat steht es aber jederzeit frei, über den Kreis der Berechtigten hinaus Personen – insbesondere aus humanitären Gründen – Zugang zu seinem Territorium zu ermöglichen. Für Bürgerkriegsflüchtlinge, die dadurch aber nicht den Status von Asylberechtigten erhalten, ist dies geschehen.[9] Dem Staat ist es jederzeit rechtlich möglich, »Obergrenzen« oder »Kontingente« zu beschließen, soweit es sich um die Zuwanderung von Personen handelt, die nicht im Sinne von Artikel 16a GG asylberechtigt sind.[10] Es ist allein eine politische Frage, ob ein solcher Beschluss gefasst wird oder nicht. Auch das Recht der Europäischen Union weist keine anderen Wege. Zwar gewährleistet Artikel 18 GRC das »Recht auf Asyl«, doch dies geschieht ausdrücklich »nach Maßgabe« der Genfer Flüchtlingskonvention, die wie erwähnt, keinen Anspruch auf territoriales Asyl (wohl aber Verfolgungs-

schutz) enthält.[11] Ein anderes Verständnis folgt weder aus den Erläuterungen des Präsidiums des Grundrechte-Konvents zu Artikel 18 GRC noch aus Artikel 78 AEUV (Asylpolitik der Union).[12]

4. Es würde der Entlastung der Asylrechtsdebatte dienen, wenn all den Personen, die nicht politisch verfolgt sind und daher keinen Anspruch auf Asyl haben, ein eigener verfahrensrechtlicher Weg eröffnet würde, ihren Wunsch vorzutragen, in der Bundesrepublik Deutschland Aufnahme zu finden und zwar bevor sie dorthin gelangt sind. Nach der gegenwärtigen Rechtslage sind sie nahezu zwangsläufig darauf verwiesen, ihr Anliegen in der Form eines Asylantrags beim Grenzübertritt, in der Praxis sogar oft später, geltend zu machen. Vor allem daraus ist die verquere Diskussion darüber entstanden, ob es »Obergrenzen« des Asylrechts geben dürfe.

5. Zu resümieren ist danach, dass ein individuelles Recht, sich außerhalb seines Heimatstaates eine neue Bleibe zu suchen, vom Völkerrecht wie vom nationalen Recht nur sehr beschränkt garantiert wird. Es bleibt ungeachtet allen Wandels der staatlichen Souveränität, der sich seit 1945 insbesondere durch das Verbot militärischer Gewaltanwendung und der wachsenden Bedeutung der Menschenrechte vollzogen hat, Sache des einzelnen Staates, über die Einreise in sein Gebiet zu entscheiden. Unabhängig davon ist Deutschland, nicht zuletzt aus historischen Gründen, gewiss gut beraten, bei solchen Entscheidungen humanitären Erwägungen im Rahmen seiner faktischen, aber auch politischen Möglichkeiten weiten Raum zu geben.

III. Die Kontrolle der Grenzen als staatliche Aufgabe

1. Aus dem Recht, den Zutritt von Nichtstaatsangehörigen in das Staatsgebiet zu regeln, folgt das unbestrittene Recht des Staates, seine Grenzen zu kontrollieren und zu schützen. Auch insoweit ist der Staat jedoch allfälligen rechtlichen Bindungen unterworfen. So dürfen Grenzübertrittskontrollen weder schikanös sein noch die Menschenwürde verletzend durchgeführt werden. Darüber hinaus ist in der Europäischen Union eine weitgehende Beseitigung der nationalen Grenzkontrollgewalt erfolgt. Im Zuge der Verwirklichung des Binnenmarktes (Art. 26 AEUV) und der Herstellung eines Raumes der Freiheit, der Sicherheit und des Rechts (Art. 67 AEUV) sind die Personenkontrollen an den Binnengrenzen (weitgehend) weggefallen, und zwar nicht nur bei Unionsbürgern, sondern grundsätzlich bei allen Personen, die die Binnengrenzen der Union überschreiten,[13] ganz unabhängig von ihrer Staatsangehörigkeit. Dafür war allerdings, vor allem aus Gründen der inneren Sicherheit, Voraussetzung, dass »die Personenkontrolle und die wirksame Überwachung des Grenzübertritts an den Außengrenzen sichergestellt« sein musste.[14] Das sog. Schengener System verpflichtet die Vertragsparteien mit Unionsaußengrenzen zu entsprechenden Maßnahmen. Wird um Asyl an den Schengen-Außengrenzen eines EU-Mitgliedstaates nachgesucht, hat dieser Staat nach den Dubliner Regeln die Voraussetzungen der Aufnahme zu prüfen und dann mit Wirkung auch für die übrigen Mitgliedstaaten zu entscheiden.

2. Mit dem Zusammenbruch der Sicherung und Kontrolle der EU-Außengrenzen, wie sie heute der sog.

Schengen-Besitzstand und die Dublin III-Verordnung vorsehen, wird die Frage relevant, ob wegen des geschilderten engen Sachzusammenhangs von Innen und Außen Personenkontrollen an den Binnengrenzen wieder aufgenommen werden dürfen, und zwar über die im Unionsrecht geregelten Ausnahmevorschriften hinaus. Die Frage ist grundsätzlich zu bejahen. Würde man sie verneinen, würde der Staat seiner Hauptaufgabe, die Sicherheit seiner Bürger im Innern und nach außen zu sichern, gegebenenfalls nicht mehr nachkommen können. Der Staat darf diese Aufgabe nur bei effektiver Kompensation durch die Union aus der Hand geben. Sie fällt an ihn zurück, wenn und solange dies nicht (mehr) der Fall ist. Nimmt er sie nicht wahr und hat somit keine Kenntnis mehr von den sich auf seinem Gebiet aufhaltenden Personen, delegitimiert sich der Staat nicht nur gegenüber seinen Bürgern, sondern ist überdies nicht mehr in der Lage, Flüchtlinge zu schützen und ihnen einen sinnvollen Weg in die Zukunft zu eröffnen. Der Staat muss wieder eine Vorstellung davon gewinnen, wie er in Zeiten des Kollapses von »Schengen« und »Dublin« seine Verantwortung wahrnehmen will. Nur dann kann er auch dauerhaft humanitären Ansprüchen genügen. Denn auch die Reichweite des effektiven Flüchtlingsschutzes ist letztlich eine Funktion der staatlichen Potenz.

3. Der Rückfall der Grenzkontrollkompetenz an die Mitgliedstaaten bleibt gebunden an den Ausfall der unionsrechtlich geregelten Sicherung der Außengrenzen. Erhalten die mit dem Schutz dieser Grenzen beauftragten versagenden Mitgliedstaaten solidarische Hilfe der anderen Mitglieder (Art. 80 AEUV), die sie in die Lage versetzt, ihrer Aufgabe wieder gerecht zu werden, oder

erlässt der Rat nach Artikel 78 Abs. 3 AEUV vorläufige Maßnahmen zugunsten von Mitgliedstaaten, »die aufgrund eines plötzlichen Zustroms von Drittstaatsangehörigen in einer Notlage sind«, und handelt es sich dabei um effektive, die Sicherung der Außengrenzen wiederherstellende Maßnahmen, greift allerdings wieder der normale unionsrechtliche Zustand. Die Unterstützungsaktion, wie sie jetzt durch Frontex durchgeführt werden soll, ist nicht nur von der Union und den Mitgliedstaaten aus Gründen der Solidarität anzubieten, sondern ist auch von den betroffenen Staaten aus eben diesen Gründen bei eigenem Versagen zu akzeptieren.

4. Die gegenwärtige Flüchtlingskrise sollte über das aktuell zu Erledigende hinaus Anlass sein, für die Zukunft Vorsorge zu treffen. Man kann mit einigem guten Willen annehmen, dass der gegenwärtige massenhafte Zustrom von Flüchtlingen nicht vorherzusehen war und auch die bestehende Regelung über Massenzuwanderung wegen der schieren Zahl der Flüchtlinge keine adäquate Lösung bereitstellen konnte. Es ist aber dringend erforderlich, dass für künftige sehr wohl denkbare Flüchtlingsströme Vorsorge getroffen wird.[15] Es ist nicht schwer vorauszusehen, dass aus demographischen und klimatischen Gründen der Druck auf die Grenzen der Europäischen Union weiter anwachsen wird.[16] Sollte es gelingen, was schwer genug sein wird, aber gewiss dringend versucht werden muss, in den betroffenen Staaten bestehende selbstverantwortete Fluchtursachen zu beseitigen,[17] in Bürgerkriegsländern also den Bürgerkrieg zu beenden, können doch der demographische Wandel und die Klimaveränderung kaum, jedenfalls noch weniger beeinflusst werden. Nach dem, was wir wissen, wird

die Bevölkerung Afrikas von derzeit gut 1 Mrd. Menschen bis zum Jahr 2050 auf 2,19 und bis 2100 auf 3,57 Mrd. anwachsen, während Europa als einziger Kontinent Bevölkerung verlieren wird. Hier werden sich Druck und Sog zu einer starken Bewegung verbinden,[18] die, wenn nicht zu verhindern, so jedenfalls sinnvoll zu steuern versucht werden muss. Man sollte die jetzige Problemzeit nicht vorüber gehen lassen, ohne sich längerfristige, strategische Gedanken über die Bewältigung dieser weit reichenden Herausforderungen zu machen.

5. Schließlich sollte nicht außer Acht gelassen werden, dass die Flüchtlingskrise das Potential hat, jedenfalls zusammen mit anderen Krisenerscheinungen, die Europäische Union nicht nur hart auf die Probe zu stellen, sondern ihr existentiell gefährlich zu werden. Die Union hat sich in der Vergangenheit als sehr krisenresistent erwiesen. Inzwischen sind aber die Fliehkräfte so deutlich hervorgetreten, dass man um den Erhalt der Union ernstlich besorgt sein muss. Auch auf europäischer Ebene ist das Flüchtlingsproblem deshalb zur Diskussion zu stellen mit dem Ziel, den geltenden Regeln wieder durch mehr Solidarität zur Wirkung zu verhelfen oder aber sich auf neue Wege zu einigen, die alle Mitgliedstaaten gehen können.

IV. Integrationsfrage: Bleibeberechtigte und Nicht-Bleibeberechtigte Flüchtlinge

1. Wird über die Integration von sich in Deutschland aufhaltenden Ausländern nachgedacht, muss zunächst der Begriff der Integration definiert werden. Man kann Integration als Prozess definieren, der in der gemeinsa-

men Verantwortung von Einwanderern einerseits, von Staat und Gesellschaft andererseits steht und zur mit der einheimischen Bevölkerung gleichberechtigten Teilhabe im gesellschaftlichen und politischen Kontext auf der Grundlage der verfassungsrechtlichen Werte führen soll. Integration bedeutet nicht Assimilation, die dem Einwanderer freilich offen stehen muss. Integration verlangt nicht Verleugnung oder Ablegung des mitgebrachten kulturellen und religiösen Hintergrundes, soweit dieser mit der geltenden Rechtsordnung in Einklang steht.

2. Aus der gegebenen Definition folgt, dass die Integrationsfrage sich (nur) für die Zuwanderer stellt, die sich rechtmäßig in Deutschland aufhalten, bleibeberechtigt und bleibewillig sind und ein grundsätzliches »Ja« zu Deutschland, zu seiner bestehenden Rechts- und Gesellschaftsordnung sagen. Von gezielten Integrationsmaßnahmen sind solche notwendigen Aktivitäten zu unterscheiden, die den Menschen, die in Deutschland um Asyl nachsuchen oder nach Abschluss des Asylverfahrens ohne Bleibeberechtigung sind, ein Leben in Würde ermöglichen, d.h. etwa eine ausreichende medizinische Versorgung, die Bereitstellung von Wohnung und Nahrung sowie die angemessene Betreuung von Kindern und Jugendlichen garantieren. Es ist auch im eigenen Interesse Deutschlands, Sprachunterricht zu organisieren, um direkte Kommunikation mit den Flüchtlingen zu ermöglichen. Derartige Aktivitäten werden sich verstärken müssen (z.B. Hilfestellung beim Zugang zum Arbeitsmarkt), je länger der Aufenthalt in Deutschland dauert, weil er aus welchen Gründen auch immer, etwa des Refoulement-Verbots, nicht beendet werden kann. In allen Fällen bleibt die Verpflichtung, das hier geltende Recht

zu beachten. Vordringlich bleibt die möglichst schnelle Aufenthaltsbeendigung für alle Ausländer, die zur Ausreise verpflichtet sind. Vor allem die Länder stehen hier in der Pflicht.

3. Das Integrationsprinzip formuliert eine rechtliche und faktische Erwartung an den bleibeberechtigten und bleibewilligen Einwanderer, die aber letztlich nur von diesem selbst durch Gebrauch seiner grundrechtlich garantierten Freiheit (zur Integration) eingelöst werden kann. Der an gelungener Integration interessierte Staat hat die hierzu notwendigen und geeigneten Angebote zu machen und Hilfestellung zu leisten. Eine Einbürgerung muss sich an dem oben definierten Ziel der Integration orientieren.

4. Es ist nicht nur sinnvoll, sondern sogar notwendig, dass der Staat als Partner des Integrationsprozesses selbstbewusst agiert. »Ja« zu Deutschland kann nur sagen, der weiß, was das zu bedeuten hat. Insoweit hat der lange verfemte Begriff der »Leitkultur« seine Berechtigung, weil er Orientierung gibt für die vom Zuwanderer zu treffende Entscheidung. Die Orientierung hat einerseits verbindlichen Charakter, soweit es um die Beachtung des in Deutschland geltenden Rechts geht, sie ist andererseits, soweit es um die Vermittlung der deutschen Kultur und Traditionen geht, hilfreiches Angebot und Handreichung, um sich hierzulande besser einleben zu können. Dabei kommt den Schulen eine wichtige, vielleicht die entscheidende Rolle zu. Es ist nämlich eine wichtige Aufgabe des Staates, »to offer children an education which will ensure their fullest integration into the society in which they live and prepare them, in the best possible way, to cope effectively with

the expectations that that society has of its members.«[19] Unter diesem Gesichtspunkt ist es bedenklich, wenn das Bundesverfassungsgericht eine Vorschrift wie § 57 Abs. 4 Satz 3 Schulgesetz Nordrhein-Westfalen, wonach die Wahrnehmung des Erziehungsauftrags (i.S. der Landesverfassung NW) und die entsprechende Darstellung christlicher Symbole und abendländischer Bildungs- und Kulturwerte oder Traditionen zulässig sind, für verfassungswidrig und nichtig erklärt hat,[20] weil damit die christliche Religion privilegiert werde, ohne zu erkennen, dass es dieser Klausel nicht um die Bekundung einer Glaubenswahrheit geht, sondern darum, »eine von Glaubensinhalten losgelöste, aus der Tradition der christlich-abendländischen Kultur hervorgegangene Wertewelt, die erkennbar auch dem Grundgesetz zugrunde liegt und unabhängig von ihrer religiösen Fundierung Geltung beansprucht«, darzustellen.[21]

5. Ganz allgemein gilt, dass Rücksichtnahme auf andere eine wesentliche Bedingung friedlichen Zusammenlebens ist. So sollten Minarettforderungen nicht in Gegenden erhoben werden, wo sich dagegen starker Widerstand regt, und vom Recht auf Satire sollte kein Gebrauch gemacht werden, wenn dies vorhersehbar zu Gewaltausbrüchen führt. Ein gelungener Integrationsprozess basiert nicht nur auf dem Recht, sondern muss auch fundamentale zwischenmenschliche Regeln und Lebenserfahrung berücksichtigen.

1 Art. 12 Abs. 2 IPBPR; Art. 2 Abs. 2 Protokoll Nr. 4 EMRK; wie die meisten Rechte ist auch dieses Recht einschränkbar. Da dieses Recht aber wohl nicht gewohnheitsrechtlich begründet ist, ist es rechtlich nur für die Vertragsparteien beachtlich.

2 BVerfGE 43, 203 (211).

3 *Kay Hailbronner,* in: ders./Renner/Maaßen (Hrsg.), Staatsangehörigkeitsrecht, 5. Aufl. 2010, Grundlagen, Rn. 99 ff.

4 Näher mit Nachweisen *Eckart Klein,* Zum Recht der Einreise in das »eigene Land«, in: Grenzüberschreitendes Recht – Crossing Frontiers, Festschrift für Kay Hailbronner, 2013, S. 313, 315 ff.

5 Vgl. dazu auch Art. 45 Abs. 2 GRC.

6 Art. 14 Abs. 1 Allgemeine Erklärung der Menschenrechte von 1948 ist als Deklaration der VN-Generalversammlung nicht rechtsverbindlich.

7 Z.B. Art. 3 EMRK, Art. 7 IPBPR.

8 Das Refoulement-Verbot bezieht sich nach heute überwiegender Ansicht zwar auch auf die Zurückweisung an der Grenze, schafft aber keinen subjektiven Asylanspruch und keine zwischenstaatliche Aufnahmeverpflichtung; dazu *Marcel Kau,* Der Staat und der Einzelne als Völkerrechtssubjekte, in: Graf Vitzthum/Proelß (Hrsg.), Völkerrecht, 6. Aufl. 2013, 3. Abschnitt Rn. 304 ff.

9 Vgl. § 25 Abs. 2 und 3 AufenthG; Art. 78 Abs. 2 lit. b und c AEUV.

10 Ob Art. 16a GG verfassungsimmanente Grenzen hat, ist umstritten, aber zu bejahen; dazu *Albrecht Randelzhofer,* in: Maunz/Dürig, Grundgesetz Kommentar, Art. 16a Abs. 1 GG Rn. 129 ff. Das Asylrecht ist nach Ansicht von BVerfGE 94, 49 (103 f.) nicht verfassungsänderungsfest i.S. von Art. 79 Abs. 3 GG.

11 Vgl. Art. 51 GRC.

12 Dazu *Jan Bergmann,* Die Bedeutung der EU-Grundrechtecharta für den Flüchtlingsschutz, in: Herausforderungen an Staat und Verfassung, FS für Torsten Stein, 2015, S. 427 ff.

13 Art. 77 Abs. 1 lit. a AEUV.

14 Art. 77 Abs. 1 lit. b und c AEUV.

15 Zu den »mass influx situations« *Philipp Wennholz,* Ausnahmen vom Schutz vor Refoulement im Völkerrecht, 2013, S. 37 ff.

16 *Samuel P. Huntington,* The Clash of Civilizations and the Remaking of World Order, 1996, S. 119: »Larger populations need more resources, and hence people from societies with dense and/or rapidly growing populations tend to push outward,

occupy territory, and exert pressure on other less demographically dynamic peoples.«

17 *Katja S. Ziegler,* Fluchtverursachung als völkerrechtliches Delikt, Die völkerrechtliche Verantwortung des Herkunftstaates für die Verursachung von Fluchtbewegungen, 2002.

18 *Eckart Klein,* Die internationale Dimension des demographischen und klimatischen Wandels, in: Herausforderungen an Staat und Verfassung, FS für Torsten Stein, 2015, S. 176, 188 ff.

19 Richter *Rozakis* in seinem concurring vote zum Urteil des EGMR vom 18.3.2011 in der Sache Lautsi ./. Italien, Appl. Nr. 30814/06, S. 34 (35).

20 BVerfG, Beschl. vom 27.1.2015, 1 BvR 471/10, 1 BvR 1181/10, Rn. 123 – Zweites Kopftuchurteil.

21 BVerwGE 121, 140 (151) zur Parallelvorschrift in Baden-Württemberg.

II.

Helge Sodan

Das Konzept der sicheren Dritt- und Herkunftsstaaten

Das Schutzrecht auf Asyl weist eine bis in die Antike zurückreichende Tradition auf und wird als Bestandteil der christlichen[1] Kultur mitunter als ein »Kern der Menschenrechte«[2] bezeichnet. Dass die Bundesrepublik Deutschland auf der Grundlage ihrer Werteordnung moralisch dazu verpflichtet ist, politisch Verfolgten Schutz zu gewähren, wird niemand ernsthaft bestreiten können.[3] Hingegen spielt für das Bestehen eines Schutzanspruchs das Konzept der sicheren Dritt- und Herkunftsstaaten eine tragende Rolle. Denn die Möglichkeit, den wirklich Schutzbedürftigen zu helfen, setzt die Notwendigkeit voraus, die nicht Schutzbedürftigen zu identifizieren und hiervon zu trennen. Dies gilt in besonderem Maße in der derzeitigen Ausnahmesituation.[4] Sowohl die verfassungsrechtliche Ausgestaltung des Grundrechts auf Asyl als auch das Gemeinsame Europäische Asylsystem setzen diesen Gedanken um. Hierdurch wird sichergestellt, dass Asyl lediglich tatsächlich *schutzbedürftigen* Flüchtlingen gewährt wird und die Migration aus Gründen der Armut sowie Perspektivlosigkeit keine Aussicht auf Erfolg hat. Die nachfolgenden Überlegungen zum

Konzept der sicheren Dritt- und Herkunftsstaaten sollen einen Beitrag dazu leisten, das hinter der verfassungs- und unionsrechtlichen Rechtslage stehende Prinzip zu erläutern sowie an dessen Anwendung zu erinnern.

I. Subsidiärer Schutz durch Festlegung sicherer Dritt- und Herkunftsstaaten

Das Konzept der sicheren Dritt- und Herkunftsstaaten beruht auf der Annahme, dass das subjektive Schutzrecht der Asylsuchenden ein *subsidiäres Recht* darstellt.[5] Bereits der in Art. 33 der Genfer Flüchtlingskonvention enthaltene Grundsatz der Nichtzurückweisung (Refoulement-Verbot) geht auf diesen Gedanken zurück. Verboten ist demnach die Aus- oder Zurückweisung von Flüchtlingen über die Grenzen von Gebieten, in denen das Leben oder die Freiheit der Flüchtlinge wegen der Rasse, Religion, Staatsangehörigkeit, Zugehörigkeit zu einer bestimmten sozialen Gruppe oder politischen Überzeugung bedroht sein würde. Einen positiven Aufenthaltsanspruch für Flüchtlinge kennt das Völkerrecht hingegen nicht.[6] Auch der verfassungsrechtlich gewährleistete Anspruch auf Asyl sowie die unionsrechtlichen Regelungen der Dublin-III-Verordnung[7] sowie der Aufnahme[8]- und Qualifikations-Richtlinie[9] verfolgen den Ansatz eines *nachrangigen* Schutzes. Diese Regelungen zeichnen das vom Bundesverfassungsgericht für das Verfassungsrecht erstellte Bild nach, demzufolge der Asylsuchende sich den Zufluchtsort nicht aussuchen kann und dann keinen Schutzanspruch hat, wenn er auf der Flucht hätte anderweitig Schutz erhalten können.[10] Daran ändert auch

Art. 18 der Charta der Grundrechte der Europäischen Union nichts; denn danach wird das Recht auf Asyl lediglich nach Maßgabe der Genfer Flüchtlingskonvention sowie des Vertrages über die Europäische Union (EUV) und des Vertrages über die Arbeitsweise der Europäischen Union (AEUV) gewährleistet. Es bedarf also derjenige keines Schutzes, der aus einem *sicheren Herkunftsstaat* kommt oder auf seiner Flucht die Möglichkeit hat, in einem *sicheren Drittstaat* um Schutz nachzusuchen.

II. Zum grundgesetzlich garantierten Asylrecht

Diese Konzeption wurde verfassungsrechtlich in Art. 16a Abs. 2 und 3 GG umgesetzt. Vor dem Hintergrund der aus heutiger Sicht vergleichsweise moderaten Anzahl von 438.191 Flüchtlingen im Jahr 1992[11] wurde 1993 das Grundrecht auf Asyl durch den verfassungsändernden Gesetzgeber im Wege der Aufhebung des alten Art. 16 Abs. 2 Satz 2 und der Einfügung des Art. 16a GG neu gefasst.[12] Während Art. 16a Abs. 1 GG jedem politisch Verfolgten weiterhin ein subjektives Recht auf Asyl zuspricht, schränken die Regelungen in Abs. 2 diesen Anspruch ein. Art. 16a Abs. 2 GG setzt für Anreisende aus *sicheren Drittstaaten* an dem *persönlichen* Schutzbereich an und schließt diese Personen vom Schutz aus.[13] Die Regelung der *sicheren Herkunftsländer* in Art. 16a Abs. 3 GG beinhaltet eine Beschränkung des »verfahrensbezogenen Gewährleistungsinhalts«[14] des Grundrechts.

Sichere Drittstaaten sind von Verfassungs wegen zunächst die Mitgliedstaaten der Europäischen Union. Des Weiteren gehören dazu die durch den Gesetzgeber deshalb als sicher bestimmten Staaten, weil in ihnen die Anwendung der Genfer Flüchtlingskonvention und der Konvention zum Schutze der Menschenrechte und Grundfreiheiten sichergestellt ist (vgl. Art. 16a Abs. 2 Satz 1 und 2 GG). Nach derzeitigem Stand handelt es sich um Norwegen und die Schweiz [Anlage I (zu § 26a) Asylgesetz (AsylG)[15]]. Hinter dieser Regelung steht ausweislich der Gesetzesbegründung der Gedanke, dass – wer über einen sicheren Drittstaat zureist – »keines Schutzes in der Bundesrepublik Deutschland mehr« bedarf.[16] Nach bundesverfassungsgerichtlicher Rechtsprechung ist die Berufung eines Ausländers auf Art. 16a Abs. 1 GG auch dann verwehrt, wenn »sein Reiseweg nicht im einzelnen bekannt ist«.[17] Das Bundesverfassungsgericht stellte im Jahr 1996 ausdrücklich fest: »Der Ausschluß vom Asylgrundrecht ist nicht davon abhängig, ob der Ausländer in den Drittstaat zurückgeführt werden kann oder soll. Ein Asylverfahren findet nicht statt. Es entfällt auch das als Vorwirkung eines grundrechtlichen Schutzes gewährleistete vorläufige Bleiberecht. Hieran knüpft Art. 16a Abs. 2 Satz 3 GG die Folge, daß in den Fällen des Satzes 1 aufenthaltsbeendende Maßnahmen unabhängig von einem hiergegen eingelegten Rechtsbehelf vollzogen werden können.«[18] Die Möglichkeit, die »Betroffenen an der Grenze zurückzuweisen oder unverzüglich in den sicheren Drittstaat zurückzubringen«[19], wurde vom Bundesverfassungsgericht für den Regelfall ausdrücklich gebilligt[20] und in § 18 AsylG in einfaches Recht umgesetzt. Das Bundesamt für Migration und Flüchtlinge (BAMF) beschreibt die Rechtslage hinsichtlich der sicheren Drittstaaten wie folgt: »Wenn ein Ausländer bereits einen anderen Staat erreicht hat, in dem er gleichfalls Schutz nach der Genfer Flüchtlingskonvention erhalten kann, ist ihm die Einreise in die Bundesrepublik Deutschland bereits an der Grenze zu verweigern.«[21] Art. 16a Abs. 2 GG nimmt dem Ausländer damit »die Möglichkeit, das Land, in dem er um Schutz nachsuchen will, frei zu wählen«.[22] »Vielmehr geht die Drittstaatenregelung davon aus, daß der Ausländer den im Drittstaat für ihn möglichen Schutz in Anspruch nehmen muß und dafür gegebenenfalls auch die von ihm geplante Reise zu unterbrechen hat.«[23] Das Konzept der sicheren Drittstaaten führt aufgrund der geopolitischen Lage aus verfassungsrechtlicher Perspektive dazu, dass eine Einreise über den Landweg nicht zu einem Anspruch auf Asyl auf der Grundlage des Art. 16a GG führen kann. Lediglich bei einer Einreise über den Luft- oder Wasserweg kann ein solcher Anspruch in Betracht kommen.[24]

Sichere Herkunftsstaaten sind Staaten, bei denen auf Grund der Rechtslage, der Rechtsanwendung und der allgemeinen politischen Verhältnisse gewährleistet erscheint, dass dort weder politische Verfolgung noch unmenschliche oder erniedrigende Bestrafung oder Behandlung stattfindet (Art. 16a Abs. 3 Satz 1 GG). Nach derzeitigem Stand handelt es sich um folgende Staaten: Albanien; Bosnien und Herzegowina; Ghana; Kosovo; Mazedonien, ehemalige jugoslawische Republik; Montenegro; Senegal; Serbien [Anlage II (zu § 29a) AsylG]. Sichere Herkunftsstaaten unterscheiden sich von sicheren Drittstaaten dadurch, dass nicht auf den Reiseweg des Flüchtlings, sondern auf die Situation der Verfolgung in dem Land der Herkunft abgestellt wird. Art. 16a Abs. 3 Satz 2 GG enthält die Vermutung, dass der Schutzsuchende bei entsprechender Bestimmung durch den Bundesgesetzgeber in seinem Herkunftsland *nicht* verfolgt wird, solange er nicht Tatsachen vorträgt, welche die Annahme begründen, dass er entgegen dieser Vermutung politisch verfolgt wird.[25]

Für die Praxis der ganz überwiegenden Mehrzahl der gestellten Anträge spielt der im Grundgesetz gewährleistete Anspruch auf Asyl eine allenfalls nachgeordnete Rolle.[26] Aus der Genfer Flüchtlingskonvention und insbesondere aus den unionsrechtlichen Vorgaben wurden die Kategorien der Flüchtlingseigenschaft (§ 3 AsylG) sowie der subsidiäre Schutz (§ 4 AsylG) in das nationale Recht implementiert. Während sich die Eigenschaft als Flüchtling weitgehend mit derjenigen des politisch Verfolgten deckt, knüpft die subsidiäre Schutzbedürftigkeit etwa an eine ernsthafte individuelle Bedrohung des Lebens oder den Aspekt der Unversehrtheit einer Zivilperson infolge willkürlicher Gewalt im Rahmen eines internationalen oder innerstaatlichen bewaffneten Konflikts an (§ 4 Abs. 1 Satz 2 Nr. 3 AsylG).

III. Das Gemeinsame Europäische Asylsystem

Die Übertragung weiterer Hoheitsrechte durch den am 1. Dezember 2009 in Kraft getretenen Vertrag von Lissabon auf die Europäische Union führte zu einer europäisch abgestimmten Asylpolitik einschließlich eines Gemeinsamen Europäischen Asylsystems. Was das Konzept der *sicheren Dritt- und Herkunftsstaaten* anbelangt, ist auf europäischer Ebene zwischen den einzelnen Mitgliedstaaten sowie zwischen Drittstaaten außerhalb der Europäischen Union zu differenzieren. Das Gemeinsame Europäische

Asylsystem enthält eine Vielzahl unterschiedlicher Rechtsakte, welche die Zuständigkeit für die Durchführung des Asylverfahrens (Dublin-III-Verordnung) begründen sowie Mindestanforderungen an das Verfahren (sog. Asylverfahrens-Richtlinie[27]) und die Anerkennung von Flüchtlingen (sog. Qualifikations-Richtlinie[28]) stellen. Betrachtet man das Verhältnis der Mitgliedstaaten untereinander, wirken die Vorschriften der Dublin-III-Verordnung im Vergleich zur deutschen Regelung der sicheren Drittstaaten in ähnlicher Weise. Zwar ist Deutschland zur Prüfung der Zuständigkeit bereits für an der Grenze gestellte Anträge zuständig (Art. 3 Abs. 1 Dublin-III-Verordnung). Die europäischen Regelungen ermöglichen jedoch ein *beschleunigtes Verfahren,* insbesondere in Transitzonen, wenn der Flüchtling aus einem *sicheren Herkunftsstaat* kommt (Art. 31 Abs. 8 lit. b i.V.m. Art. 43 Abs. 1 und Art. 37 Abs. 1 i.V.m. Anhang I Asylverfahrens-Richtlinie). Erst nach Ablauf einer Regelbearbeitungsfrist von vier Wochen, die bei der Ankunft einer erheblichen Anzahl von Drittstaatsangehörigen auf den Zeitraum ausgedehnt werden kann, in dem die Flüchtlinge üblicherweise in den Erstaufnahmestellen untergebracht sind (Art. 43 Abs. 3 Asylverfahrens-Richtlinie), ist dem Antragsteller die Einreise in das Hoheitsgebiet zu gestatten (Art. 43 Abs. 2 Asylverfahrens-Richtlinie). Die Bestimmung des im Binnenraum allein zuständigen Mitgliedstaates bemisst sich anhand der Dublin-III-Verordnung. Diese stellt als maßgebliches Kriterium in ihren Art. 8 bis 15 die Familienzusammenführung auf. Sollten sich demnach Familienangehörige des Antragstellers rechtmäßig in Deutschland aufhalten, wäre Deutschland für die Prüfung des Antrags zuständig. In der Praxis relevanter ist hingegen die Zuständigkeit desjenigen Staates an der EU-Außengrenze, dessen Grenze der Flüchtling illegal übertreten hat (Art. 13 Abs. 1 Dublin-III-Verordnung). »Soweit die Bundesrepublik für die Durchführung eines Asylverfahrens zuständig ist oder sich für zuständig erklärt, gelten grundsätzlich die Vorschriften über sichere Drittstaaten, soweit sie mit den unionsrechtlichen Regeln der Asylverfahrensrichtlinie [...] vereinbar sind.«[29] Ergibt die Prüfung die Zuständigkeit eines *anderen* Mitgliedstaates, ist der Flüchtling an diesen zu verweisen. Eine Einschränkung folgt allerdings aus der Rechtsprechung des Europäischen Gerichtshofes für Menschenrechte (EGMR): Danach ist eine Überstellung jedenfalls[30] an Griechenland derzeit nicht möglich.[31]

Schließlich bleibt es jedem Mitgliedstaat unbenommen, sich für zuständig zu erklären (Art. 17 Dublin-III-Verordnung). Dass es sich hierbei jedoch um eine als *Ausnahme*tatbestand konzipierte Regelung handelt, wird durch den 17. Erwägungsgrund der Dublin-III-Verordnung deutlich. Dieser besagt, dass es den Mitgliedstaaten insbesondere aus humanitären Gründen oder in Härtefällen möglich sein sollte, von den in der Verordnung geregelten Zuständigkeitskriterien abzuweichen, um Familienangehörige, Verwandte oder Personen anderer verwandtschaftlicher Beziehung zusammenzuführen. Die Wahrnehmung des Eintrittsrechts nicht lediglich in Ausnahmefällen und die darauf gestützte Ermöglichung massenhafter Zuwanderung in die Bundesrepublik Deutschland laufen erkennbar dem Zweck der Regelung entgegen.

Was haben nun diese Festlegungen mit dem Konzept der sicheren Drittstaaten zu tun? Jeder Mitgliedstaat der

Europäischen Union ist ein aus deutscher Perspektive sicherer Drittstaat. Wenngleich das Verhältnis der Mitgliedstaaten untereinander nicht als Drittstaatsverhältnis bezeichnet wird, ergibt sich aus dem Regelungssystem, dass das Asylverfahren grundsätzlich in demjenigen Staat durchzuführen ist, in dem der Flüchtling europäischen Boden zum ersten Mal betreten hat. Dabei handelt es sich aus Sicht der übrigen Mitgliedstaaten jedenfalls um einen *sicheren (Dritt-)Staat*. Dies setzt freilich voraus, dass eine *Registrierung* in dem jeweiligen Staat stattgefunden hat.

Dieser Befund wird dadurch konterkariert, dass Medienberichten zufolge Mitgliedstaaten der Europäischen Union Massen von Flüchtlingen nicht registrieren und einfach in Richtung Deutschland »weiterschicken« oder gar mit Bussen selbst an die Grenze befördern. Eine solche Missachtung des europäischen Regelungskonzeptes darf in einer einheitlichen Rechtsgemeinschaft nicht geduldet werden. Sie widerspricht nicht nur »dem Grundsatz der loyalen Zusammenarbeit« zwischen den Mitgliedstaaten (Art. 4 Abs. 3 EUV), sondern auch dem Art. 80 Satz 1 AEUV, in welchem »der Grundsatz der Solidarität und der gerechten Aufteilung der Verantwortlichkeiten unter den Mitgliedstaaten, einschließlich in finanzieller Hinsicht«, verankert ist.

Im Hinblick auf das Verhältnis der Mitgliedstaaten zu den an die Europäische Union angrenzenden Staaten ist insbesondere der Vorschlag der Europäischen Kommission vom 9. September 2015 von Bedeutung; demnach sollen in eine gemeinsame EU-Liste *sicherer Herkunftsstaaten* Albanien, Bosnien und Herzegowina, die ehemalige jugoslawische Republik Mazedonien, das Kosovo,

Montenegro, Serbien und die Türkei aufgenommen werden.[32] Eine solche Liste könnte dazu beitragen, den gegenwärtigen Strom der Flüchtlinge einzudämmen.

IV. Resümee

Festzuhalten bleibt, dass sowohl aus den verfassungsrechtlichen als auch den unionsrechtlichen Regelungen zum Asyl das Konzept der *sicheren Dritt- und Herkunftsstaaten* deutlich hervorsticht. Aus rechtsstaatlicher Perspektive ist es nicht hinnehmbar, dass dieses Konzept gegenwärtig nicht umgesetzt wird. In aller Deutlichkeit sprach der Leiter des Referats Ausländerrecht des Bundesministeriums des Innern in einem Vortrag im November 2015 in Berlin von einem »kompletten Systemversagen«; für 98 Prozent der nach Deutschland strömenden Flüchtlinge sei die Bundesrepublik »eigentlich gar nicht zuständig«.[33] Sollte zur Bewältigung der Krise eine anderweitige Lösung, an der sich neben Deutschland *alle* Staaten der Europäischen Union in einer angemessenen Weise beteiligen, nicht gefunden werden, muss das aufgezeigte Konzept der sicheren Dritt- und Herkunftsstaaten endlich strikt umgesetzt werden.

1 Siehe zu den religiösen Wurzeln der Asylgewährung *Andreas von Arnauld*, in: Ingo von Münch/Philip Kunig (Hrsg.), Grundgesetz, Bd. 1, 6. Aufl. 2012, Art. 16a Rn. 1; *Helge Sodan*, in: ders. (Hrsg.), Grundgesetz, 3. Aufl. 2015, Art. 16a Rn. 1; *Fabian Wittreck*, in: Horst Dreier (Hrsg.), Grundgesetz, Bd. I, 3. Aufl. 2013, Art. 16a Rn. 2 ff.

2 *Friedhelm Hufen*, Staatsrecht II, Grundrechte, 4. Aufl. 2014, § 20 Rn. 1.

3 Siehe hierzu *Walter Leisner,* Asyl: Ja, Einwanderung: Ja – Doch rechtlich klar geordnet – getrennt!, NVwZ 2015, 1653 (1654), der die Auffassung vertritt, das Asylrecht sei »unausweichlich«.

4 Die massenhafte unkontrollierte Einwanderung wird teilweise als »dauerhafter Rechtsbruch« bezeichnet, vgl. *Christoph von Marschall,* DER TAGESSPIEGEL vom 2. Dezember 2015, S. 1. Die Diskussion ist mittlerweile auch in der Fachliteratur angekommen. Kritisch und eine Trennung von Asyl und Einwanderung befürwortend *Walter Leisner,* Asyl: Ja, Einwanderung: Ja – Doch rechtlich klar geordnet – getrennt!, NVwZ 2015, 1653 f. Siehe aus dem jüngsten Schrifttum ferner *Ulrich Battis/Stephan Mitschang/Olaf Reidt,* Das Flüchtlingsunterbringungs-Maßnahmengesetz 2015, NVwZ 2015, 1633 ff.; *Matthias G. Fischer,* Möglichkeiten und Grenzen der Beschlagnahme von Immobilien zur Flüchtlingsunterbringung, NVwZ 2015, 1644 ff.; *Stephan Rixen,* Zwischen Hilfe, Abschreckung und Pragmatismus: Gesundheitsrecht der Flüchtlingskrise, NVwZ 2015, 1640 ff.; *Daniel Thym,* Schnellere und strengere Asylverfahren, NVwZ 2015, 1625 ff.

5 Vgl. *Albrecht Randelzhofer,* Asylrecht, in: Josef Isensee/Paul Kirchhof (Hrsg.), Handbuch des Staatsrechts der Bundesrepublik Deutschland, Bd. VII, 3. Aufl. 2009, § 153 Rn. 75.

6 *Reinhard Marx,* Aufenthalts-, Asyl- und Flüchtlingsrecht, Handbuch, 5. Aufl. 2015, § 5 Rn. 8.

7 Verordnung (EU) Nr. 604/2013 des Europäischen Parlaments und des Rates vom 26. Juni 2013 zur Festlegung der Kriterien und Verfahren zur Bestimmung des Mitgliedstaats, der für die Prüfung eines von einem Drittstaatsangehörigen oder Staatenlosen in einem Mitgliedstaat gestellten Antrags auf internationalen Schutz zuständig ist, ABl. EU vom 29. Juni 2013, L 180/31.

8 Richtlinie 2013/33/EU des Europäischen Parlaments und Rates vom 26. Juni 2013 zur Festlegung von Normen für die Aufnahme von Personen, die internationalen Schutz beantragen, ABl. EU vom 29. Juni 2013, L 180/96.

9 Richtlinie 2011/95/EU des Europäischen Parlaments und Rates vom 13. Dezember 2011 über Normen für die Anerkennung von Drittstaatsangehörigen oder Staatenlosen als Personen mit Anspruch auf internationalen Schutz, für einen einheitlichen Status für Flüchtlinge oder für Personen mit Anrecht auf subsidiären Schutz und für den Inhalt des zu gewährenden Schutzes, ABl. EU vom 20. Dezember 2011, L 337/9.

10 Siehe dazu BVerfGE 94, 49 (85 f.).

11 Siehe die Begründung der Fraktionen der CDU/CSU, SPD und F.D.P. zu ihrem Entwurf eines Gesetzes zur Änderung des Grundgesetzes (Artikel 16 und 18), BT-Drucks. 12/4152, S. 3.

12 Siehe das Gesetz zur Änderung des Grundgesetzes (Artikel 16 und 18) vom 28. Juni 1993 (BGBl. I S. 1002); »einfachgesetzliche Änderungen« sind erfolgt durch das Gesetz zur Änderung asylverfahrens-, ausländer- und staatsangehörigkeitsrechtlicher Vorschriften vom 30. Juni 1993 (BGBl. I S. 1062).

13 BVerfGE 94, 49 (87, 95).

14 BVerfGE 94, 115 (132).

15 In der Fassung der Bekanntmachung vom 2. September 2008 (BGBl. I S. 1798), zuletzt geändert durch Art. 12 des Gesetzes zur Bereinigung des Rechts der Lebenspartner vom 20. November 2015 (BGBl. I S. 2010).

16 So die Begründung der Fraktionen der CDU/CSU, SPD und F.D.P. zu ihrem Entwurf eines Gesetzes zur Änderung des Grundgesetzes (Artikel 16 und 18), BT-Drucks. 12/4152, S. 4.

17 BVerfGE 94, 49 (95). Streitig war bereits bei der Umsetzung der Verfassungsänderung in § 26a AsylVfG, welche Anforderungen an den Ausnahmetatbestand zu stellen sind: Während nach Auffassung der CDU/CSU die Feststellung ausreicht, der Asylsuchende sei nicht anders als über einen sicheren Drittstaat eingereist, verlangten SPD und F.D.P. die Feststellung, über *welchen* sicheren Drittstaat der Asylsuchende eingereist ist; siehe hierzu die Begründung der Fraktionen der CDU/CSU, SPD und F.D.P. zu ihrem Entwurf eines Gesetzes zur Änderung asylverfahrens-, ausländer- und staatsangehörigkeitsrechtlicher Vorschriften, BT-Drucks. 12/4450, S. 20; vgl. auch BVerfGE 94, 49 (55 f.).

18 BVerfGE 94, 49 (87). Einfachgesetzlich ist die Aufenthaltsgestattung freilich in § 55 Abs. 1 AsylG verankert.

19 So die Begründung der Fraktionen der CDU/CSU, SPD und F.D.P. zu ihrem Entwurf eines Gesetzes zur Änderung des Grundgesetzes (Artikel 16 und 18), BT-Drucks. 12/4152, S. 4.

20 BVerfGE 94, 49 (105 f.).

21 http://www.bamf.de/DE/Service/Left/Glossary/_function/glossar.html?lv3=1504418&lv2=5831846 (zuletzt aufgerufen am 20. Dezember 2015).

22 BVerfGE 94, 49 (94).

23 BVerfGE 94, 49 (94).

24 *Albrecht Randelzhofer*, Asylrecht, in: Josef Isensee/Paul Kirchhof (Hrsg.), Handbuch des Staatsrechts der Bundesrepublik Deutschland, Bd. VII, 3. Aufl. 2009, § 153 Rn. 94; *Helge Sodan*, in: ders. (Hrsg.), Grundgesetz, Art. 16a Rn. 10.

25 Siehe hierzu *Helge Sodan*, in: ders. (Hrsg.), Grundgesetz, 3. Aufl. 2015, Art. 16a Rn. 15.

26 *Kay Hailbronner*, Asyl- und Ausländerrecht, 3. Aufl. 2014, S. 422; *Daniel Thym*, Schnellere und strengere Asylverfahren, NVwZ 2015, 1625 (1628).

27 Richtlinie 2013/32/EU des Europäischen Parlaments und des Rates vom 26. Juni 2013 zu gemeinsamen Verfahren für die Zuerkennung und Aberkennung des internationalen Schutzes, ABl. EU vom 29. Juni 2013, L 180/60.

28 Siehe den Nachw. in Anm. 9.

29 *Kay Hailbronner*, Asyl- und Ausländerrecht, 3. Aufl. 2014, S. 422.

30 Siehe zu einer Abschiebung nach Ungarn VG Berlin, Beschluss vom 15. Januar 2015 – 23 L 899.14 A – zitiert nach juris.

31 EGMR, Urteil vom 21. Januar 2011 – 30696/09, NVwZ 2011, 413 ff.; siehe auch EuGH, Urteil vom 21. Dezember 2011 – Rs. C-411/10, C-493/10, NVwZ 2012, 417 ff.; Urteil vom 14. November 2013 – Rs. C-4/11, NVwZ 2014, 129 ff.

32 Siehe den Vorschlag für eine Verordnung des Europäischen Parlaments und des Rates zur Erstellung einer gemeinsamen EU-Liste sicherer Herkunftsstaaten für die Zwecke der Richtlinie 2013/32/EU des Europäischen Parlaments und des Rates zu gemeinsamen Verfahren für die Zuerkennung und Aberkennung des internationalen Schutzes und zur Änderung der Richtlinie 2013/32/EU, BR-Drucks. 407/15, S. 4 ff.

33 *Christian Klos*, Vortrag über die jetzige Rechtslage des Asylrechts und den gesetzgeberischen Handlungsspielraum für Änderungen bei Fragen des Grenzübertritts, gehalten am 5. November 2015 vor der Mitgliederversammlung des Bundesarbeitskreises Christlich Demokratischer Juristen (BACDJ) in Berlin.

III.

Christian Hillgruber

Flüchtlingsschutz oder Arbeitsmigration. Über die Notwendigkeit und die Konsequenzen einer Unterscheidung

I. Die Ausgangslage

»Jeder, der zu uns kommt, hat einen Grund zu fliehen«, sagt die Bundeskanzlerin. Das ist richtig. Aber die Gründe, warum so viele Flüchtlinge zur Zeit nach Deutschland drängen, sind doch unterschiedlich, und es gilt sie auseinanderzuhalten, weil sie – auch rechtlich – unterschiedliche Antworten verlangen.

Die meisten der gegenwärtig zu Hunderttausenden über die sog. Balkanroute nach Deutschland einreisenden Drittstaatsangehörigen sind – unabhängig davon, dass sie sich aufgrund ihrer Einreise über sichere Drittstaaten gar nicht auf Art. 16a GG berufen können[1] – mangels individueller Verfolgung weder asylberechtigt noch Flüchtlinge im Sinne der Genfer Flüchtlingskonvention (§§ 2, 3 AsylG), sondern allenfalls – mit Blick auf eine ernsthafte individuelle Bedrohung ihres Lebens oder ihrer Unversehrtheit infolge willkürlicher Gewalt im Rahmen eines internationalen oder innerstaatlichen bewaffneten Konflikts – sog. subsidiär Schutzberechtigte (§ 4 AsylG), im Übrigen schlicht Armuts- oder Arbeitsmigranten.

Dass in Syrien gegenwärtig Bürgerkrieg herrscht, ist unstreitig. Aber deswegen muss dies nicht das bestimmende Motiv für alle sein, die zur Zeit nach Europa fliehen. Viele, wahrscheinlich die meisten, fliehen vor Armut und Perspektivlosigkeit in ihren Heimatländern. Schutz vor den Gefahren des syrischen Bürgerkriegs besteht bereits in den Auffanglagern in Jordanien und im Libanon, so unkomfortabel diese auch sein mögen. Wer sich von dort aus weiter auf den Weg nach Deutschland macht und dabei viele weitere bürgerkriegsfreie und insofern sichere Drittstaaten innerhalb und außerhalb der Europäischen Union durchquert, sucht nicht mehr Schutz vor den Gefahren eines Bürgerkrieges, dem er schon entkommen ist, sondern will nach Deutschland einwandern, um hier ein neues Leben zu beginnen, d.h. er mutiert vom Bürgerkriegs- zum Wirtschaftsflüchtling. Mit dieser Feststellung ist kein Vorwurf an die Flüchtlinge verbunden. Aus ihrer Sicht ist ein solches Verhalten rational und völlig legitim. Ebenso legitim ist es aber, dass potentielle Aufnahmestaaten Schutz vor Verfolgung und (Bürger-)Krieg suchende Flüchtlinge einerseits und Armuts- und Arbeitsmigranten andererseits unterschiedlich behandeln.

II. Flüchtlingsschutz und Arbeitsmigration: zwei verschiedene Aufenthaltstitel zu je eigenen Zwecken

Flüchtlingsschutz und Arbeitsmigration sind schon deshalb auseinanderzuhalten, weil sie je eigenen rechtlichen Regeln folgen: Es gibt kein Menschenrecht auf Arbeitsmigration, wohl aber eine völkerrechtliche Staatenpflicht zum Schutz vor politischer oder sonstiger individueller Verfolgung, europarechtlich zudem eine Pflicht zum Schutz vor individueller Leibes- und Lebensgefahr aufgrund (Bürger-)Krieges.[2] Über das Ob und Wie einer Zulassung von Arbeitsmigration entscheidet jeder Staat nach seinen eigenen Interessen, d.h. nach egoistisch ausgeübtem Ermessen; die – altruistische – Gewährung von Asyl und Flüchtlingsschutz dient dagegen dem menschenrechtlichen Schutz verfolgter Individuen oder gefährdeter Gruppen. Während Arbeitsmigration auf einen Daueraufenthalt im Zielstaat mit dortiger Beschäftigung angelegt ist, haben Asyl und Flüchtlingsaufnahme eigentlich nur die Funktion temporären Schutzes: Der Aufnahmestaat will und soll den Verfolgten oder vor (Bürger-)Krieg Geflüchteten genau so lange zur seinem Schutz beherbergen wie nötig, auch wenn die Länge dieser Zeitspanne ex ante nicht absehbar ist.[3]

Diesen unterschiedlichen Zwecken entsprechend sollten auch die rechtlichen Regelungsregimes von Flüchtlingsschutz und Arbeitsmigration je eigen und konsequent ausgestaltet sein: Flüchtlingsschutz sollte von vornherein zeitlich begrenzt sein, jede Verfestigung des Aufenthaltsstatus vermieden werden und jedenfalls ein regelhafter

Übergang vom Status eines Bürgerkriegsflüchtlings zum Status eines Arbeitsmigranten ausgeschlossen sein. Dies bedeutet konkret: Es dürften nur zeitlich befristete, ggfls., d.h. bei andauernder Schutzbedürftigkeit, zu verlängernde Aufenthaltserlaubnisse zum ausschließlichen Zweck des Schutzes vor Verfolgung oder vor (Bürger-) Kriegsgefahren erteilt werden, die bei Fristende ablaufen bzw. bei Wegfall des jeweiligen Schutzgrundes zwingend zu widerrufen sind; die daraus folgende Ausreisepflicht ist, soweit notwendig, konsequent durch zwangsweise Beendigung des Aufenthalts in der Bundesrepublik Deutschland durchzusetzen.[4] Es erfolgt kein Familiennachzug; es gibt keine Arbeitserlaubnis. Dass der Staat dann die Alimentation der Flüchtlinge übernehmen muss, ist unvermeidlich; aber das soll ja auch kein Dauerzustand sein. Kurzum: Es findet gerade keine Integration statt! Dieses politisch gegenwärtig für allenfalls vorübergehend bleibeberechtigte Flüchtlinge ausgegebene Ziel ist zweckwidrig und daher verfehlt.

Die allein zweckentsprechende zeitliche und inhaltliche Begrenzung des Aufenthaltsrechts aufgrund von Verfolgung oder aus Gründen des Schutzes vor (Bürger-)Kriegsgefahren aufgenommener Flüchtlinge muss grundsätzlich auch dann konsequent durchgehalten werden, wenn der Aufenthalt des Flüchtlings wegen des Fortbestehens des ihn rechtfertigenden Grundes länger andauert. Es bleibt dessen ungeachtet bei der Befristung des Aufenthaltsrechts, das ausläuft, wenn die Schutzbedürftigkeit wegfällt. Was den Zugang zum Arbeitsmarkt angeht, sollte jedenfalls eine hinreichend lange Sperrfrist festgelegt werden, die es a priori ausschließt, dass in ex ante planbarer Weise der Flüchtlingsstatus zweckwidrig zur Arbeitsmigration genutzt werden kann; die Abhängigkeit des Flüchtlings von staatlichen Leistungen muss dafür hingenommen werden. Die Sperrfrist sollte 5 Jahre nicht unterschreiten. Eine danach erteilte Arbeitserlaubnis ist zudem unter den Vorbehalt der Beendigung der Aufenthaltsberechtigung wegen späteren Fortfalls des Schutzbedürfnisses als Flüchtling zu stellen; eine ihrerseits als Begründung einer unbefristeten Aufenthaltsberechtigung herhaltende Dauerbeschäftigung ist damit ausgeschlossen. Gleiches müsste für den Familiennachzug gelten; zwar sollten auch Bürgerkriegsflüchtlinge nicht dauerhaft von ihren Familien isoliert leben müssen; aber auch der Familiennachzug darf erst nach einer längeren Wartezeit ermöglicht werden; und die Aufenthaltsberechtigung nachgezogener Familienangehöriger muss strikt akzessorisch zum Aufenthaltsrecht des Flüchtlings ausgestaltet sein, das über kurz oder lang mit dem Wegfall seines Schutzbedürfnisses endet. Ein Übergang zu einem dauerhaften Aufenthaltsrecht sollte allenfalls und erst erfolgen, wenn auch nach einem Jahrzehnt[5] keinerlei realistische und zumutbare Rückkehrperspektive mehr besteht.

Die grundsätzlich geltende zeitliche und inhaltliche Beschränkung des zu gewährenden Flüchtlingsschutzes dient nicht nur dem Selbstschutz des Aufnahmestaates vor Überforderung durch eine allzu große Zahl von bei ihm Aufnahme suchenden Menschen, sondern auch und gerade dem Flüchtlingsschutz selbst; sie erst ermöglicht, immer wieder aufs Neue aktuell Verfolgten oder durch (Bürger-)Krieg in ihrem Leben bedrohten Menschen effektiven Schutz angedeihen zu lassen; wer als temporär Schutzbedürftiger auch dann noch ein Aufenthaltsrecht beansprucht, wenn sein Schutzbedürfnis entfallen ist, verhält sich unsolidarisch gegenüber denjenigen, die nun schutzbedürftig geworden sind und jetzt ihrerseits vorübergehend aufgenommen werden sollten, aber aus Gründen tatsächlich begrenzter Aufnahmekapazität nur aufgenommen werden können, wenn diejenigen, die keines Schutzes mehr bedürfen, den Platz räumen.[6]

Ein konsequent zweckentsprechend ausgestalteter Aufenthalt aus Gründen des Flüchtlingsschutzes vermittelt danach im Regelfall keine Perspektive auf die Erlangung eines dauerhaften Aufenthaltsrechts und auf (dauerhaften) Zugang zum deutschen Arbeitsmarkt. Beides kann auf diese Weise nicht erreicht werden. Erst dieser prinzipielle Ausschluss eines jeden Flüchtlings von jeder realistischen Aussicht auf Daueraufenthalt und dauerhafte Beschäftigung eröffnet die Möglichkeit zu geordneter und – nach den Interessen und Bedürfnissen des Aufnahmelandes – gesteuerter Arbeitsmigration, die nicht unter Hinweis auf eine Schutzbedürftigkeit als Flüchtling eingefordert werden werden kann, sondern um die man sich lediglich – von seinem Heimatland aus – bewerben kann.

III. Die gegenwärtige Rechtlage: Ein gleitender Übergang von Flüchtlingsschutz zu (Arbeits-)Migration

Das gegenwärtig geltende europäische und deutsche Recht folgt einer anderen Logik. Zwar ist auch danach die Zuerkennung der Flüchtlingseigenschaft bzw. die Gewährung subsidiären Schutzes an sich zeitlich begrenzt (vgl. Art. 11 bzw. 16 der sog. Qualifikationsrichtlinie). Aber dessen ungeachtet haben die Aufnahmestaaten beiden Personengruppen unmittelbar nach Zuerkennung der Schutzberechtigung die Aufnahme einer unselbständigen oder selbständigen Erwerbstätigkeit nach den allgemein geltenden Vorschriften zu gestatten.[7] Diese sofortige Öffnung des Arbeitsmarktes hat unzweifelhaft Vorteile. Sie vermittelt dem Flüchtling Teilhabe und stärkt sein Selbstwertgefühl; zugleich entlastet sie die staatliche Gemeinschaft von der Notwendigkeit finanzieller Unterstützung des Flüchtlings.[8] Sie hat aber eben auch einen ganz entscheidenden und in der gegenwärtigen Flüchtlingskrise sich dramatisch auswirkenden Nachteil: Sie bietet eine Möglichkeit dafür, unter Berufung auf Schutzbedürftigkeit vor (Bürger-)Kriegsgefahren das eigentlich verfolgte Ziel einer Einwanderung zu erreichen. Der vorgebliche Flüchtlingsschutz wird so zu einem Etikettenschwindel für Arbeitsmigration, im ungünstigeren Fall, bei Unvermittelbarkeit in den Arbeitsmarkt, für eine Einwanderung in das – aus der ökonomischen Perspektive der Flüchtlinge komfortable – deutsche Sozialsystem. Lässt man – wie gegenwärtig – zu, dass aus Flüchtlingsschutz ungesteuerte Einwanderung wird, so muss dies, dazu gehört nicht viel Phantasie, das an sich berechtigte Anliegen des Flüchtlingsschutzes nachhaltig delegitimieren.

IV. Reformbedarf: Abkoppelung des Flüchtlingsschutzes von der Arbeitsmigration

Um dies zu vermeiden, müssen internationaler Schutz und (Arbeits-)Migration wieder strikt voneinander getrennt werden. Unter den Bedingungen eines lediglich zeitlich befristeten und auch inhaltlich auf seine Schutzfunktion begrenzten Aufenthalts als Flüchtling werden nur solche Menschen diesen Status anstreben, die auf ihn zwingend angewiesen sind. Die von vornherein einen dauerhaften Aufenthalt und die Ausübung einer Erwerbstätigkeit im Zielstaat anstrebenden Migranten werden dagegen davon Abstand nehmen, weil sie ihr Ziel auf diese Weise in absehbarer Zeit nicht erreichen können. Wenn durch eine klare Trennung von Flüchtlingsschutz und Arbeitsmigration unmissverständlich kommuniziert wird, dass vorübergehender Schutz vor dem Unbill eines Bürgerkrieges keinen Daueraufenthalt und keine (dauerhafte) Arbeitserlaubnis verschafft und für die Zeit der Schutzbedürftigkeit als Sozialleistung nur ein Anspruch auf das durch Sachleistungen gewährte Existenzminimum besteht, werden diejenigen, und das sind die meisten, denen es um ein Bleiberecht, dauerhafte Beschäftigung oder den Bezug von für sie auskömmlichen sozialen Geldleistungen geht, d.h. Arbeits- und Armutsmigranten, diesen Weg nicht beschreiten.

Über die Zulassung von Arbeitsmigration muss nach anderen Maßstäben entschieden werden. Maßgeblich sind insoweit die Bedürfnisse und Anforderungen des Aufnahmelandes. Hier hat Deutschland wohl tatsächlich einen Nachholbedarf, der aber nicht durch unregulierten Zuzug von Flüchtlingen befriedigt werden kann. Deutschland braucht bestimmte qualifizierte Arbeitskräfte, die integrationsfähig und -willig sind. Unter den Flüchtlingen mögen auch solche sein; doch regiert hier das reine Zufallsprinzip. Mit zielgerichteter Migrationspolitik hat dies nichts gemein.

V. Die Zukunftsperspektive: Deutschland – ein Haus mit zwei Eingangstüren

Deutschland sollte ein offenes Land bleiben, offen für Flüchtlinge, denen solange wie nötig Schutz gewährt wird, und auch offen für integrierbare Arbeitsmigranten, die es nach eigenem Bedarf und selbst gesetzten Aufnahmekriterien auswählt. Aber die Aufnahme von Flüchtlingen als humanitärer Akt ist eben doch das eine, die kontingentierte und eigennützige Zulassung von Arbeitsmigration etwas ganz anderes.[9]

Bildlich gesprochen: Das Haus Deutschland sollte nicht hermetisch abgeriegelt sein, sondern Eingangstüren haben. Aber die eine Eingangstür hat letztlich Drehtürcharakter; durch sie können Flüchtlinge eintreten und sich im Falle festgestellter Schutzbedürftigkeit vorübergehend in Deutschland aufhalten, um nach Wegfall dieses Aufenthaltsgrundes Deutschland durch dieselbe Tür wieder in Richtung Heimat zu verlassen. Durch die andere Eingangstür erhalten Arbeitsmigranten Zutritt, sofern sie den diesbezüglichen Vorstellungen und Erwartungen Deutschlands entsprechen. Wer durch diese Tür Einlass gefunden hat, kann, wenn er will, dauerhaft in Deutschland verbleiben und hier einer Arbeit nachgehen. Diese Tür hat allerdings keinen Türgriff, mit dem man die Tür von außen öffnen und nach eigenem Gutdünken das Haus betreten könnte; diese zweite Tür kann nur von innen geöffnet werden. Man kann sich aber darum bewerben, in die Hausgemeinschaft aufgenommen zu werden. Dafür hat diese Tür einen Briefschlitz, in den die Bewerbungsunterlangen eingeworfen werden können. Wenn sich der Wunsch des Bewerbers nach Arbeitsmigration mit dem Wunsch Deutschlands nach qualifizierten Arbeitskräften deckt, der arbeitswillige Zuwanderer einer der von Deutschland gesuchten ist, dann, und nur dann, öffnet Deutschland für ihn die zweite Tür. So hält es jedes Einwanderungsland, und wenn Deutschland sich anders verhielte, verstieße es gegen seine eigenen Interessen und wiederholte die Fehler der Vergangenheit.

1 Europarechtlich wäre die Bundesrepublik Deutschland nach den Zuständigkeitsregeln der Dublin 3-Verordnung (Verordnung (EU) Nr. 604/2013 des Europäischen Parlaments und des Rates vom 26. Juni 2013 zur Festlegung der Kriterien und Verfahren zur Bestimmung des Mitgliedstaats, der für die Prüfung eines von einem Drittstaatsangehörigen oder Staatenlosen in einem Mitgliedstaat gestellten Antrags auf internationalen Schutz zuständig ist, ABl. EU vom 29.6.2013, L 180/31) an sich nur ausnahmsweise für die Durchführung des Asylverfahrens zuständig, sofern nämlich bereits ein enger Familienangehöriger hier Schutz beantragt oder erlangt hat (siehe Art. 8–10), wenn sie nicht das Selbsteintrittsrecht nach Art. 17 erklärt hätte.

2 Eine völkergewohnheitsrechtliche Pflicht gleichen Inhalts besteht nicht; siehe dazu nur *K. Hailbronner*, in: W. Graf Vitzthum (Hrsg.), Völkerrecht, ^{2}2001, 3. Abschnitt, Rn. 307–309.

3 Mehr kann auch menschenrechtlich nicht eingefordert werden; zu dem aus Art. 3 EMRK folgenden Verbot der Rückführung in ein Land, in dem Flüchtlingsschutz nicht garantiert, sondern Flüchtlingen eine unmenschliche und erniedrigende Behandlung oder die Rückführung in ihre Heimatländer, in denen sie verfolgt wurden, droht, siehe EGMR, Große Kammer, Urteil vom 23.02.2012, Beschwerde Nr. 27765/09, Fall Hirsi Jamaa und andere gegen Italien; siehe insoweit auch das zustimmende Sondervotum des Richters *Pinto de Alburquerque*: »Refugees attempting to escape Africa do not claim a right of admission to Europe. They demand only that Europe, the cradle of human rights idealism and the birthplace of the rule of law, cease closing its doors to people in despair who have fled from arbitra-

riness and brutality. That is a very modest plea, vindicated by the European Convention on Human Rights. ›We should not close our ears to it.‹«

4 Zu den Problemen faktischer und rechtlicher Abschiebungshindernisse siehe *B. Kempen*, in diesem Band, S. 216 ff.

5 Die Zehnjahresfrist orientiert sich daran, dass ein in Deutschland geborenes Kind eines hier aufgenommenen Flüchtlings nach dem ius soli die deutsche Staatsangehörigkeit erwirbt, wenn er oder sie selbst oder der andere Elternteil seit acht Jahren rechtmäßig seinen gewöhnlichen Aufenthalt im Inland hat und ein unbefristetes Aufenthaltsrecht besitzt (§ 4 Abs. 3 StAG), und der Flüchtling selbst, soweit er seit acht Jahren rechtmäßig seinen gewöhnlichen Aufenthalt im Inland hat, unter den weiteren Voraussetzungen des § 10 StAG auf Antrag einzubürgern ist, d.h. zu diesem Zeitpunkt als voll integriert gilt.
Das geltende Europarecht sieht dagegen vor, dass die Mitgliedstaaten Drittstaatsangehörigen bereits nach fünf Jahren ununterbrochenen und rechtmäßigen Aufenthalts in ihrem Hoheitsgebiet die – grundsätzlich dauerhafte und nur noch unter besonderen Voraussetzungen entziehbare – Rechtsstellung eines langfristig Aufenthaltsberechtigten verleihen; siehe Art. 4 Abs. 1, 8 Abs. 1 und 9 der Richtlinie 2003/109/EG des Rates vom 25. November 2003 betreffend die Rechtsstellung der langfristig aufenthaltsberechtigten Drittstaatsangehörigen (sog. Daueraufenthaltsrichtlinie), ABl. EU vom 23.1.2014, L 16/44, geändert durch Richtlinie 2011/51/EU des Europäischen Parlaments und des Rates vom 11. Mai 2011 zur Änderung der Richtlinie 2003/109/EG des Rates zur Erweiterung ihres Anwendungsbereichs auf Personen, die internationalen Schutz genießen, ABl. EU vom 19.5.2011, L 132/1.

6 Die politisch angestrebte Kontingentlösung ist als Lastenteilungsregelung innerhalb der Europäischen Union sinnvoll, kann aber nicht verhindern, dass mehr Flüchtlinge, als kontingentierte Aufnahmeplätze zur Verfügung stehen, um den Schutz nachsuchen, der ihnen – Schutzbedürftigkeit vorausgesetzt – zu gewähren ist, wenn auch – angesichts der es umgebenden sicheren Drittstaaten – nicht notwendig in Deutschland. Nicht der völkerrechtlich geschuldete Flüchtlingsschutz, wohl aber die im Ermessen der Staaten liegende Zulassung von Arbeitsmigration lässt sich sinnvoll kontingentieren.

7 Auch die Genfer Flüchtlingskonvention von 1951 strebt ausweislich ihrer Kapitel III (Erwerbstätigkeit) und IV (Wohlfahrt) die rasche Eingliederung anerkannter Flüchtlinge in das Arbeitsleben und das Sozialsystem des Aufnahmestaates, die sogar in einer zu erleichternden Einbürgerung (Art. 34) ihren Abschluss finden soll. Dieses Integrationskonzept dürfte v.a. darauf beruhen, dass die Konvention nach ihrer ursprünglichen Fassung insbesondere auf Flüchtlinge Anwendung finden sollte (Art. 1 A. Nr. 1), bei denen unterstellt wurde, dass sie »sich auf zwingende, auf früheren Verfolgungen beruhende Gründe berufen [können], um die Inanspruchnahme des Schutzes des Landes abzulehnen, dessen Staatsangehörigkeit sie besitz[en]« (Art. 1 C. Nr. 5). Grundsätzlich fällt jedoch eine vom Abkommen an sich erfasste Person nicht mehr unter die Schutzbestimmungen des Abkommens, »wenn sie nach Wegfall der Umstände, aufgrund derer sie als Flüchtling anerkannt worden ist, es nicht mehr ablehnen kann, den Schutz des Landes in Anspruch zu nehmen, dessen Staatsangehörigkeit sie besitzt« (Art. 1 C. Nr. 5).

8 Das ist der entscheidende Grund, warum die Genfer Flüchtlingskonvention in den Art. 17 ff. bestimmt, dass anerkannten Flüchtlingen eine möglichst günstige Behandlung hinsichtlich der Aufnahme einer Erwerbstätigkeit zuteil werden soll.

9 Ebenso *W. Leisner*, Asyl: Ja, Einwanderung: Ja – Doch rechtlich klar geordnet – getrennt!, NVwZ 2015, 1653 f.

IV.

Katharina Pabel

Flüchtlingsschutz und europäische Menschenrechtskonvention

I. Schutz vor aufenthaltsbeendenden Maßnahmen

Die Europäische Menschenrechtskonvention (EMRK) in der Rechtsprechung durch den Europäischen Gerichtshof für Menschenrechte (EGMR) setzt der Abschiebung und Ausweisung von Nicht-Staatsangehörigen bekanntermaßen in erheblichem Umfang Schranken. Zwei Grundkonstellationen sind der einschlägigen Rechtsprechung des EGMR zu entnehmen: Aufenthaltsbeendende Maßnahmen können wegen im Zielstaat drohenden Verletzungen des Betroffenen eine Konventionsrechtsverletzung darstellen. In ständiger Rechtsprechung seit dem Urteil *Soering*[1] nimmt der EGMR an, dass der ausweisende Mitgliedstaat der Konvention durch sein Verhalten die im Ausland stattfindenden Konventionsverletzung ermöglicht, und begründet so die Verantwortlichkeit des ausweisenden Staates, wobei insbesondere Verletzungen von Art. 3 EMRK (Verbot der Folter und unmenschlichen Behandlung) relevant sind.[2] Die zweite Gruppe von Fällen des Ausweisungsschutzes ergibt sich wegen drohender Verletzungen von Konventionsrechten durch die Ausweisung selbst. Führt eine aufenthaltsbeendende Maßnahme dazu, dass familiäre und private Beziehungen im Aufenthaltsstaat nicht mehr fortgesetzt werden können, kann dies Art. 8 EMRK (Recht auf Privat- und Familienleben) verletzen. Eine differenzierte Rechtsprechung des EGMR setzt aufenthaltsbeendenden Maßnahmen des Konventionsstaates unter Bezugnahme auf das Recht auf Privat- und Familienleben Grenzen.[3] Diese Rechtsprechungslinie des EGMR, die im Einzelnen sicherlich kritisiert werden kann, ist gefestigt und wird auch von deutschen Behörden und Gerichten umgesetzt.[4]

II. Schutz von Flüchtlingen und Einwanderern bei der Begründung des Aufenthalts

Wie ist es aber mit der Relevanz der EMRK bei der Aufnahme von Flüchtlingen in Staaten, die die EMRK ratifiziert haben? Welche Rahmenbedingungen und Schranken setzt hier die EMRK? Entsprechende Überlegungen schwingen bei der rechtlichen Erörterung von Maßnahmen, die zur Bewältigung der großen Zahlen von Flüchtlingen und anderen Einwanderern angedacht werden, stets mit und sollen im Folgenden dargestellt werden.

Voranzustellen ist, dass der Status als Flüchtling für die Beurteilung eines Sachverhalts nach der EMRK ohne Bedeutung ist. Die EMRK enthält keine besonderen Gewährleistungen für Flüchtlinge, insbesondere nicht im Hinblick auf ein Recht auf Aufnahme in einem Mitgliedstaat. Der Status eines Flüchtlings kann aus dem innerstaatlichen Recht eines Mitgliedstaats oder aus dem sonstigen Völkerrecht, insbesondere aus der Genfer Flüchtlingskonvention, resultieren und entsprechend dem rechtlichen Kontext mit besonderen Rechten verbunden sein. Für die Beurteilung der Aufnahme und Behandlung von Flüchtlingen nach der EMRK bleibt diese Einordnung ohne Belang. Hier wird allenfalls nach der Staatsangehörigkeit (vgl. Art. 3 4. ZPEMRK) oder nach der Rechtmäßigkeit des Aufenthalts (Art. 2 4. ZPEMRK) differenziert.

III. Kein Recht auf Einreise

Ob ein Recht auf Einreise und auf Aufenthalt nach der EMRK besteht, ist von der Staatsangehörigkeit des Betroffenen abhängig. Das Einreiserecht nach Art. 3 4. ZPEMRK kommt nur den eigenen Staatsbürgern eines Landes zu. Anderen Personen ist ein solches Recht weder explizit gewährleistet, noch wird es aus bestehenden Garantien abgeleitet. Ein Recht von Nichtstaatsangehörigen auf Einreise oder auf Aufenthalt in einem »Wunsch«-Staat gibt es nach der Menschenrechtskonvention nicht. Kein Mitgliedstaat ist aus der EMRK verpflichtet, Flüchtlinge aufzunehmen oder Asyl zu gewährleisten. Auch ein Recht auf Zuerkennung eines bestimmten Aufenthaltsstatus verleiht die Konvention nicht. Der EGMR betont im Kontext der Prüfung von aufenthaltsbeendenden Maßnahmen wie Abschiebung oder Ausweisung immer wieder, dass die Mitgliedstaaten in der Gestaltung des jeweiligen Einreise- oder Aufenthaltsrechts frei sind.[5] Das aus der Souveränität folgende, im Völkerrecht anerkannte Recht eines Staates, die Einreise eines Fremden auf sein Territorium zu untersagen, wird somit durch die Konvention nicht (unmittelbar) berührt.

IV. Aufgreifen von Flüchtlingen im Mittelmeer

Ungefähr nach der Jahrtausendwende hat das Verbot der Kollektivausweisung (Art. 4 4. ZPEMRK), das zuvor in der Rechtsprechung lediglich ein Schattendasein geführt hat, für den Umgang mit Flüchtlingen und Asylbewerbern an Bedeutung gewonnen. Art. 4 4. ZPEMRK sieht keine Beschränkungsmöglichkeiten vor. Jede staatliche Maßnahme, die als Kollektivausweisung zu qualifizieren ist, bildet daher eine Verletzung des Grundrechts. Kollektivausweisungen sind solche, bei denen keine Einzelfallprüfung stattfindet und Personengruppen nach generellen Kriterien, wie der Staatsangehörigkeit, der Rasse oder der Hautfarbe, ausgewiesen werden.[6] Eine Einzelfallprüfung verlangt nach der Rechtsprechung mindestens eine Identitätsfeststellung und eine Information des Betroffenen in einer verständlichen Sprache.[7] Gefordert wird also Minimalstandard an individuellem Verfahren. Der EGMR betont, dass auch in Situationen, in denen Mitgliedstaaten mit einem großen Zustrom von Flüchtlingen und Asylbewerbern konfrontiert sind, bei aufenthaltsbeendenden Maßnahmen nicht auf eine Einzelfallprüfung verzichtet werden kann.[8]

Interessant sind vor allem zwei jüngere Urteile, in denen der EGMR den Umgang mit Bootsflüchtlingen im Mittelmeer als Kollektivausweisung qualifiziert hat. Im Fall *Hirsi Jamaa* gegen Italien wurden Flüchtlinge von italienischem Militär auf hoher See aufgegriffen und auf das

Militärschiff genommen.[9] Dieses brachte sie ohne Einzelfallprüfung nach Libyen zurück, von wo aus das Schiff gestartet war. Die Annahme einer Verletzung des Verbots der Kollektivausweisung gründet zunächst auf der Annahme, dass während der Zeit auf dem Militärschiff sich die Flüchtlinge unter italienischer Hoheitsgewalt befanden (Art. 1 EMRK) und daher die konventionsrechtlichen Verpflichtungen für Italien schlagend wurden. Das schlichte Verbringen der Flüchtlinge zurück nach Libyen ohne irgendeine individuelle Prüfung stelle sich als Kollektivausweisung dar. Im ähnlich gelagerten Fall *Sharifi* wurden die betroffenen Flüchtlinge sofort nach ihrer Ankunft in einem italienischen Hafen wieder nach Griechenland zurückgeschickt. Auch hier nahm der EGMR eine Verletzung des Verbots der Kollektivausweisung an. Der Staat, in dem die Flüchtlinge ankommen, müsse auch dann eine Einzelfallprüfung durchführen, wenn gemäß dem Dublin-Regime innerhalb der EU jenes Land zur Bearbeitung des Asylverfahrens zuständig ist, das von den Asylbewerbern als erstes EU-Land betreten wurde.[10]

Der Grundsatz, den der EGMR wiederholt formuliert hat, dass nämlich das Verbot der Kollektivausweisungen die Staaten nicht daran hindert, die Einwanderung gesetzlich zu regeln, ist mit dieser Rechtsprechung nicht obsolet geworden. Allerdings folgen aus dem Grundrecht für Personen, die auf welchem Weg auch immer Staatsgebiet betreten haben, Minimalanforderungen an das Ausweisungsverfahren. Dieser Aspekt wird dadurch verstärkt, dass der EGMR in beiden genannten Fällen auch eine Verletzung des Rechts auf einen effektiven Rechtsbehelf (Art. 13 EMRK), jeweils in Verbindung mit Art. 4. 4. ZPEMRK sowie in Verbindung mit Art. 3 EMRK angenommen hat. Den betroffenen Flüchtlingen war es nicht möglich, irgendeinen Rechtsbehelf gegen die Ausweisung zu ergreifen, bevor die aufenthaltsbeendende Maßnahme vollzogen wurde. Auch hatten sie keinen Zugang zu einem (Asyl-)Verfahren, in dem hätte überprüft werden können, ob ihnen im Zielstaat der Abschiebung eine unmenschliche Behandlung drohen würde.

Die EGMR-Urteile zum Aufgreifen von Flüchtlingen im Mittelmeer ziehen sogenannten push-back-Operationen menschenrechtliche Grenzen. Sie entfalten auch materiell-rechtliche Wirkungen für die Einsätze im Rahmen von Frontex, auch wenn die Geltendmachung wegen der komplizierten Kooperationsstrukturen der Frontex-Einsätze, aber auch wegen der fehlenden unmittelbaren Verpflichtung der EU aus der EMRK schwierig sein mag. Ob diese Rechtsprechung zynischerweise dazu führt, dass Schiffe vor Ort in Seenot befindliche Flüchtlinge nicht mehr aufnehmen, um die Konsequenzen aus der EGMR-Rechtsprechung zu vermeiden, muss die Praxis zeigen. Rechtlich wird regelmäßig eine Pflicht zur Rettung von in Seenot befindlichen Personen bestehen; im Einzelfall mag auch eine Verletzung von Art. 2 oder 3 EMRK anzunehmen sein, wenn Schiffe, die einem Konventionsstaat zuzurechnen sind, »sehenden Auges« den Tod oder schwerwiegende Verletzungen der Schiffsbrüchigen hinnimmt.

V. Gebot der menschenwürdigen Behandlung von eingereisten Flüchtlingen und Einwanderern

Personen, die auf das Staatsgebiet eines Mitgliedstaates gelangt sind, unterstehen der Jurisdiktion dieses Staates (Art. 1 EMRK) und genießen daher die in der EMRK gewährleisteten Rechte. Dabei ist es unerheblich, ob die Einreise rechtmäßig oder rechtswidrig erfolgt ist. Lediglich für die Gewährleistung des in Art. 2 4. ZPEMRK verankerten Freizügigkeitsrechts kommt es auf einen rechtmäßigen Aufenthalt im Konventionsstaat an. Die Grundrechtsbindung des Aufnahmestaates hat Konsequenzen für die Betreuung der Flüchtlinge in den Aufnahmeeinrichtungen, wie sich mittelbar wiederum aus der Rechtsprechung zu den Ausweisungsfällen (siehe oben I.) ergibt. Zwar betont der EGMR, dass Art. 3 EMRK die Mitgliedstaaten zur Konvention nicht verpflichtet, jeder Person ein Heim (»home«) zu geben; eine allgemeine Verpflichtung, Flüchtlinge finanziell zu unterstützen und ihnen auf diese Weise einen gewissen Mindestlebensstandard zu ermöglichen, folge nicht aus Art. 3 EMRK.[11] Allerdings folgert der EGMR aus dem Verbot der unmenschlichen oder erniedrigenden Behandlung, dass Staaten Asylbewerber, die sich auf ihrem Staatsgebiet aufhalten, nicht schlicht ihrem Schicksal überlassen dürfen, wenn bekannt ist, dass diese obdachlos sind, keine Möglichkeit haben, ihre grundlegenden Bedürfnisse nach Nahrung und Hygiene zu stillen, und in einem Zustand dauerhafter rechtlicher Unsicherheit leben.[12] Zwei Gesichtspunkte sind insofern hervorzuheben: Erstens lässt sich dem Urteil an keiner Stelle der Begründung eine Grundlage für die Annahme eines Leistungsanspruchs des Asylbewerbers gegen den Aufnahmestaat finden. Von einer Ableitung eines bezifferbaren Existenzminimums aus dem Menschenwürdegrundsatz, wie es das BVerfG für die innerstaatliche Rechtsordnung angenommen hat,[13] ist der EGMR also weit entfernt. Zweitens ist die konkrete Situation des Beschwerdeführers, die der EGMR zu beurteilen hatte, in Betracht zu ziehen. Sie stellte sich so dar, dass er nach seiner Zurückweisung aus Belgien angesichts der große Anzahl von Flüchtlingen und der geringen Aufnahmekapazitäten in Griechenland keine Möglichkeit hatte, in eine Aufnahmeeinrichtung zu gelangen und irgendeine Form der Versorgung zu erhalten; das Ergreifen einer Arbeit war im faktisch unmöglich. Es ging also nicht darum, die Qualität der Versorgung durch einen Aufnahmestaat am Maßstab der Konvention zu beurteilen. Im Vergleich zu späteren Urteilen, die ebenfalls Konstellationen der Rückweisung nach Griechenland und Italien innerhalb des Dublin-Systems betrafen, lässt sich m.E. feststellen, dass nur dann eine Verletzung von Art. 3 EMRK angenommen wurde, wenn in irgendeiner Weise eine besondere Ausnahmesituation wie Krankheit, eine große Zahl minderjähriger Kinder o.ä. vorlag, die besondere Bedürfnisse des Beschwerdeführers begründete. Allein die schwierige Situation von Asylbewerbern in einem Aufnahmestaat führt nicht zu einer Konventionsverletzung.

Aus Art. 8 EMRK (Schutz des Privat- und Familienlebens) wird man für den Umgang mit Flüchtlingen und Zuwanderern zudem ableiten können, dass Kinder grundsätzlich nicht durch staatliche Anordnungen von ihren Eltern getrennt werden dürfen. Das kann insbesondere bei der verpflichtenden Unterbringung in Aufnahmeeinrichtungen und bei der Verteilung innerhalb des Aufnahmestaates, ggf. auch auf andere Staaten relevant sein. Straßburger Rechtsprechung zu dieser konkreten Fragestellung besteht soweit ersichtlich (noch) nicht. Unbegleitete minderjährige Flüchtlinge sind im Licht der Rechtsprechung als besonders schutzbedürftige Personen (»especially vulnerable person«) anzusehen. Man wird hier aus Art. 8 EMRK gewisse Gewährleistungspflichten des Staates ableiten können, die etwa eine gewisse staatliche Betreuung der Minderjährigen sicherstellt. Auch insofern lässt sich noch keine unmittelbar einschlägige Rechtsprechung des EGMR feststellen.

Insofern folgen aus der EMRK Mindestbedingungen für den Umgang mit Flüchtlingen und Einwanderern, die auf das Staatsgebiet gelangt sind. Konkrete Leistungsansprüche lassen sich der Rechtsprechung jedenfalls derzeit nicht entnehmen.

VI. Die Inhaftierung von Flüchtlingen und Einwanderern

Art. 5 Abs. 1 lit. f EMRK enthält drei Haftgründe: die Verhinderung des unberechtigten Eindringens in das Staatsgebiet, die geplante Abschiebung und die geplante Auslieferung.[14] Die Rechtmäßigkeit dieser Inhaftierungen erfordert zunächst die Einhaltung der verfahrens- und materiell-rechtlichen Vorschriften des innerstaatlichen Rechts, darüber hinaus aber auch die Beachtung des Gesamtziels des Art. 5, nämlich des Schutzes des Einzelnen vor Willkür. Der Haftgrund des unberechtigten Eindringens in das Staatsgebiet ist so lange gegeben, bis die Person eine Bewilligung zum Verbleib in dem Staat – etwa durch Erteilung einer Aufenthaltsgenehmigung oder durch positive Erledigung des Asylantrags – erhalten hat. Allein die Tatsache, dass die Person sich sofort bei ihrer Einreise an die Einwanderungsbehörden gewandt hat, führt nicht dazu, dass sie fortan »rechtmäßigen« und eben keinen »unrechtmäßigen« Eintritt in den Staat sucht, wie es der Haftgrund vorsieht. Staaten können jedoch im Sinne des Art. 53 EMRK über ihre konventionsrechtlichen Verpflichtungen hinausgehend Immigranten mit noch anhängigem Asylverfahren gesetzlich den Eintritt in ihr Staatsgebiet bzw. den Aufenthalt dort gewähren. Ob dann der Haftgrund des unberechtigten Eindringens in das Staatsgebiet im Einzelfall vorliegt, hängt maßgeblich vom innerstaatlichen Recht ab.

Eine Inhaftierung bei einer geplanten Abschiebung oder Ausweisung unterliegt, um den Missbrauch des Haftgrunds zu verhindern, einer strikten Zweckbindung. Voraussetzung ist, dass ein schwebendes Ausweisungsverfahren besteht. Mit Blick auf das Willkürverbot muss nicht geprüft werden, ob neben diesem Zweck ein weiterer Haftgrund wie etwa die Verhinderung einer Straftat oder Fluchtgefahr vorliegt; auch eine Haft allein aus Gründen der erleichterten Durchführung der notwendigen Administrativverfahren ist zulässig. Im Fall *Saadi* kommt der Gerichtshof zu dem Schluss, dass es angesichts der schwierigen Verwaltungsprobleme, insbesondere des enormen Anstiegs der Zahl von Asylwerbern, nicht unvereinbar mit Art. 5 Abs. 1 lit. f EMRK ist, den Beschwerdeführer sieben Tage lang unter angemessenen Bedingungen anzuhalten, um die rasche Behandlung seines Asylantrags zu ermöglichen. Dabei wird auch der

Umstand berücksichtigt, dass die Bereitstellung eines effektiven Systems zur Entscheidung einer großen Zahl von Asylanträgen die weiterreichende Inanspruchnahme von Haftbefugnissen entbehrlich macht.[15]

Der Haftgrund nach lit. f besteht für die Dauer des Ausweisungsverfahrens. Zwar schreibt die Bestimmung keine bestimmte Dauer für das Ausweisungsverfahren vor. Wenn die Verfahren allerdings nicht mit der notwendigen Sorgfalt geführt werden, liegt eine Verletzung von Art. 5 Abs. 1 lit. f EMRK vor.[16] Benötigen auszuweisende Personen, die aufgrund von Art. 5 Abs. 1 lit. f EMRK inhaftiert sind, Reisedokumente von einem anderen Staat, so ist deren Ausstellung mit Nachdruck zu verfolgen bzw. sind Verhandlungen mit den zuständigen Behörden zu führen, um die Übermittlung der Dokumente zu beschleunigen. Ferner sind die Staaten verpflichtet, die Einreiseerlaubnis der Auszuweisenden in die Zielländer sicherzustellen. Im Übrigen verlangt das Gebot der Rechtssicherheit, dass klar ist, in welches Land der Betroffene abgeschoben werden soll.[17]

Bei Inhaftierungen zum Zweck der Ausweisung (Abschiebung) ist zu berücksichtigen, dass es sich meist um Personen handelt, die unter Lebensgefahr aus ihren Heimatländern geflohen sind. Insofern verlangt der EGMR angemessene Haftumstände und -bedingungen. Auch die Dauer der Haft muss mit Blick auf das verfolgte Ziel angemessen sein, wobei die Angemessenheit der Verfahrensdauer wiederum von den jeweiligen Haftumständen abhängt. Unverhältnismäßig lang und in Zusammenschau mit den unangemessenen Haftbedingungen nicht in Einklang mit den Anforderungen des Art. 5 Abs. 1 lit. f EMRK war für den EGMR eine dreimonatige Haft während eines anhängigen Asylverfahrens.[18] Da Kinder in Abschiebungshaft als außerordentlich schutzbedürftig (»position of extreme vulnerability«) anzusehen sind, ist insofern ein strengerer Maßstab anzulegen. Dies gilt auch dann, wenn sie von einem Elternteil begleitet werden.[19]

Die EMRK ermöglicht mit dem Haftgrund des Art. 5 Abs. 1 lit. f EMRK in weitem Umfang die Inhaftierung von unrechtmäßig eingereisten Personen bzw. solchen, denen eine Ausweisung droht. Regelmäßig sehen die innerstaatlichen Rechtsordnungen für die entsprechenden Inhaftierungen strengere Voraussetzungen vor, so dass nach dem Günstigkeitsprinzip (Art. 53 EMRK) diese zur Anwendung kommen. Gleichwohl können insbesondere die verfahrensrechtlichen Anforderungen, die der EGMR aus Art. 5 Abs. 1 lit. f EMRK ableitet, auch für das im Allgemeinen günstigere innerstaatliche Recht relevant werden. Das betrifft insbesondere die zügige Durchführung der relevanten Verfahren und die Organisation der Verwaltung, insbesondere im Hinblick auf Massenverfahren.

Von der Inhaftierung sind Maßnahmen zu unterscheiden, die lediglich die Bewegungs- bzw. Niederlassungsfreiheit beschränken, wie etwa Residenzpflichten. Sie sind am Recht auf Freizügigkeit gem. Art. 2 4. ZPEMRK zu messen, das allerdings nur Personen zusteht, die sich rechtmäßig im jeweiligen Staatsgebiet aufhalten. Die Rechtsprechung hat die räumliche Beschränkung von vorläufigen Aufenthaltstiteln, die bis zum Abschluss eines Asylverfahrens oder im Wege der Aussetzung des Vollzugs einer Ausweisungsverfügung verliehen wurden, für mit Art. 2 4. ZPEMRK vereinbar gehalten.[20] Es ist daher konventionsrechtlich zulässig, die Freizügigkeit von Personen mit einem vorläufigen Aufenthaltstitel etwa auf bestimmte Kreise oder Städte zu begrenzen.

VII. Verfahrensrechte

Die Verfahrensgarantien des Art. 6 EMRK finden keine Anwendung auf Asylverfahren, da diese weder den zivilrechtlichen noch den strafrechtlichen Angelegenheiten zugeordnet werden. Allerdings ist im Anwendungsbereich des Unionsrechts Art. 47 Grundrechtecharta (GRC) zu beachten, der alle Verfahren (auch jene des öffentlichen Rechts) erfasst. Im Kontext der EMRK kann das Recht auf einen effektiven Rechtsbehelf (Art. 13 EMRK) in Zusammenhang mit Ausweisungsverfahren verletzt sein. Der EGMR hat eine Verletzung dann angenommen, wenn dem Asylbewerber droht, ohne eine ernsthafte Überprüfung seines Asylantrags direkt oder indirekt über einen »sicheren Drittstaat« in sein Herkunftsland abgeschoben zu werden, und ihm kein Rechtsmittel zugänglich ist.[21] Diese mögliche Verletzung des Rechts auf einen effektiven Rechtsbehelf ist gewissermaßen die logische Konsequenz aus der Annahme einer möglichen Verletzung durch aufenthaltsbeendende Maßnahmen eines Staates (siehe oben I.), gewährt doch Art. 13 EMRK als akzessorisches Recht einen effektiven Rechtsbehelf zur Geltendmachung einer möglichen Verletzung eines in der Konvention gewährleisteten Rechts. Auch wenn Art. 13 EMRK die Verfahrensgarantien des Art. 6 EMRK nicht in vollem Umfang umfasst, folgt daraus doch ein Mindestmaß an effektiver Kontrolle der einzelnen Ausweisungsentscheidung mit Blick auf die möglicherweise verletzten Konventionsrechte.[22]

Besondere Bedeutung auch für das deutsche Recht hat die Rechtsprechung des EGMR im Hinblick auf die Effektivität des Rechtsschutzes in Ausweisungsfällen gewonnen. Der Gerichtshof verlangt in jenen Fällen, in denen dem Betroffenen nach seiner Abschiebung eine dem Art. 3 EMRK widersprechende Behandlung im Aufnahmestaat droht, dass ein effektiver Rechtsbehelf einen automatischen Suspensiveffekt aufweist.[23] Das gilt entsprechend der oben erwähnten Rechtsprechung auch dann, wenn die Abschiebung in einen sogenannten »sicheren Drittstaat« erfolgt. Dementsprechend stand der im deutschen Asylverfahrensgesetz vorgesehene Ausschluss der aufschiebenden Wirkung bei Abschiebungen in einen sicheren Drittstaat im Widerspruch zu den Anforderungen, die nach der Straßburger Rechtsprechung aus Art. 13 EMRK abgeleitet werden. Mit der Gesetzesänderung des Jahres 2013 wurde die entsprechende Bestimmung des Asylverfahrensgesetzes geändert.[24]

VIII. Recht auf Familiennachzug

Gewährleistet die EMRK ein Recht auf Familiennachzug? Bei der konventionsrechtlichen Beurteilung von aufenthaltsbeendenden Maßnahmen spielt das Recht auf Privat- und Familienleben eine große Rolle für die Bestimmung von Grenzen der Ausweisung und Abschiebung. Beim Familiennachzug geht es aber darum, ob für Familienangehörige eines Ausländers die Einreise und der Aufenthalt ermöglicht werden müssen. Die Einreise in Konventionsstaaten ist für eigene Staatsbürger in Art. 3 4. ZP EMRK geregelt, wonach niemandem das

Recht entzogen werden darf, in das Hoheitsgebiet des Staates einzureisen, dessen Staatsangehöriger er ist. Ausländern steht ein solches Recht nicht zu. Es ist Sache der Mitgliedstaaten, die Einreise und den Aufenthalt von Fremden in das eigene Staatsgebiet zu kontrollieren.[25] Der EGMR gesteht insofern den Mitgliedstaaten einen weiten Gestaltungsspielraum zu und hat bislang nur in einzelnen Ausnahmefällen einen Anspruch auf Einreise für einzelne Familienmitglieder angenommen, um das Zusammenleben der Familie gerade im betroffenen Mitgliedstaat zu ermöglichen. Art. 8 EMRK vermittelt regelmäßig kein Recht, den geeignetsten Ort für das familiäre Zusammenleben zu wählen.[26] So kann die Eheschließung mit einer Person, die im Mitgliedstaat rechtmäßigen Aufenthalt genießt, noch nicht zu einem Recht auf Einreise und Aufenthalt führen.[27] Nur in exzeptionellen Einzelfällen kann sich aus dem Recht auf Achtung des Familienlebens gemäß Art. 8 EMRK eine positive Verpflichtung des Staates ergeben, das Zusammenleben im Mitgliedstaat zu ermöglichen und Familienangehörigen die Einreise zu gestatten.[28] Einen solchen Ausnahmefall hat der Gerichtshof im Fall *Şen* angenommen, in dem es um das Einreiserecht eines Kindes von Einwanderern ging, das im Herkunftsland verblieben war. Maßgeblich war hier, dass das Familienleben wegen der Integration von weiteren im Aufnahmestaat geborenen Kindern nur dort stattfinden konnte, so dass der Familiennachzug die einzige adäquate Möglichkeit war, ein Familienleben zu gewährleisten.[29]

Angesichts dieser Rechtsprechung lässt sich festhalten, dass die EMRK den Staaten bei der Ausgestaltung der Bedingungen des Familiennachzugs weiten Gestaltungsspielraum überlässt. Nur in Ausnahmekonstellationen kann sich aus dem Recht auf Familienleben ein Anspruch auf Einreise zum Zwecke der Familienzusammenführung ergeben. Relevanter Gesichtspunkt ist dabei, ob zum Zeitpunkt der Begründung des Familienlebens den betroffenen Personen bewusst war, dass aufgrund unsicheren Aufenthaltsstatus eines Involvierten das Zusammenleben im Aufnahmestaat unsicher war. Sind Kinder betroffen, ist deren Wohl besonders zu berücksichtigen.[30] Eckpunkte, die sich für die Regelung des Familiennachzugs ergeben, können außerdem indirekt aus der Rechtsprechung zu den Ausweisungsbeschränkungen aus Gründen der Gewährleistung des Familienlebens gewonnen werden, wobei angesichts der Unterschiede zwischen Beschränkungen der Ausreise (abwehrrechtliche Dimension) und Gewährleistung der Einreise (Gewährleistungspflicht, völkerrechtliche Befugnis, über die Einreise zu entscheiden, geringe Kontrolldichte) eine Umsetzung im strengen Sinn nicht geboten ist.[31] Im Hinblick auf rechtspolitische Überlegungen, den Familiennachzug zu beschränken, kann es unter konventionsrechtlichen Gesichtspunkten entscheidend sein, dass den Betroffenen frühzeitig bekannt ist, dass ihr Aufenthalt im Aufnahmestaat von begrenzter Dauer bzw. unsicher ist und sie mit einer Rückführung rechnen müssen, sollte sich die Situation im Herkunftsland verbessert haben. Auch die Tatsache einer Begrenzung des Familiennachzugs sollte Betroffenen bekannt sein. Einer faktischen Verfestigung des Aufenthalts wird damit zumindest in gewisser Weise entgegengewirkt. Zudem ist es im Licht der Straßburger Rechtsprechung angeraten, im Rahmen der rechtlichen Ausgestaltung im

Sinne einer Ausnahmeklausel für bestimmte Härtefälle den Familiennachzug zu ermöglichen.

IX. Resümee

In der Zusammenschau der einschlägigen Rechtsprechung des EGMR zeigt sich, dass sich – abgesehen von der konventionsrechtlichen Beurteilung von aufenthaltsbeendenden Maßnahmen – bislang noch kein umfassender menschenrechtlicher Rahmen für den Umgang mit Flüchtlingen und Einwanderern bei der Aufnahme in Mitgliedstaaten der Konvention entwickelt hat. Weder für die Fragen der Aufnahme, noch für Fragen der Versorgung oder des Familiennachzugs lassen sich aus der derzeitigen Rechtsprechung jenseits von Einzelfällen Vorgaben entnehmen. Das gibt den Mitgliedstaaten einen relativ weiten Spielraum bei der Gestaltung des Einwanderungsrechts und der Regelung des Familiennachzugs. Ob angesichts der enormen Flüchtlingszahlen der letzten Jahre die Rechtsprechung des EGMR zunehmend auch für diese Fragen menschenrechtliche Standards aus der Konvention ableiten wird, kann sich angesichts der Notwendigkeit der Erschöpfung des innerstaatlichen Instanzenzuges und der Verfahrensdauer erst in einigen Jahren zeigen. Dass der Straßburger Gerichtshof von der Zuwanderung und allen damit zusammenhängenden menschenrechtlichen Fragen unberührt bleiben wird, ist unwahrscheinlich. Schon jetzt lässt sich der Rechtsprechung entnehmen, dass die Gewährleistung von zügigen und sorgfältigen Verfahren und gegebenenfalls die Einräumung effektiver Rechtsbehelfe jedenfalls ein Gebot der EMRK ist.

1 EGMR, 7.7.1989, *Soering gg. Vereinigtes Königreich*, Nr. 14038/88, Z. 91.

2 Im Einzelnen zu diesen Konstellationen und zur Rechtsprechung *Zimmermann/Elberling*, in: Dörr/Grote/Marauhn (Hrsg.), EMRK/GG. Konkordanzkommentar, 2 Aufl. 2013, Kap. 27 Rn. 6 ff.

3 Vgl. erneut *Zimmermann/Elberling*, EMRK/GG, Kap. 27 Rn. 97 ff.

4 Siehe etwa *Kraft*, Vom Konflikt zur Konvergenz, NVwZ 2014, 969 ff.

5 Vgl. etwa EGMR, 30.10.1991, *Vilvarajah gg. Vereinigtes Königreich*, Nr. 13163/87, Z. 102; EGMR, 15.11.1996, *Chahal gg. Vereinigtes Königreich*, Nr. 22414/93, Z. 73 f.

6 EGMR, 5. 2. 2002, *Čonka gg. Belgien*, Nr. 51564/99, Z. 56; EGMR, 20. 9. 2007, *Sultani gg. Frankreich*, Nr. 45223/05, Z. 81 ff.; EGMR, 23. 2. 2012 (GK), *Hirsi Jamaa u. a. gg. Italien*, Nr. 27765/09, Z. 177; EGMR, 23. 7. 2013, *M. A. gg. Zypern*, Nr. 41872/10, Z. 245, 254.

7 EGMR (GK), 23. 2. 2012, *Hirsi Jamaa u. a. gg. Italien*, Nr. 27765/09, Z. 185; EGMR, 21. 10. 2014, *Sharifi u. a. gg. Italien u. Griechenland*, Nr. 16643/09, Z. 217.

8 EGMR (GK), 23. 2. 2012, *Hirsi Jamaa u. a. gg. Italien*, Nr. 27765/09, Z. 179; EGMR, 21. 10. 2014, *Sharifi u. a. gg. Italien u. Griechenland*, Nr. 16643/09, Z. 224.

9 EGMR (GK), 23. 2. 2012, *Hirsi Jamaa u. a. gg. Italien*, Nr. 27765/09, Z. 166 ff., 185; vgl. dazu *Lehnert/Markard*, Mittelmeerroulette – Das Hirsi-Urteil des EGMR und die europäische Grenzschutzpolitik auf See, ZAR 2012, 194 ff.; *Weber*, Menschenrechtlicher Schutz von Bootsflüchtlingen. Bedeutung des Straßburger Hirsi-Jamaa-Urteils für den Flüchtlingsschutz, ZAR 2012, 265 ff.

10 EGMR, 21. 10. 2014, *Sharifi u. a. gg. Italien u. Griechenland*, Nr. 16643/09, Z. 223.

11 EGMR (GK), 21.1.2011, *M.S.S. gg. Belgien u. Griechenland*, Nr. 30696, Z. 249; so schon EGMR, 26.4.2005, *Müslim gg. Türkei*, Nr. 53566/99, Z. 85.

12 EGMR (GK), 21.1.2011, *M.S.S. gg. Belgien u. Griechenland*, Nr. 30696, Z. 254 ff.

13 Siehe dazu *Isensee*, in diesem Band, S. 233 ff.

14 Siehe dazu *Grabenwarter/Pabel*, Europäische Menschenrechtskonvention, 6. Aufl. 2016 (im Erscheinen), § 21 Rn. 35 ff.

15 EGMR (GK), 29.1.2008, *Saadi gg. Großbritannien*, Nr. 13229/03, Z. 72 ff.

16 Vgl. jüngst EGMR, 24.3.2015, *Gallardo Sanchez gg. Italien*, Nr. 11620/07, Z. 40.

17 EGMR, 11.10.2011, *Auad gg. Belgien*, Nr. 46390/10, Z. 130 ff.

18 EGMR, 13.12.2011, *Kanagaratnam u.a. gg. Belgien*, Nr. 41442/07, Z. 94 f.; EGMR, 23.7.2013, *Suso Musa gg. Malta*, Nr. 42337/12, Z. 102 f.

19 Z.B. EGMR, 19.1.2012, *Popov gg. Frankreich*, Nr. 39472/07, Z. 119; EGMR, 13.12.2011, *Kanagaratnam u.a. gg. Belgien*, Nr. 41442/07, Z. 86 ff.

20 Siehe etwa EGMR, 20.11.2007, *Omwenyeke gg. Deutschland*, Nr. 44294/04. Ob auch dauerhafte Aufenthaltstitel im Lichte des Art. 2 4. ZPEMRK räumlich beschränkt werden dürfen, ist im Schrifttum umstritten, vgl. etwa *Hoppe*, in: Karpenstein/Mayer (Hrsg.), EMRK. Kommentar, 2. Aufl. 2015, Art. 2 ZP IV Rn. 6; *Giegerich*, in: EMRK/GG, Kap. 26 Rn. 81 f.

21 EGMR (GK), 21.1.2011, *M.S.S. gg. Belgien u. Griechenland*, Nr. 30696, Z. 321.

22 Zum Umfang der Gewährleistung siehe für alle *Breuer*, in: Karpenstein/Mayer, Art. 13 Rn. 42 ff.

23 Siehe etwa EGMR, 5. 2. 2002, *Čonka gg. Belgien*, Nr. 51564/99, Z. 66; EGMR (GK), 21.1.2011, *M.S.S. gg. Belgien u. Griechenland*, Nr. 30696, Z. 243.

24 Siehe dazu *Zimmermann/Elberling*, in: EMRK/GG, Kap. 27 Rn. 157 f.; *Breuer*, in: Karpenstein/Mayer, Art. 13 Rn. 51 f.; *Grabenwarter/Pabel*, EMRK, § 24 Rn. 201 f.

25 EGMR, 28.5.1985, *Abdulaziz u.a. gg. Vereinigtes Königreich*, Nr. 9214/80, Z. 67.

26 EGMR (GK), 3.10.2014, *Jeunesse gg. Niederlande*, Nr. 12738/10, Z. 107.

27 EGMR, 28.5.1985, *Abdulaziz u.a. gg. Vereinigtes Königreich*, Nr. 9214/80, Z. 68.

28 Vgl. *Zimmermann/Elberling*, in: EMRK/GG, Kap. 27 Rn. 126 ff.

29 EGMR, 21.12.2001, *Şen gg. Niederlande*, Nr. 31465/96, Z. 40 ff.; siehe auch EGMR (GK), 3.10.2014, *Jeunesse gg. Niederlande*, Nr. 12738/10, Z. 113 ff.

30 EGMR (GK), 3.10.2014, *Jeunesse gg. Niederlande*, Nr. 12738/10, Z. 108 f.

31 Siehe auch EGMR (GK), 3.10.2014, *Jeunesse gg. Niederlande*, Nr. 12738/10, Z. 104.

V.

Bernhard Kempen

Abschiebung

I. Bilder, Begriffe, Fakten

Auf einen freundlichen Empfang und einen mehr oder minder gelungenen Aufenthalt folgt der Rausschmiss. Die dabei entstehenden Bilder stimmen nicht froh. Menschen, die sich dagegen sträuben, ein Flugzeug zu betreten, und von Polizisten gleichwohl hineingezwungen werden, zornige, verbitterte, verzweifelte, leidende und enttäuschte Gesichter, weinende Kinder. Das sieht aus wie die hässliche Seite der weltoffenen Bundesrepublik mit ihrer freundlichen Willkommenskultur. Die Presse spricht, ohne zu ahnen, dass sie dem gängigen englischen Rechtsbegriff *deportation of aliens* nahe kommt, von Deportationen und spekuliert auf eine grauenvolle historische Assoziation. Politiker meiden vorsichtshalber schon das Wort ›Abschiebung‹ und reden lieber von Rückführungen. Im Rückführen schwingt immerhin etwas Fürsorgliches mit, während das Abschieben sozial kalt und herzlos klingt. Noch schlimmer tönen nur die ›Ausschaffungen‹ in der Schweiz. In Baden-Württemberg spricht die Landesregierung neuerdings von ›Rückführungsmanagement‹ und meint beschleunigte Abschiebungen. Auf der Grundlage einer Gemeinsamen

Erklärung der Innenminister und -senatoren wurde beim Bundesamt für Migration und Flüchtlinge im Dezember 2014 eine neue »Bund-Länder-Koordinierungsstelle Integriertes Rückkehrmanagement (BLK-IRM)« eingerichtet. Dass mehr und ›konsequenter‹ abgeschoben werden soll, darüber besteht angesichts des Flüchtlingszuzugs der letzten beiden Jahre weitgehend Einigkeit.

Tatsächlich ist die Zahl der Abschiebungen im Jahr 2015 deutlich gestiegen. Bis November 2015 wurden über 18.000 Abschiebungen gezählt. Im Jahr 2014 waren es noch knapp unter 11.000. In den einzelnen Bundesländern war der Anstieg dabei unterschiedlich stark, in Bayern und Hessen verdreifachte sich die Zahl der Abschiebungen, in Baden-Württemberg verdoppelte sie sich[1]. Die Erklärung für die Gesamtentwicklung liegt auf der Hand. Der Flüchtlingszuzug im Jahr 2015 beziffert sich schätzungsweise auf 1 Million Menschen[2]. Das stellt die Leistungsfähigkeit der aufnehmenden Bundesländer und der Kommunen auf eine außerordentlich harte Probe, und in dieser Situation soll mit den forcierten Abschiebungen dreierlei erreicht werden. Erstens soll das politische Abschreckungssignal in die Herkunftsstaaten ausgesendet werden, dass nicht jeder Ankömmling dauerhaft in Deutschland bleiben können wird, zweitens soll in den verschiedenen aufnehmenden Sozialsystemen Platz geschaffen werden für neu hinzukommende Flüchtlinge, und drittens soll der eigenen Bevölkerung vermittelt werden, dass der Flüchtlingszuzug administrierbar sei. Vieleicht aber, und das wäre ein zusätzliches und nicht das schlechteste Motiv, soll mit den vermehrten Abschiebungen eine Hinwendung zum geltenden Recht vollzogen werden, dazu sogleich mehr.

Die Abschiebungen des Jahres 2015 beziehen sich nur zum geringen Teil auf die Neuzugänge des selben Jahres. Deren Asylanträge waren überwiegend noch nicht bearbeitet und sind in vielen Fällen noch nicht einmal gestellt worden. Abgeschoben wurden hauptsächlich ausreisepflichtige Ausländer, die in den Jahren zuvor in die Bundesrepublik kamen. Von der Gesamtabschiebungszahl 35.000 des Jahres 2000[3] war die Bundesrepublik im Jahr 2015 weit entfernt. Damals galt es den Flüchtlingszuzug der 90er Jahre aus den Balkanstaaten administrativ zu verarbeiten. Viel Phantasie gehört nicht zu der Prognose, dass die Gesamtzahl der Abschiebungen im Jahr 2016 sehr deutlich über der des Jahres 2015 liegen wird.

Die statistisch erfasste Zahl der Abschiebungen ist für sich genommen aber noch gar nicht aussagekräftig. Auch die Steigerungsraten im Verlauf mehrerer Jahre sagen noch nicht viel aus. Interessant und aussagekräftig wird die Zahl der Abschiebungen erst in der Relation zur Zahl der ausreisepflichtigen Personen. Im Jahr 2013 standen 131.000 ausreisepflichtigen Asylbewerbern 10.000 Abschiebungen und 6.000 freiwillige Ausreisen gegenüber, im Jahr 2014 waren es 154.000 Ausreisepflichtige, 11.000 Abschiebungen und 10.000 freiwillige Ausreisen[4]. Dies bedeutet, dass im Jahr 2014 rund 86 Prozent der Ausreisepflichtigen ihrer Rechtspflicht zur Ausreise nicht nachgekommen sind. Für das Jahr 2015 liegen noch keine Zahlen vor.

II. Missverstandene Ausreisepflicht

Abschiebung ist ein Verwaltungszwangsmittel zur Durchsetzung einer vollziehbaren Ausreisepflicht. Die vollziehbare Ausreisepflicht kann durch Gesetz oder durch Verwaltungsakt begründet werden (§ 58 Abs. 2 AufenthG). Sie entsteht u.a. kraft Gesetzes bei unerlaubter Einreise, sie wird durch eine behördliche, bestandskräftige Ausweisungsverfügung hergestellt, oder sie tritt nach Ablauf einer Aufenthaltsbefristung ein.

Die Ausreisepflicht ist Rechtspflicht. Sie ist verbindlich und unverzüglich zu befolgen. Sie ist mehr und etwas anderes als ein bloßer Wunsch, eine Bitte, eine Anregung oder eine Empfehlung. Aber sie wird von vielen Betroffenen nicht als verbindliche Rechtspflicht verstanden. Die Ausreisepflichtigen richten sich in großer Zahl darauf ein, dass sie trotz bestehender Ausreisepflicht noch für längere, oft Jahre währende Zeiträume in Deutschland bleiben können. Das Beispiel einer Roma-Familie, der das Verwaltungsgericht Göttingen nach 17 Jahren Aufenthalt in Deutschland beschied, dass sie mit einer Abschiebung zu rechnen habe[5], illustriert dies recht anschaulich. Für derlei Missverständnisse und ihre unerträglichen Folgen – eine Abschiebung nach 17 Jahren ist kaum vertretbar – dürfte in erster Linie nicht Unwille oder Unkenntnis der Adressaten ursächlich sein, sondern eine kombiniertes Versagen von Legislative, Exekutive und Judikative. Der Aufenthalt trotz Ausreisepflicht hat Methode, weil die staatlichen Gewalten widersprüchlich kommunizieren und agieren.

1. Ausreisepflicht und Abschiebung

Nicht jeder ausreisepflichtige Ausländer darf abgeschoben werden. Der Gesetzgeber hat den Grundsatz der Verhältnismäßigkeit berücksichtigt, als er zusätzliche Voraussetzungen aufstellte. Das Gesetz vertraut grundsätzlich und zu Recht auf den Rechtsgehorsam des Ausreisepflichtigen und sieht insoweit zunächst von staatlichem Zwang ab. Erst wenn das Vertrauen erschüttert ist, besteht eine hinreichende Legitimation für Eingriffe in die Grundrechtssphäre der Betroffenen. Weitere gesetzliche Tatbestandsvoraussetzung ist daher, dass die freiwillige Erfüllung der Ausreisepflicht nicht gesichert ist oder aus Gründen der öffentlichen Sicherheit oder Ordnung eine Überwachung der Ausreise erforderlich ist (§ 58 Abs. 1 Satz 1 AufenthG). Liegen diese Tatbestandsvoraussetzungen aber vor, ist die Abschiebung die vom Gesetz vorgesehene Rechtsfolge, die behördlich im Wege gebundener Verwaltung herbeizuführen ist (»ist abzuschieben«).

Die Eindeutigkeit dieses rechtlichen Befundes überrascht. Denn die oben erwähnte Relation von Ausreisepflichtigen zu abgeschobenen Personen legt fast die Vermutung nahe, dass die Entscheidung über die Abschiebung eine behördliche Ermessensentscheidung sei. Vor allem aber lässt das politische Reden über die – je nach politischer Couleur – »konsequente« oder »liberale« Abschiebungspraxis an weitläufige behördliche Letztentscheidungsspielräume denken. Solche Spielräume bestehen indes nicht, jedenfalls nicht hinsichtlich der grundlegenden gesetzlichen Entscheidung, dass Ausreisepflichtige, für die keine verlässliche Ausreiseprognose gestellt werden kann, abzuschieben sind. Erst an anderer

Stelle im gestuften gesetzlichen System können behördliche Ermessensspielräume Platz greifen.

2. Abschiebungsverbote

Die gesetzlich verankerten Abschiebungsverbote (§ 60 AufenthG) stellen das Prinzip der gebundenen behördlichen Abschiebung nicht auf den Kopf und noch nicht einmal in Frage. Die zielstaatsbezogenen Abschiebungsverbote betreffen nicht die Abschiebung als solche. Hier bleibt die Abschiebung weiter die gesetzlich angeordnete Rechtsfolge, sofern sie in einen anderen Staat als den unsicheren Zielstaat erfolgen kann (§ 60 Abs. 10 AufenthG). Dass die zielstaatsbezogenen und die inlandsbezogenen Abschiebungsverbote aus völkerrechtlichen Gründen (Genfer Flüchtlingskonvention[6]), aus Gründen des europäischen Menschenrechtsschutzes (Europäische Menschenrechtskonvention) und aus Gründen des Unionsrechts (Qualifikationsrichtlinie[7]) zu Recht bestehen, der Gesetzgeber konsequenterweise lediglich anordnete, wozu er die Bundesrepublik zuvor gemeinsam mit den anderen Trägern der auswärtigen Gewalt völkerrechtlich verpflichtet hatte, versteht sich von selbst.

Nicht ganz selbstverständlich ist allerdings die Reichweite der völkerrechtlichen Abschiebungsverbote. Hier stellen sich in inhaltlicher Hinsicht diffizile Auslegungsfragen und in prozeduraler Hinsicht nicht minder diffizile, weil sehr grundsätzliche Zuständigkeitsfragen: Quis judicabit? Wie weit reicht die justizielle Bindungskraft des Europäischen Gerichtshofs, des Europäischen Menschenrechtsgerichtshofs und des Bundesverfassungsgerichts? Wie weit ist das Bundesverfassungsgericht an die

Interpretation der Qualifikationsrichtlinie durch den Luxemburger Gerichtshof gebunden[8], wie weit an die Non-Refoulement-Judikatur des Straßburger Gerichtshofs[9]? Werden Europäischer Gerichtshof und Straßburger Gerichtshof auseinander triften? Doch alle diese Ungewissheiten stehen nicht im Zentrum der hier kritisierten staatlichen Fehlsteuerung.

3. Duldung: Ausreisepflicht und Bleiberecht

Als kritikwürdig erweist sich die gesetzlich vorgesehene Aussetzung der Abschiebung, für die das Gesetz selbst den Begriff »Duldung« gebraucht. Sie vermittelt einerseits keinen rechtmäßigen Aufenthalt, weil sie die fortbestehende Ausreisepflicht nicht berührt (§ 60a Abs. 5 AufenthG). Zugleich aber signalisiert sie dem Ausreisepflichtigen, dass sein weiterer Aufenthalt hingenommen wird. Dies wird den Ausreisepflichtigen mit Brief und Siegel (§ 60a Abs. 4 AufenthG) bestätigt: Verpflichtet, zu gehen, und berechtigt zu bleiben. Das Gesetz statuiert keine begleitenden Hinweis-, Aufklärungs- oder Informationspflichten für die Behörden, den Ausreisepflichtigen präzise darüber aufzuklären, dass nur einstweilen von einer zwangsweisen Abschiebung abgesehen wird, im übrigen aber weiterhin die Rechtspflicht besteht, die Bundesrepublik zu verlassen. Dieser Kommunikationsmangel der sonst auf ihre Kommunikationsfreudigkeit und Bürgernähe so stolzen Verwaltung lässt viele der Ausreisepflichtigen offenbar nur das hören, was sie hören wollen, die »Duldung« nämlich, weiter im Land bleiben zu können. Wenn sich dann noch herausstellt und herumspricht, dass nach Erteilung einer »Duldung«

von weiteren Abschiebungsversuchen nur ein sehr sparsamer Gebrauch gemacht wird, darf über die genannten Zahlenverhältnisse von Ausreisepflichtigen und freiwillig Ausreisenden keine Verwunderung bestehen. Aus der Duldungs-Ausnahme wird eine Bleibe-Regel, der gesetzgeberische Wille, bei unsicherer Ausreiseprognose abzuschieben, wird in sein Gegenteil verkehrt.

a) Duldung durch den Landesinnenminister

Die in § 60a Abs. 1 AufenthG vorgesehene pauschale Duldung für ganze Gruppen von ausreisepflichtigen Ausländern erscheint fragwürdig, weil ihre tatbestandliche Konturierung unscharf und ihre Einordnung in das System staatlicher Handlungsformen zweifelhaft ist. Die Kritik entzündet sich dabei weniger an den tatbestandlichen »völkerrechtlichen oder humanitären Gründen«, unter die hinreichend sicher subsumiert werden kann. Wenn aber der zuständige Innenminister eines Bundeslandes alternativ »zur Wahrung politischer Interessen der Bundesrepublik Deutschland« ermächtigt wird, die Abschiebung von Ausländern aus bestimmten Staaten bis zu drei Monaten auszusetzen, dann wird mit dieser Ermächtigung die Verbandskompetenz des Bundes strapaziert. Es erschließt sich nicht, welche politischen Interessen der Bundesrepublik eine separate – und potentiell unterschiedliche – Wahrung durch die 16 Bundesländer erforderlich machen könnten. Mit der Leitidee des Art. 32 Abs. 1 GG (»Die Pflege der auswärtigen Beziehungen ist Sache des Bundes«) stimmt dies jedenfalls kaum überein. Und selbst wenn man annimmt, es ginge bei den »politischen Interessen der Bundesrepublik« nicht notwendig um außenpolitische, sondern um auch um innenpolitische Interessen, fragt sich, warum die Länder zum Sachwalter des Gesamtinteresses gemacht werden.

Hinzu kommt, dass die im Ermessen des Landesministers stehende generelle Duldung sich einer eindeutigen Zuordnung als Rechtsverordnung, Verwaltungsvorschrift oder Allgemeinverfügung entzieht[10]. Rechtsverordnung ist sie nicht, weil es insoweit an den formalen Voraussetzungen der Bekanntmachung und Verkündung in einem Gesetz- und Verordnungsblatt mangelt. Allgemeinverfügung ist sie nicht, weil sie den Status der Ausreisepflichtigen nicht unmittelbar regelt, sondern nur die Voraussetzungen dafür aufstellt, dass im konkreten Einzelfall die Abschiebung ausgesetzt sein soll. Und eine Verwaltungsvorschrift ist sie nicht, weil die Betroffenen sehr wohl individuelle Rechtspositionen aus der ministeriellen Duldung ableiten können. Entfernt erinnert die generelle Duldung durch den Landesinnenminister an Gnaden- oder Amnestieentscheidungen. Dazu würde passen, dass dem Ermessen des Ministers nach weit verbreiteter Ansicht so gut wie keine rechtliche Grenzen gesetzt sein sollen. Lediglich das Willkürverbot wirke ermessensleitend[11]. Dies ist indes nicht überzeugend. Es ist nicht einzusehen, warum der Regelungszusammenhang von Ausreisepflicht und Abschiebung unter einer Art politischem Gnadenvorbehalt stehen soll. Das Ermessen ist ein rechtlich determiniertes Ermessen, das sich vom sonstigen Verwaltungsermessen strukturell nicht unterscheidet und mithin einer, wenn auch begrenzten, gerichtlichen Kontrolle zugänglich ist.

Meistens ist die Schwierigkeit, bestimmte Rechtsakte in die Dogmatik der staatlichen Handlungsformen einzubetten, nichts anderes als Ausdruck einer missglückten Verantwortungszuweisung. So verhält es sich denn auch hier. Den Innenministern die Verantwortung aufzubürden, pauschale Aussetzungen von Abschiebungen anzuordnen, ist weder sachangemessen, noch notwendig, noch verfassungsrechtlich konsistent.

b) Duldung durch die Behörde

Während die Minister-Duldung eine Ermessensentscheidung ist, verpflichtet § 60 Abs. 2 Satz 1 AufenthG die Behörden, die Abschiebung auszusetzen, »solange die Abschiebung aus tatsächlichen oder rechtlichen Gründen unmöglich ist und keine Aufenthaltserlaubnis erteilt wird«. Der gesetzliche Regelungsmechanismus ist vom Ansatz her nicht zu beanstanden. Etwas Unmögliches kann nie und nimmer verlangt werden. Was allerdings alles in einer reichhaltigen, jahrelang gewachsenen Duldungspraxis als Duldungsgrund angesehen wurde, das ist in mancherlei Hinsicht nachdenkenswert.

Unter den inlandsbezogenen Duldungsgründen war die Rate der durch Krankheit eingetretenen »Unmöglichkeit« der Abschiebung am Ende so hoch, dass im Herbst 2015 verschärfte Nachweispflichten an das Bestehen einer abschiebungshindernden Krankheit gestellt wurden. Dabei ging es darum, die begründeten Indikationen von Reiseunfähigkeit (z.B. Schwangerschaft, ernsthafte Herz-Kreislauf-Erkrankungen etc.) von bloß vorgeschobenen Erkrankungen zu unterscheiden. Keine Abhilfe ist demgegenüber in Sicht, wenn mit dem Segen der Rechtsprechung[12] von einem tatsächlichen Abschiebungshindernis schon dann die Rede ist, wenn die Abschiebung bereits einmal aus tatsächlichen Gründen gescheitert war. Es ist nicht nachvollziehbar, warum aus der früheren Unmöglichkeit auf eine dauerhafte Unmöglichkeit zu schließen sein soll. Das Gesetz legt diese Sichtweise nicht nahe, es ist vielmehr zu erwarten, dass auf den ersten gescheiterten Versuch nach angemessener Zeit weitere Versuche folgen. Unverständlich ist aber auch, warum die Rechtsprechung das Fehlen eines Reisepasses oder Ausweispapiers weitgehend undifferenziert als Duldungsgrund anerkennt[13]. Dies hat dazu geführt, dass die Ausreisepflichtigen in großer Zahl ohne gültige Ausweispapiere angetroffen werden, wenn die Abschiebung durchgeführt werden soll. Vollends eigenartig mutet schließlich an, dass in der Sicht des Bundesverwaltungsgerichts eine Abschiebung auch dann unmöglich sein soll, wenn eine freiwillige Ausreise durchaus möglich wäre[14].

III. Schlussbemerkung

Nichts ist unmöglich – alles ist unmöglich. Im Zusammenwirken überlasteter Behörden, die nicht selten im Schatten eines erkennbaren Vollzugsunwillens ihrer obersten Landesbehörden tätig werden müssen, mit einer Justiz, die den gesetzlichen Regelungszusammenhang nicht immer angemessen und die Folgen ihrer Rechtsprechung fast nie berücksichtigt, wird vieles, das möglich wäre, unversehens unmöglich. Wenn es um Abschiebungen geht, gelangt der Gesetzgeber zudem nicht zu einer klaren, für die Betroffenen verständlichen Linie. Die Zahl der vollziehbar Ausreisepflichtigen, für die keine freiwillige Ausreise prognostiziert werden kann, wird weiter steigen, und nach Lage der Dinge werden die Abschiebungen bei weitem nicht Schritt halten. Das zutage tretende Vollzugsdefizit ist Bestandteil einer auch an anderen Stellen zu beobachtenden Erosion des Rechts. Sie wirkt sich auch hier schädlich aus – nicht zuletzt für die Ausreisepflichtigen, die in einem unsicheren Status zwischen vollziehbarer Ausreisepflicht und provisorischem Aufenthalt verharren.

1 Quelle www.faz.net vom 21. 12. 2015, http://www.faz.net/aktuell/politik/ fluechtlingskrise/asylbewerber-zahl-der-abschiebungen-steigt-deutlich-13978278.html

2 Der Bundesinnenminister ging im Oktober 2015 noch von rund 800.000 Flüchtlingen für das Jahr 2015 aus, Quelle: www.faz.net vom 21. 10. 2015, http://www.faz.net/aktuell/ wirtschaft/wirtschaftspolitik/deutschlands-fluechtlinge-in-grafiken-13867210.html. Das bayerische Sozialministerium ging zum Jahresende 2015 von 1,1 Millionen Flüchtlingen aus, Quelle: www.spiegel.de, http://www.spiegel.de/politik/deutschland/fluechtlinge-in-deutschland-millionen-marke-ueberschritten-a-1070050.html

3 Quelle: www.statista.de, http://de.statista.com/statistik/daten/studie/451861/umfrage/ abschiebungen-aus-deutschland/

4 Quelle: www.welt.de vom 22. 03. 2015, http://www.welt.de/politik/deutschland /article138669557/Warum-Deutschland-so-wenige-Asylbewerber-abschiebt.html

5 Quelle: www.faz.net vom 09. 12. 2015, http://www.faz.net/agenturmeldungen/dpa/nicht-integriert-gericht-erlaubt-abschiebung-nach-17-jahren-13956899.html

6 Abkommen über die Rechtsstellung der Flüchtlinge vom 28. 07. 1951, in Kraft getreten am 22. 04. 1954, BGBl. 1953 II, S. 559 und Protokoll über die Rechtsstellung der Flüchtlinge vom 31. 01. 1967, in Kraft getreten am 04. 10. 1967, BGBl. 1969 II, S. 1294.

7 Richtlinie 2011/95/EU des Europäischen Parlaments und des Rates vom 13. 12. 2011 über Normen für die Anerkennung von Drittstaatsangehörigen oder Staatenlosen als Personen mit Anspruch auf internationalen Schutz, für einen einheitlichen

Status für Flüchtlinge oder für Personen mit Anrecht auf subsidiären Schutz und für den Inhalt des zu gewährenden Schutzes, ABl. L 2011, 337/9. Vorausgegangen war bereits die Richtlinie 2004/83/EG des Rates vom 29. 04. 2004 über Mindestnormen für die Anerkennung und den Status von Drittstaatsangehörigen oder Staatenlosen als Flüchtlinge oder als Personen, die anderweitig internationalen Schutz benötigen, und über den Inhalt des zu gewährenden Schutzes, ABl. L 2004, 304/12.

8 Bemerkenswert und aufschlussreich das Urteil des EuGH vom 02. 03. 2010 in den verbundenen Rechtssachen *Aydin Salahadin Abdulla* (C-175/08), *Kamil Hasan* (C-176/08), *Ahmed Adem, Hamrin Mosa Rashi* (C-178/08) und *Dler Jamal* (C-179/08).

9 Ihren Ausgang nahm diese Rechtsprechung in der Sache *T.I./ Vereinigtes Königreich*, 43844/98, Zulässigkeitsentscheid vom 07. 03. 2000, Rec. 2000-III.

10 Zu den Schwierigkeiten einer eindeutigen Zuordnung BVerwGE 100, 335; 112, 63; 126, 192.

11 *Dienelt*, in: Renner/Bergmnn/Dienelt/ (Hrsg.), Ausländerrecht, 10. Auflage 2013, § 60a Rdnr. 3.

12 VGH BW v. 30. 07. 1997, InfAuslR 1998, 18; BVerwG v. 21. 05. 1996, Buchholz 402 240 zu § 55 AuslG 1990 Nr. 1; OVG Nds. v. 27. 12. 1994 – 13 M 6040/94.

13 Vgl. OVG Berlin v. 07. 12. 1994, InfAuslR 1994, 236. Kritisch dazu *Hailbronner*, Asyl- und Ausländerrecht, 3. Auflage 2014, Rdnr. 1192.

14 BVerwGE 105, 232.

E.
Verfassung und Integration

I.

Josef Isensee

Menschenwürde: Rettungsinsel in der Flüchtlingsflut?

Zur Leistungsfähigkeit des Art. 1 Abs. 1 GG für die Rechtspraxis

I. Umgang mit obersten Rechtsprinzipien

Der Jurist hat Hemmungen, sich ohne weiteres auf die Gerechtigkeit zu berufen. Der Laie dagegen ist schnell bei der Hand, mit der Gerechtigkeit zu argumentieren. Er folgt seinem Gefühl. Wer aber reflektiert, erkennt den Hiatus zwischen der abstrakten Rechtsidee und dem konkreten Rechtsfall und sieht, daß die Ranghöhe der Idee erkauft wird durch inhaltliche Armut und Fehlen tatbestandlicher Kontur. Soweit er nicht, dem Agnostizismus der Kelsenschule verfallen, die Gerechtigkeit von vornherein als Leerformel abtut, sieht der Jurist sich in der Schwierigkeit, den Inhalt der Rechtsidee lege artis zu bestimmen, und er begreift die Notwendigkeit, daß sie der Vermittlung durch inhaltlich gefüllte Rechtssätze bedarf. Was den von des Gedankens Blässe angekränkelten Juristen hindert, zu den Sternen zu greifen, verlockt den naiven Interpreten. Er löst seine Rechtsprobleme intuitiv auf den höchsten Höhen und erspart sich schwierige Begründung.

Eigentlich läßt das Prinzip der Menschenwürde die gleiche Rollenverteilung zwischen professionellen Rechtsinterpreten und Laien erwarten. Denn dieses Prinzip steht an Rang und Abstraktionshöhe dem der Gerechtigkeit nahe. Doch hier sind die Rollen vertauscht. Das Bundesverfassungsgericht, jedenfalls der erste Senat in seiner jüngeren Judikatur, greift in laienhafter Unbedenklichkeit unvermittelt auf die Menschenwürde zu, den »Höchstwert« der Verfassung, um praktische Rechtsfragen detailreich zu beantworten. Es übernimmt den Part des Rechtslaien und bestätigt nachdrücklich die Sottise des Bonner Zivilisten Werner Flume, der, sehr zum Verdruß seines Fakultätskollegen, des Verfassungsrichters Ernst Friesenhahn, das Bundesverfassungsgericht als »Deutschlands oberstes Laiengericht« bezeichnet hatte.[1]

II. Kreation ungeschriebener Grundrechte aus der Menschenwürde

Das Bundesverfassungsgericht zieht die Menschenwürde zuweilen als Geburtshilfe heran, wenn es ungeschriebene neue Grundrechte kreiert. Freilich beruft es sich nicht allein auf Art. 1 Abs. 1 GG, sondern daneben auf eine konkretere Verfassungsnorm, so auf das Freiheitsrecht des Art. 2 Abs. 1 GG, wenn es das allgemeine Persönlichkeitsrecht im Mikrozensusbeschluß einführt.[2] Das tatbestandlich gefaßte Grundrecht auf informationelle Selbstbestimmung stützt sich auf die Allgemeine Handlungsfreiheit (Art. 2 Abs. 1 GG) als die primäre Grundlage, diese allerdings – gleichsam als Rückversicherung – »in Verbindung« mit der Menschenwürde.[3]

Dasselbe Gespann aus allgemeinem Persönlichkeitsrecht und Menschenwürde zieht fortan das neue Grundrecht auf Gewährleistung der Vertraulichkeit und Integrität informationstechnischer Systeme.[4] Das Recht auf Leben »in Verbindung« mit der Menschenwürde bildet die sedes materiae der neu entdeckten grundrechtlichen Schutzpflicht für das ungeborene Kind.[5] Hier gewinnt die Menschenwürde konstitutive Bedeutung. Denn das Recht auf Leben ist wie die meisten Grundrechte des Katalogs auf Abwehr staatlicher Eingriffe angelegt, indes die Garantie der Menschenwürde ausdrücklich doppelfunktional konzipiert ist: als Abwehrrecht und als Schutzpflicht. Die Staatsgewalt ist verpflichtet, sowohl die Würde zu »achten«, also sich der nicht rechtfertigungsfähigen Eingriffe zu enthalten, als auch sie vor Übergriffen Privater zu »schützen« (Art. 1 Abs. 1 S. 2 GG).[6] Dagegen kommt das neue Grundrecht auf Krankenversorgung in der GKV ohne das Zitat der Menschenwürde aus; es stützt sich auf die Allgemeine Handlungsfreiheit »in Verbindung« mit der Sozialstaatsklausel.[7]

Doch das Eigengewicht der Menschenwürde nimmt zu. Im Urteil zum Luftsicherheitsgesetz beläßt das Bundesverfassungsgericht dem Recht auf Leben zwar noch den Vortritt als Zitat. Doch in der Sache stützt es sich unmittelbar auf Art. 1 Abs. 1 GG: daß der Staat das von Terroristen zur Bombe umfunktionierte Passagierflugzeug nicht abschießen dürfe, weil er damit die unbeteiligten Passagiere als Objekte behandle.[8] Den Ausschlag gibt hier nicht das Recht auf Leben, das unter Gesetzesvorbehalt steht, sondern die vorbehaltlos garantierte Menschenwürde.

Die Menschenwürde dient heute als Hauptargument, um ein Recht auf Sicherung des Existenzminimums im

Grundgesetz zu verankern und die Grundzüge des Sozialhilferechts auf Verfassungshöhe zu heben. Das ist das Ergebnis einer langen, nicht geradlinigen Entwicklung.[9] Das Signal geht vom Bundesverwaltungsgericht aus, das, 1954 in einem Grundsatzurteil mit einer obrigkeitsstaatlichen Tradition brechend, der staatlichen Rechtspflicht zur Fürsorge den Rechtsanspruch des Bedürftigen gegenüberstellt und diesen damit begründet, die Menschenwürde verbiete, den Bedürftigen lediglich als Gegenstand staatlichen Handelns zu betrachten, soweit es sich um die Sicherung des notwendigen Lebensbedarfs, also seines Daseins überhaupt, handele. Darüber hinaus beruft es sich auf Art. 2 Abs. 1 und Art. 3 GG sowie auf die demokratischen, rechts- und sozialstaatlichen Prinzipien des Art. 20 GG.[10]

Dagegen hält sich das Bundesverfassungsgericht zunächst mit dem Rekurs auf die Menschenwürde zurück. Im Jahre 1951 lehnt es den Gedanken ab, ein Grundrecht auf angemessene Versorgung aus der Menschenwürde abzuleiten, weil der Schutz des Staates, den das Grundgesetz hier fordere, sich nicht auf materielle Not beziehe, sondern auf Angriffe durch andere, wie Erniedrigung, Brandmarkung, Verfolgung, Ächtung etc.[11] Thema ist also nicht die soziale, sondern die physische Sicherheit.[12] Es erkennt jedoch die Sozialstaatsklausel (Art. 20 GG) als verfassungsrechtliche Grundlage eines Rechts auf Fürsorge an; diese könne bei der Auslegung des Grundgesetzes und anderer Gesetze von entscheidender Bedeutung sein.[13] Später erklärt das Gericht es zu den selbstverständlichen Pflichten eines Sozialstaates, jedenfalls »die Mindestvoraussetzungen für ein menschenwürdiges Dasein« zu sichern, zunächst freilich ohne ausdrücklich

Art. 1 Abs. 1 GG zu zitieren.[14] In einem weiteren Schritt wird dieses Gebot unmittelbar aus Art. 1 Abs. 1 GG »in Verbindung« mit dem Sozialstaatsprinzip abgeleitet.[15] Im Unterschied zu den anderen Grundrechtsgespannen rückt Art. 1 Abs.1 GG auf den ersten Platz. Diese Norm übernimmt zunehmend die Hegemonie und bestimmt Inhalt wie Geltungsniveau des »menschenwürdigen« Mindeststandards.[16] Die Sozialstaatsklausel (Art. 20 Abs. 1 GG) verkümmert zu einer Art Appendix.

III. Das »menschenwürdige Existenzminimum« für Asylbewerber

Die Menschenwürde bildet den alleinigen Maßstab, an dem das Asylbewerberleistungsgesetz gemessen und in wichtigen Teilen für zu eng und zu knauserig befunden wird. Ausländern, die sich auf deutschem Boden aufhalten, stehe das menschenwürdige Existenzminimum gleichermaßen zu wie Inländern, und zwar als »Menschenrecht« (in unprofessioneller Terminologie, gemeint: als Jedermann-Recht).[17]

Eine kurze Aufenthaltsdauer oder Aufenthaltsperspektive in Deutschland soll eine Kürzung des Anspruchs nicht rechtfertigen.[18] Es komme auch nicht auf den Status des Aufenthalts an.[19] »Migrationspolitische Erwägungen, die Leistungen an Asylbewerber und Flüchtlinge niedrig zu halten, um Anreize für Wanderungsbewegungen durch ein im internationalen Vergleich eventuell hohes Leistungsniveau zu vermeiden, können von vornherein kein Absenken des Leistungsstandards unter das physische und soziokulturelle Existenzminimum rechtfertigen.«[20]

Etwaige Abstriche werden an enge Voraussetzungen gebunden,[21] so daß das Bundesverfassungsgericht den rechtspolitischen Forderungen im Schrifttum ein Argument liefert, das Asylbewerberleistungsgesetz überhaupt abzuschaffen.[22] Die Quintessenz: »Die in Art. 1 Abs. 1 GG garantierte Menschenwürde ist migrationspolitisch nicht zu relativieren.«[23] Das ist die Einladungskarte der Willkommenskultur, zugleich deren Kreditkarte.

Der Anspruch auf Achtung der Würde jedes Einzelnen wirke absolut. Das Grundrecht sei dem Grunde nach unverfügbar und müsse eingelöst werden, auch wenn es der Konkretisierung und stetigen Aktualisierung durch den Gesetzgeber bedürfe. Doch der diesem anstandshalber noch attestierte »Gestaltungsspielraum« wird eingeengt durch dichte Vorgaben, die, dem einfachen Sozialhilferecht entnommen, zu Verfassungsrang kanonisiert werden, und die, einer Verordnungsermächtigung gleich, nach Inhalt, Zweck und Ausmaß bestimmen, was die physische Existenz des Menschen verlangt und was zur »Sicherung der Möglichkeit zur Pflege zwischenmenschlicher Beziehungen und zu einem Mindestmaß an Teilhabe am gesellschaftlichen, kulturellen und politischen Leben« an Mitteln (vulgo Taschengeld) nötig ist.[24] Vom hohen Podest der Menschenwürde aus sieht sich das Bundesverfassungsgericht ermächtigt, angesichts der Untätigkeit des Gesetzgebers selbst eine Übergangsregelung zur Sicherung des existenzwichtigen Bedarfs zu treffen und dabei genaue Beträge und Prozentsätze der Erhöhung, Minderung und Abrundung der Grundleistungen für Personen der Regelbedarfsstufen 1 und 2 des Asylbewerberleistungsgesetzes nach Euro und Cent auszurechnen.[25]

Maßgebend sei das Existenzniveau in Deutschland, nicht im Herkunftsland.[26] Das Gericht legt die Menschenwürde nach den Regeln und Tarifen des einfachen Rechts aus. Bedenken, daß der Pegel der gesetzlichen Sozialhilfe für Einheimische höher liegen könnte als das von der Menschenwürde gebotene Existenzminimum, kommen nicht auf. Immerhin hätte das Europarecht zum Nachdenken bewegen können, weil es eine mögliche Divergenz ausdrücklich berücksichtigt.[27]

IV. Rechtliche und politische Effekte des Menschenwürde-Arguments

Eigentlich hätte sich das Ergebnis, zu dem das Bundesverfassungsgericht gelangt, mit gleichem intellektuellem Aufwand auch aus der Sozialstaatsklausel, aus dem Allgemeinen Gleichheitssatz oder aus dem Asylgrundrecht selbst[28] herleiten lassen. Doch die Verankerung in der Menschenwürde verabsolutiert den Anspruch, entzieht ihn der Abwägung und Einschränkung, läßt keine legitime Gegenposition zu, die eine Relativierung erlaubte. Beamte brauchen eine dienstliche Anordnung nicht zu befolgen, wenn diese die solcherart qualifizierte Würde des Menschen verletzt.[29] Der Bundesrepublik wären verfassungsgerichtlich die Hände gebunden, wenn sie auf den Massenzustrom von Flüchtlingen reagieren wollte, indem sie die Leistungsofferten senkte und so ihre Attraktivität schwächte. Ein ungeschriebenes Notrecht vergleichbar dem Katastrophenfall ist für die Flut der Zuwanderer nicht vorgesehen. Der Gesetzgeber darf unter solchen Bedingungen nicht an das menschenwürdige

Existenzminimum rühren, noch nicht einmal über eine Änderung des Grundgesetzes. Art. 1 GG gehört zum harten Verfassungskern des Art. 79 Abs. 3 GG, der sich dem Zugriff der Legislative entzieht, allerdings nicht dem des Bundesverfassungsgerichts. Dieses sagt letztverbindlich, was dazugehört, was nicht. Ihm ist unbenommen, seine Sprüche zu ändern. Mit der Berufung auf die Menschenwürde schaltet das Bundesverfassungsgericht den Gesetzgeber auf ganzer Linie aus und begründet eine thematische Alleinherrschaft. So erweist sich die Wahl des Entscheidungsmaßstabs auch als Machtfrage.

Das ungeschriebene soziale Grundrecht auf Sozialhilfe ist höher plaziert und stärker sanktioniert als die ausdrücklich gewährleisteten Freiheitsgrundrechte, auf die der Verfassunggeber von 1949 sich eigentlich beschränken wollte, nicht zuletzt angesichts der unabsehbaren wirtschaftlichen und sozialen Entwicklung.[30] Ist diese nunmehr absehbar und dauerhaft stabil geworden?

Für das Bundesverfassungsgericht wäre es ein Leichtes, analog zum Recht auf das menschenrechtliche Existenzminimum weitere soziale Grundrechte aus dem Zylinder der Menschenwürde hervorzuzaubern, so die Rechte auf Gesundheit, Arbeit, Wohnung. Vollends könnte es kraft der intuitiven Gewißheit, die es hier walten läßt, alle Rechtsfragen, die sich aus dem Massenzustrom von Flüchtlingen ergeben, einzig aus der Menschenwürde, ohne Rückgriff auf die Differenzierungen des übrigen Verfassungsrechts und auf die Gesetze, beantworten und mit ihr alle Rechtswohltaten begründen: freie Einreise und dauerhaft gesicherten Aufenthalt, Schutz vor Abschiebung, Familiennachzug, Gleichstellung mit den Deutschen, Einbürgerung nach Wunsch.

Die Verwaltungs- und Gerichtspraxis haben vorgearbeitet in der weitherzigen Anwendung des Asylverfahrens, dem die Zähne der Vollstreckung, die Abschiebung, praktisch gezogen sind; schlimmstenfalls läuft es auf Duldungsakte hinaus. Das Faktum des Gebietskontakts genügt, um Verfahrensgarantien auszulösen und einen materiellen Status nachzuziehen, der sich im Laufe der Zeit dem des Inländers angleicht. Das Attribut der Menschenwürde könnte auch hier der sanften Praxis die höheren Weihen der Verfassung spenden.

V. Vorbehalt des Möglichen

In der Karlsruher Schönwetterjudikatur kommt die Möglichkeit einer Krise nicht vor, einer Krise, in der die Verteilungsmasse nicht ausreicht, um den Zustrom der Anspruchsberechtigten zu sättigen.

Ein politischer Sprecher der Willkommenskultur will etwaige Sorgen zerstreuen, indem er vorrechnet: wenn alle Flüchtlinge dieser Erde – derzeit gezählt 60 Mio. – nach Deutschland kämen, die Bevölkerungsdichte hierzulande immer noch geringer und das Sozialprodukt immer noch höher ausfielen als in Bangladesh. Träte dieser Fall ein, so hinderte das Urteil zum menschenwürdigen Existenzminimum eine Senkung des Leistungsniveaus allein für die Zuwanderer, freilich nicht die Senkung für alle. Doch auch dann träte noch jene reale Grenze zutage, der alle irdischen Ressourcen unterworfen sind: Nahrung und Geld, Raum und Integrationskraft. Alle Leistungsansprüche – das Asylrecht eingeschlossen – stehen unter dem Vorbehalt des Möglichen.[31] Die Politik will den Vorbehalt nicht wahrhaben und wehrt sich, dem Asylrecht eine quantitative Grenze zu ziehen. Kommentatoren des Art. 16a GG teilen die Auffassung und berufen sich darauf, daß der Text des Grundgesetzes von einer Obergrenze nichts sage.[32] Bislang wurde diese Rechtsmeinung noch nicht auf die praktische Probe gestellt, weil die Kapazitäten reichten. Das kann sich ändern. Knappheit läßt sich nicht mit rechtlichen Mitteln verbieten. Die Verfassung kann keine wunderbare Brotvermehrung bewirken. Einzelne Kommentatoren beruhigen sich damit, daß sich das Problem angesichts sinkender Asylbewerberzahlen praktisch erledigt habe[33] und daß der Text immer noch geändert werden könnte, wenn der Notfall einträte.[34] Das setzt freilich voraus, daß die Rechtslage nicht vorab durch das Menschenwürde-Argument für irreversibel erklärt worden ist, wie es für Unterhalt und Taschengeld der Fall ist. Das Asylgrundrecht selbst steht allerdings nach derzeitiger Auslegung des Bundesverfassungsgerichts – noch – zur Disposition des verfassungsändernden Gesetzgebers.[35]

Doch wenn der Notfall wirklich einträte, könnte es zu spät sein, die Verfassung zu ändern. Der Notfall braucht nicht rechtzeitig vorher anzuklopfen. Und wenn er es täte, so würde er in Berlin wie in Brüssel höchstwahrscheinlich ebenso überhört werden, wie vormals die lauten, der Wohlfühlpolitik ungelegenen Signale zum Flüchtlingsproblem, die aus Afghanistan, Syrien, Jordanien, dem Irak und der Türkei kamen.

Dem Kraftspruch der Kanzlerin »Wir schaffen das« korrespondiert die unbekümmerte, realitätsvergessene Prämisse des Bundesverfassungsgerichts: »Wir haben es ja.« Nachdem Angela Merkel den grauen Kittel der

Physikerin abgetan und den Sternenmantel der Welt-Schutzmantelmadonna umgelegt hat, hält ihr das Bundesverfassungsgericht nach der rechtlichen Seite hin den Mantel offen.

VI. Gesinnungsethik versus Verantwortungsethik

Dem moralischen Pathos der Menschenwürde vermag juristische Argumentation nur schwer zu widerstehen. Die Allbezüglichkeit des Verfassungsbekenntnisses lädt ein, die Menschenwürde als Heilmittel für alle Nöte des Menschen anzuwenden, zumal in der Flüchtlingskatastrophe, gleichsam als letzte Rettungsinsel inmitten der Überschwemmungsgebiete, in denen das nationale wie das europäische Recht mehr oder weniger untergehen. Angewendet in der Manier des Bundesverfassungsgerichts, tun sich unbegrenzte Möglichkeiten auf, um rechtliche Hürden der Einreise beiseite zu schieben, tatbestandliche Voraussetzungen des Asylrechts zu dehnen, seine Einschränkungen oder gar Abschaffung zu verhindern, Abschiebung zu verwehren, aufenthaltsrechtliche Statusunterschiede einzuebnen, über den Vorbehalt des Möglichen hinwegzufliegen und jede Anwandlung von Staatsraison oder nationalem Selbstbewußtsein zu ächten, wozu die Deutschen ohnehin neigen, die mit sich selber nicht ins Reine kommen und im Kosmopolitischen Rettung suchen. Eine verfassungspatriotische Stimme im Chor der Willkommenskultur: das deutsche Volk könne getrost in der Migrationsflut ertrinken, wenn nur die Demokratie des Grundgesetzes überlebe. Fiat dignitas, pereat populus.

Das religiös-ethische Potential der Menschenwürde inspiriert zu gesinnungsethischem Rigorismus, der nicht nach den Grenzen des Rechtlich-Möglichen fragt und für den reale Kapazitäten wie praktische Folgen kein Thema sind. Doch gerade das muß die staatliche Gewalt auch in Rechnung stellen, wenn sie die Menschenwürde wirksam achten und schützen soll, wie das Grundgesetz befiehlt. Hier reißt der »abgrundtiefe Gegensatz« auf, den Max Weber beschreibt: »ob man unter der gesinnungsethischen Maxime handelt – religiös geredet –: ›Der Christ tut recht und stellt den Erfolg Gott anheim‹, *oder* unter der verantwortungsethischen: daß man für die voraussehbaren Folgen seines Handelns aufzukommen hat.« Wenn die Folgen seines Tuns übel sind, wälzt der Gesinnungsethiker sie auf andere ab, auf die schlimme Welt oder auf Gott, der sie schuf. Der Verantwortungsethiker dagegen steht selber dafür ein.[36]

Der Gesinnungsethiker sieht im Massenphänomen des Menschenzustroms das Gesicht des einzelnen Flüchtlings, das Mitleid heischt. Der Verantwortungsethiker sieht die Massen mit ihrem Bedarf, mit den Chancen und den Risiken, die sie dem Land bringen. Er prüft, ob und wieweit der Staat mit seinen begrenzten Ressourcen ihnen auf Dauer gewachsen ist, und zieht die praktischen Folgerungen.

Der Gesinnungsethiker labt sich an rührenden Bildern, fühlt sich durch schöne bestätigt und hält die häßlichen, abstoßenden von sich fern. Der Verantwortungsethiker fragt nicht nach der ästhetischen und nach der moralischen Qualität der Bilder, sondern nach ihrer Wahrheit. In der Demokratie entscheiden die Medien, welche Bilder die Öffentlichkeit zu sehen bekommt.[37]

Damit herrschen sie über die Gemüter und machen das politische Klima.

VII. Thesen zur rechtlichen Relevanz der Menschenwürde für das staatliche Handeln

Im Parlamentarischen Rat kennzeichnete der Abg. Theodor Heuss die Menschenwürde als »nicht interpretierte These«.[38] Heute haben Lehre und Judikatur, zumal die des Bundesverfassungsgerichts, die Interpretation nachgeholt und bis in feinste Verästelungen ausgeführt. Es ist an der Zeit, sich der Grenzen juristischer Möglichkeiten zu erinnern und Wucherungen zurückzuschneiden. Orientierung bietet der Pionier der Menschenwürde-Exegese, Günter Dürig. Ihm galt die Menschenwürde nicht als Individualgrundrecht, sondern als überindividuelles »oberstes Konstitutionsprinzip allen Rechts«.[39] Er verwahrte sich dagegen, mit ihr als »kleine Münze« zu handeln.[40]

In diesem Sinn ein paar verfassungsrechtliche Thesen zum Normcharakter des Verfassungssatzes von der Menschenwürde und seiner rechtlichen Bedeutung für das staatliche Handeln:

1. Aus dem Bekenntnis des Grundgesetzes zur Idee universaler, vorstaatlicher Menschenrechte (Art. 1 Abs. 2 GG) folgt nicht, daß alle Menschen dieser Erde ihre Menschenrechte auf deutschem Boden ausüben dürfen.
2. Das Grundgesetz hat die Idee der Menschenwürde in der religiös-ethischen Tradition Europas vorgefun-

den[41] und erkennt sie als vorgegebenes Naturrecht an. Doch der Rechtssatz des Art. 1 Abs. 1 GG, der die Anerkennung enthält, ist staatliches positives Recht. Er gilt nur unter dessen normativen Bedingungen und innerhalb seiner Grenzen.

3. Die Garantie des Art. 1 Abs. 1 GG hat nicht teil an der Universalität der überpositiven Menschenrechte oder eines Weltethos.
4. Art. 1 Abs. 1 GG bindet die deutsche Staatsgewalt auch in ihrem auswärtigen Handeln. Aber er erweitert nicht ihre internationalen Befugnisse, und er durchbricht nicht ihre internationalen Pflichten.
5. Die Menschenwürde unterscheidet sich von den (im Doppelsinn) »nachfolgenden« Grundrechten. Sie gehört nicht zu ihnen als ein Individualgrundrecht neben anderen. Vielmehr bildet sie deren Leitidee: die Regel der Regeln, den Grund der Grundrechte.[42]
6. Die Idee als solche gilt absolut. Sie ist aber nicht einklagbar, nicht tatbestandlich umgrenzt, nicht einschränkbar und abwägbar, nicht bedingt und nicht situationsverhaftet. Sie unterscheidet nicht zwischen Normalität und Ausnahmefall.
7. Von der Idee der Menschenwürde sind ihre praktischen Derivate zu unterscheiden: etwa das menschenwürdige Existenzminimum, Abschiebungsverbote, Datenschutz, Folterverbote etc. Diese teilen nicht die absolute Normqualität der Idee. Sie verkörpern sich in einzelnen Verfassungsnormen, wie den »nachfolgenden« Grundrechten oder dem sozialen Staatsziel, und im niederrangigen Recht. Soweit sie subjektive Rechte begründen, werden diese relativiert durch konkurrierende und kollidierende Belange, gegen

die sie abgewogen und durch die sie eingeschränkt werden können.

8. Die Idee der Menschenwürde ist – wie die Idee der Gerechtigkeit – nicht unmittelbar zur Lösung praktischer Rechtsfragen anwendbar. Aus ihr allein lassen sich keine direkten Handlungsanweisungen deduzieren, wie die Bestimmung des Existenzminimums. Sie ist nicht das »juristische Weltenei«,[43] aus dem die Lösungen für die komplexen Flüchtlingsprobleme hervorgehen.
9. Die Idee gelangt zu rechtspraktischer Anwendbarkeit durch konkretisierende Normen, zumal durch die »nachfolgenden« Grundrechte.
10. Die juristische Problemdiskussion setzt bei den konkreten Normen an, so auch bei den thematisch einschlägigen »nachfolgenden« Grundrechten, etwa dem Asylrecht oder der Allgemeinen Handlungsfreiheit. Die Idee der Menschenwürde leitet die Interpretation dieser Normen und nimmt Einfluß auf deren Gewicht in der Güterabwägung und auf das Maß der möglichen Einschränkung.
11. Die Idee der Menschenwürde genügt sich nicht in dem jeweiligen Stand der Rechtsordnung. Sie hält diese unter stetigem Rechtfertigungszwang. Sie genügt sich noch nicht einmal in der Begrenztheit des Rechts überhaupt. Vielmehr bildet sie die »ethische Unruhe« im Rechtsstaat.[44]
12. Das Grundgesetz baut auf der Erwartung, daß jeder Mensch die Würde des anderen achtet. Die daraus folgenden rechtlichen Verpflichtungen bedürfen des förmlichen Gesetzes. Nächstenliebe aber, die im Fremden den Nächsten erkennt, läßt sich nicht rechtlich verordnen.

Mit diesen Thesen ist keines der komplexen Probleme gelöst, die heute anstehen. Mit dem Argument der Menschenwürde allein läßt sich auch keines lösen. Jedoch vermag der Leitgedanke der Menschenwürde politische und rechtliche Wege zu weisen, die Widersprüche zwischen rechtsstaatlicher Notwendigkeit und humanitärem Ethos zu versöhnen. Darum müssen aber die staatlichen Entscheidungsträger die Menschenwürde nicht ständig im Munde führen. Sie täten gut daran, es wie die Franzosen nach 1871 zu halten: immer daran denken, nie darüber reden.

1 Ohne Nennung des Urhebers spricht *Hans H. Klein* von dem entsprechenden Ruf des Bundesverfassungsgerichts (Gedanken zur Verfassungsgerichtsbarkeit, in: FS für Klaus Stern, 1997, S. 1135 [1146]).

2 BVerfGE 27, 1 (6 ff.).

3 *Hanno Kube*, Persönlichkeitsrecht, in: Josef Isensee/Paul Kirchhof (Hg.), Handbuch des Staatsrechts der Bundesrepublik Deutschland (= HStR), Band VII, ³2009, § 148 Rn. 31 ff.

4 BVerfGE 120, 274 (302 ff.).

5 BVerfGE 39, 1 (41); 88, 203 (251 f.).

6 *Günter Dürig*, in: Maunz/Dürig, Grundgesetz, Stand 1958, Art. 1 Abs. 1 GG, Rn. 2, 3; *Josef Isensee*, Das Grundrecht als Abwehrrecht und als staatliche Schutzpflicht, in: HStR IX, ³2011, § 191 Rn. 27 ff.

7 BVerfGE 115, 25 (41 ff., 47 ff.); B. v. 3.7.2015, Rn. 12.

8 BVerfGE 115, 118 (154 f.). Kritik: *Josef Isensee*, Menschenwürde: die säkulare Gesellschaft auf der Suche nach dem Absoluten, in: AöR 131 (2006), S. 173 (191 ff.); *ders.*, Leben gegen Leben, in: FS für Günther Jakobs, 2007, S. 205 (226 ff.).

9 Dazu *Walter Georg Leisner*, Existenzsicherung im öffentlichen Recht, 2007, S. 98 ff.; *Andreas v. Arnauld*, Das Existenzminimum, in: ders./Andreas Musil (Hg.), Strukturfragen des Sozialverfassungsrechts, 2009, S. 251 (268 ff.).

10 BVerwGE 1, 159 (160 ff.). Dazu *Horst Dreier*, Menschenwürde in der Rechtsprechung des Bundesverwaltungsgerichts, in: FG 50 Jahre BVerwG, 2003, S. 201 f.

11 BVerfGE 1, 97 (104). Frühe Kritik *Dürig* (N 6), Art. 1 Abs. 1 Rn. 43 f.

12 Zur Unterscheidung der entsprechenden Schutzpflichten *Isensee* (N 6), § 191 Rn. 11, 13, 192 ff., 196 ff.

13 BVerfGE 1, 97 (105).

14 BVerfGE 40, 121 (133).

15 BVerfGE 82, 60 (85); 99, 216 (233); 99, 246 (259).

16 BVerfGE 125, 175 Ls. 1 (222 ff.); 132, 134 (159 ff.); 137, 34 (72 ff.).

17 BVerfGE 132, 134 Ls. 1 (159). Die »Menschenrechte« gehören als überstaatliche Rechte dem Naturrecht oder dem Völkerrecht an. Sie bilden den Gegenbegriff zu den staatlichen Grundrechten, während unter letzteren zwischen Jedermann- und Deutschenrechten unterschieden wird. Zur Terminologie: *Josef Isensee*, Positivität und Überpositivität der Grundrechte, in: Detlef Merten/Hans Jürgen Papier (Hg.), Handbuch der Grundrechte (= HGR), Bd. II, 2006, § 26 Rn. 5 ff.

18 BVerfGE 132, 134 (171 ff.).

19 BVerfGE 132, 134 (164 f.).

20 BVerfGE 132, 134 (173).

21 BVerfGE 132, 134 (164 f.).

22 *Thomas Groß*, Integration durch Rechtsgleichheit, in: DVBl 2014, S. 1217 (1221); *Judith Wiebke/Ricardo Brehme*, Plädoyer für die Abschaffung des Asylbewerberleistungsgesetzes, in: KJ 2014, S. 330 ff.

23 BVerfGE 132, 134 (173).

24 BVerfGE 132, 134 (160). Vgl. auch BVerfGE 125, 175 (222 ff., 227 ff.); 137, 34 (72).

25 BVerfGE 132, 134 (177).

26 BVerfGE 132, 134 (161).

27 Die EU-Staaten können Antragstellern bei Geldleistungen oder Gutscheinen eine weniger günstige Behandlung zuteil werden lassen, insbesondere, wenn das auf eigene Staatsangehörige anzuwendende Leistungsniveau darauf abzielt, einen Lebensstandard zu gewährleisten, der über dem nach dieser Richtlinie für Antragsteller vorgeschriebenen Lebensstandard liegt (Art. 17 Abs. 5 Richtlinie 2013/33/EU des Europäischen Parlaments und des Rates vom 26. Juni 2013). Das übersieht *Groß* (N 22, S. 1221).

28 In diese Richtung BVerwG, B. v. 20.1.2010, in: NVwZ 2010, S. 452 (453). Judikatur zum Zusammenhang von Asylrecht und Menschenwürde: *Dreier* (N 10), S. 210 f.

29 § 64 Abs. 2 S. 4 BBG; § 36 Abs. 2 S. 4 BeamtStG.

30 Argument des Abg. *Theodor Heuss* in der 3. Plenarsitzung des Parlamentarischen Rates (JöR n. F. [1951], S. 43). Zur Entscheidung des Grundgesetzes gegen soziale Grundrechte *Dietrich Murswiek*, Grundrechte als Teilhaberechte, soziale Grundrechte, in: HStR IX, [3]2011, § 192 Rn. 52 ff.

31 BVerfGE 33, 303 (333); *Paul Kirchhof*, Mittel staatlichen Handelns, in: HStR V, [3]2007, § 99 Rn. 108 ff.; *Murswiek* (N 30), § 192 Rn. 63 ff.; *Walter Schmitt Glaeser*, Der freiheitliche Staat des Grundgesetzes, [2]2012, S. 244; *Otto Depenheuer*, Vorbehalt des Möglichen, in: HStR XII, [3]2014, § 269 Rn. 19 ff., 45 ff.

32 *Johannes Masing*, in: Dreier, Grundgesetz, Bd. I, [2]2004, Art. 16a Rn. 94; *Michael Sachs*, in: Klaus Stern, Das Staatsrecht der Bundesrepublik Deutschland, Bd. IV/1, 2006, S. 848; *Ulrich Becker*, in: v. Mangoldt/Klein/Starck, Grundgesetz, [6]2010, Art. 16a Rn. 146; *Andreas v. Arnauld*, in: v. Münch/Kunig, Grundgesetz, Bd. I, [6]2012, Art. 16a Rn. 33.
Dagegen nehmen eine Kapazitätsgrenze an: *Kay Hailbronner*, Kommentar zum Ausländerrecht, Bd. III, Stand 2003, B 1, Art. 16a GG Rn. 43; *Albrecht Randelzhofer*, Asylrecht, in: HStR VII, [3]2009, § 153 Rn. 62; *ders.*, in: Maunz/Dürig, Stand 2007, Art. 16a Abs. 1 Rn. 131; *Rupert Scholz*, Kein Asylrecht ohne Grenzen, in: FAZ v. 14.10.2015, Nr. 238, S. 8.

33 *v. Arnauld* (N 32), Art. 16a Rn. 33 – »allenfalls theoretisch« eine notstandsähnliche Extremsituation.

34 So *Sachs* (N 32), S. 848.

35 BVerfGE 94, 49 (85 ff.); 94, 115 (132 ff.); 94, 166 (190 ff.). Vgl. auch *Randelzhofer*, in: Maunz/Dürig (N 32), Art. 16 a Rn. 8 ff.

36 *Max Weber*, Politik als Beruf (1919), in: ders., Gesammelte Politische Schriften, 1921, S. 396 (441 f.).

37 Nach Erhebungen des Instituts für Demoskopie Allensbach hielten im Oktober 2015 47% der Bevölkerung die Berichterstattung über die Flüchtlingssituation für einseitig und nur 32% für ausgewogen; im Dezember waren es 41% zu 36% (*Renate Köcher*, Vertrauen und Skepsis – Bürger und Medien, in: FAZ v. 16.12.2015, Nr. 292, S. 8).

38 *Theodor Heuss* in der 4. Sitzung des Grundsatzausschusses v. 23.9.1948, in: Der Parlamentarische Rat 1948–1949, Akten und Protokolle, Bd. 5/I, 1993, S. 72.

39 *Günter Dürig*, Der Grundrechtssatz von der Menschenwürde, in: AöR 81 (1956), S. 117 (128 f.); *ders.*, in: Maunz/Dürig, Grundgesetz, Stand 1958, Art. 1 Abs. 1 Rn. 4 ff., 17. – Gegenposition: *Hans Carl Nipperdey*, Die Würde des Menschen, in: Neumann/Nipperdey/Scheuner, Die Grundrechte, Bd. 2, 1954, S. 1 (11 ff.).

40 *Günter Dürig*, in: Maunz/Dürig (N 6), Art. 1 Abs. 1 Rn. 16, 29.

41 Näher mit Nachw. *Josef Isensee*, Würde des Menschen, in: HGR IV, 2011, § 87 Rn. 55 ff., 85 ff.

42 Näher *Isensee* (N 41), § 87 Rn. 92 ff.

43 Metapher: *Ernst Forsthoff*, Der Staat der Industriegesellschaft, [2]1971, S. 144.

44 *Dürig* (N 6), Art. 1 Abs. 1 Rn. 16.

II.

Arnd Uhle

Integration als Staatsaufgabe. Die verfassungsrechtlichen Grundlagen

I. Einleitung

Es kann kaum einen Zweifel geben: Die eigentliche Herausforderung der sog. Flüchtlingskrise wird langfristig die Integration der gegenwärtig nach Deutschland strömenden Ausländer darstellen. Denn unabhängig davon, ob diese Menschen im Einzelfall als Asylberechtigte,[1] als Flüchtlinge im Sinne der Genfer Flüchtlingskonvention,[2] als subsidiär Schutzberechtigte[3] oder aber als Arbeitsmigranten einreisen, kommen sie jedenfalls in ihrer überwältigenden Mehrheit ganz offenkundig, um dauerhaft zu bleiben. Je höher die Zahl derer sein wird, denen der deutsche Staat dies letztlich – nach entsprechendem Verfahrensdurch- und Zeitablauf – ermöglicht, desto mehr wird aus der temporären Aufnahme von Flüchtlingen und Migranten eine dauerhafte Einwanderung werden. Diese Entwicklung wird nicht nur dazu führen, dass die innere Integration zu einer der entscheidenden Aufgaben der kommenden Jahre avancieren wird; vielmehr wird sie auch die Beantwortung hiermit verbundener verfassungsrechtlicher Fragen dringlich werden lassen: Was kann der Staat zur Integration dieser Ausländer beitragen? Auf welcher verfassungsrechtlichen Grundlage kann sich unter der Geltung des Grundgesetzes integrationsaffirmatives Staatshandeln entfalten? Welche Instrumente stehen dem Staat zur Verfügung? Und wo enden seine Möglichkeiten?

Die nachfolgenden Ausführungen nähern sich diesen Fragen in drei Schritten. Sie nehmen zunächst eine Einordnung der Integration in die Aufgaben- und Verantwortungssphären von Gesellschaft und Staat vor, widmen sich hernach einer Konturierung der Integration als staatlicher Pflichtaufgabe und enden schließlich mit einer Kategorisierung und Exemplifizierung der staatlichen Integrationsinstrumente.

II. Integration als Aufgabe von Gesellschaft und Staat

Wendet man sich dem ersten dieser drei Schritte zu, gilt es zunächst, die Integration der letztlich einwandernden Ausländer als Teil der umfassenderen, gesamtgesellschaftlichen Integration zu erfassen, sie also in den Gesamtprozess der inneren Integration einzuordnen.[4] Diese Einordnung lenkt den Blick auf eines der Charakteristika freiheitsgerechter Integration – auf den Umstand nämlich, dass eine gelingende Integration für den Verfassungsstaat, der auf der freien Zustimmung seiner Bürger gründet, zwar von schlechthin existenzieller Bedeutung ist, sein Signum aber darin besteht, diese Zustimmung um der Freiheitlichkeit willen nicht als Rechtspflicht einzufordern, sondern sie der freien Entscheidungsmacht derjenigen zu überantworten, die in ihm leben und auf deren Integrationskraft auch unter den Bedingungen von Individualfreiheit und Pluralismus zu vertrauen.[5] Das gilt auch für die Integration von Migranten.[6]

Auch wenn die permanente gesellschaftliche Identitätsstiftung und -perpetuierung primäre Aufgabe der Gesellschaft ist und zuvörderst in deren spezifische Kompetenz fällt, auch wenn innere Integration im freiheitlichen Verfassungsstaat daher vor allem gesellschaftliche Selbstintegration bedeutet, wäre es indes unzutreffend, daraus abzuleiten, dass der Staat lediglich passiver Beobachter am Spielfeldrand gesellschaftlicher Integrationsbemühungen wäre. Denn auch wenn über die Einigkeit im Inneren zuvörderst die Gesellschaft in grundrechtlich verbürgter Freiheit disponiert, schließt das nicht aus, dass der Staat hier unterstützend tätig wird – ganz im Gegenteil: Die Förderung der Integration, die freiheitsgerechte Stärkung integrationsaffirmativer Potenzen, die integrationsunterstützende Ausrichtung des Rechts sind bereits deshalb Aufgaben des Verfassungsstaates, weil mit ihnen die Bedingungen seiner Wirkmacht und seines dauerhaften Bestandes gepflegt werden. Eben dazu aber ist der freiheitsverpflichtete Staat seiner Funktion nach berufen, weil sich diese nicht in gegenwärtiger Freiheitsgewähr erschöpft, sondern gleichermaßen auch auf die Freiheitssicherung in der Zukunft bezieht. Soll also die freiheitliche Verfassungsordnung nicht historisches Zwischenspiel, nicht Episode bleiben, sondern Dauerzustand sein, dann ist Integration für den freiheitlichen Verfassungsstaat eine kaum bezweifelbare Aufgabe, mehr noch: dann liegt sie im Kernbereich staatlicher Tätigkeit und Verantwortung.[7]

Das heißt freilich nicht, dass innere Integration auf diesem Wege zu einer exklusiven Aufgabe des Staates würde. Vielmehr stellt sie, gerade weil bei ihr vorrangig die gesellschaftlichen Kräfte angesprochen sind, eine gemeinsame, eine gleichsam kondominiale Aufgabe von Gesellschaft und Staat dar.[8] Allerdings: Eine gleichartige Aufgabe für Gesellschaft und Staat ist sie deshalb nicht. Denn die Gesellschaft erbringt ihre Integrationsleistungen in grundrechtlich verbürgter Freiheit, der freiheitsverpflichtete Verfassungsstaat in verfassungsrechtlicher Bindung.

III. Integration als verfassungsstaatliche Pflichtaufgabe

1. Normative Grundlage der Verfassungspflicht

Diese bindende Verpflichtung des Staates hat unter der Geltung des Grundgesetzes ihre normative Grundlage in einem Staatsziel: dem Staatsziel der Vitalität und Dauerhaftigkeit der freiheitlichen Verfassungsordnung.[9] Dieses Staatsziel ist, dem Stil des Grundgesetzes entsprechend, nicht als abstraktes Ziel formuliert, sondern einschlussweise in konkrete Regelungen einbezogen: in die Vorkehrungen der wehrhaften Demokratie etwa, in die Schutzmechanismen gegen Störungen der Staatsorganisation, in die Regelungen der Notstandsverfassung, in die Vorsorge gegen eine Auswechslung der Verfassungsidentität. Alle diese Regelungen, so unterschiedlich ihr Regelungskontext auch sein mag, dienen in letzter Konsequenz einem Ziel: der dauerhaften Aufrechterhaltung der grundgesetzlich errichteten Verfassungsordnung. Sie indessen ist aller verfassungsrechtlichen Schutzvorkehrungen zum Trotz letztlich allein durch deren freie gesellschaftliche Annahme zu erreichen. Daher steht die freiheitsgerechte Regeneration der Zustimmung zu dieser Ordnung notwendigerweise im Zentrum des Staatsziels der Vitalität und Dauerhaftigkeit der freiheitlichen Verfassungsordnung.[10] Dessen Erreichung wird ohne gelingende innere Integration von vornherein verfehlt.

2. Zwei Dimensionen der Inpflichtnahme

Folgt nun die Aufgabe verfassungsstaatlicher Integrationspflege aus einem Staatsziel, dann resultiert daraus zunächst, dass ihre Wahrnehmung für den Staat eine verbindliche Pflicht ist.[11] Für die staatlichen Gewalten wirkt sich das gleichermaßen als Verbot wie auch als Gebot aus: als Verbot, integrationsbehindernd bzw. -schwächend zu wirken, und als Gebot, integrationsfördernd zu handeln.

Angesichts dessen kann die staatliche Pflege innerer Integration danach unterschieden werden, ob sie Ausdruck einer »negativen« oder »positiven« Dimension ist. Denn einerseits folgt aus ihr eine Pflicht zur Unterlassung staatlicher Angriffe auf bereits gewonnene Identität wie auch eine Pflicht zur Entsagung integrationsschwächender Handlungen. Aufgrund des Umstands, dass innere Integration vorrangige Aufgabe der Gesellschaft ist, wird dem Staat durch diese Dimension seiner Inpflichtnahme untersagt, die im gesellschaftlichen Leben erzielten Integrationsleistungen durch staatliches Handeln zu schmälern oder gar zu konterkarieren. Folglich zielt diese Erscheinungsform der staatlichen Inpflichtnahme auf Enthaltsamkeit bei integrationsschwächendem Staatshandeln. Umgekehrt setzen hingegen jene Handlungsinstrumente des Staates an, die Ausdruck der »positiven« Dimension innerer Integration sind: Denn diese Dimension zielt ab auf staatliche Aktivitätsentfaltung, sie geht aus auf tätige Integrationsförderung.

3. Adressaten der Inpflichtnahme

Als verfassungsstaatliche Pflichtaufgabe ist die Integrationspflege adressiert an alle drei Staatsgewalten, auch wenn diese in unterschiedlicher Weise angesprochen werden. Primärer und in der augenblicklichen Lage besonders herausgeforderter Adressat ist der einfache Gesetzgeber. Er steht vor der Aufgabe, seine Kompetenz zur Entscheidung des Wesentlichen wiederzugewinnen und den Parlamentsvorbehalt zu reanimieren. Folglich ist er es, der nicht nur die Zuwanderung zu begrenzen und zu steuern hat, sondern der auch seine Befugnis zur Bestimmung der Grundlagen der Integration zu aktivieren, insbesondere die Integrationsziele festzulegen,[12] die Entscheidung über die Auswahl der einzusetzenden Integrationsinstrumente zu treffen und ggf. einen Ausgleich mit konkurrierenden, unter Umständen gar konfligierenden Staatsaufgaben und Grundrechten zu besorgen hat. Hierzu bedarf es integrationsgesetzlich zu fixierender Regelungen.

Neben dem Gesetzgeber sind weitere Adressaten der Inpflichtnahme Exekutive und Judikative. Für die Exekutive besteht die Bindungswirkung des Auftrags zu innerer Integration nicht nur bei Gesetzesanwendung und -auslegung, sondern auch bei der Wahrnehmung vielfältiger exekutivischer Entscheidungs- und Gestaltungsspielräume, deren praktische Bedeutung sich in der gegenwärtigen Lage mit besonderer Deutlichkeit zeigt. Für die Judikative – namentlich für das Bundesverfassungsgericht – erlangt sie Relevanz bei der Interpretation der Verfassung sowie bei der Auslegung einfacher Gesetze, unter Umständen auch bei deren verfassungskonformer Auslegung.

Zusätzlich zu dieser allgemeinen Zuordnung der Integrationsaufgabe zu den drei staatlichen Gewalten wird der Integrationsauftrag traditionell in spezifischer Weise einem Amt zugewiesen: dem Bundespräsidenten. Dieser ist nach der grundgesetzlichen Anlage seines Amtes in besonderer Weise geeignet, auf die geistige Gestimmtheit der Gesellschaft Einfluss zu nehmen, um die Erneuerung der Zustimmung zur Verfassungsordnung der Freiheit zu werben und hierbei auch Erwartungen gegenüber den derzeit nach Deutschland strömenden Ausländern zu formulieren.

IV. Das Handlungsinstrumentarium verfassungsstaatlicher Integrationspflege

1. Kategoriales: Mittelbare und unmittelbare Einflussnahme auf die Integration

Die Aufgabe freiheitsgerechter Integrationspflege ist gegenständlich weder umgrenzt noch auf bestimmte Tätigkeitsbereiche bezogen. Für ihre Bewältigung steht den Organen des Staates – neben der gemeinsamen Sprache als Integrationsmittel[13] – ein weites Arsenal staatlicher

Handlungsinstrumente zur Verfügung. Dieses ermöglicht dem Staat einerseits eine unmittelbare, andererseits eine mittelbare Einflussnahme auf den Prozess innerer Integration.[14]

Die unmittelbare Einflussnahme des Staates erfolgt durch die Entfaltung geistigen Einflusses. Dieser Einfluss kennt zwei Erscheinungsweisen: eine präventive und eine reaktive. Die präventive und zugleich freiheitsschonende Dimension staatlicher Integrationspflege vollzieht sich durch freiheitsachtende Einwirkung auf die gesellschaftliche Konsensbildung. Sie erfolgt durch Information und Aufklärung, durch Appell und Warnung, durch »Fördern und Fordern«,[15] durch freiheitsgerechtes Werben in Integrationskursen und -programmen,[16] unter Umständen auch durch den Abschluss von Integrationsvereinbarungen.[17] Besondere Effektivität vermag sie in der staatlichen Pflichtschule zu gewinnen. Wo diese Mittel nicht ausreichen, verbleiben dem Staat nur weniger freiheitswahrende, reaktiv-repressive Instrumente, um den Integrationsprozess vor existenziellen Gefährdungen zu schützen, etwa die Mittel der wehrhaften Demokratie. Mit ihnen kann zwar die gesellschaftliche Zustimmung zum Staat des Grundgesetzes nicht positiv erneuert, immerhin jedoch deren Beschädigung punktuell abgewendet, zumindest abgeschwächt werden.

Dort, wo diese unmittelbaren staatlichen Einwirkungsmöglichkeiten auf die innere Integration faktisch oder rechtlich enden, bleibt dem Staat ein mittelbares Einwirken auf den Integrationsprozess. Dieses erfolgt durch staatliche Unterstützung eines integrationsbegünstigenden Grundrechtsgebrauchs des Einzelnen, also durch leistungsstaatliche Förderung jener Potenzen, die in der grundrechtsgeschützten Sphäre der Gesellschaft zur effektiven Integration beitragen. Weil der Staat im Lichte seiner Pflicht zur Integrationspflege nur ihnen seine Unterstützung gewähren darf, folgt daraus im Einzelfall die Notwendigkeit einer leistungsstaatlichen Auswahlentscheidung.

2. Exemplarisches: Anwendungsfelder verfassungsstaatlicher Integrationspflege

Sowohl die unmittelbare als auch die mittelbare staatliche Einflussnahme auf die innere Integration sind unter der Geltung des Grundgesetzes Bestandteil der Staatspraxis. Beispiele für unmittelbare Beeinflussungen bilden etwa das Staatsangehörigkeits-, das Aufenthalts- und das Schulrecht.

a) Exempel unmittelbarer Einflussnahme: Staatsangehörigkeits-, Aufenthalts- und Schulrecht

Das Staatsangehörigkeitsrecht betrifft das personale Fundament innerer Integration. Seine traditionellen Erwerbstatbestände sind durch die im Jahre 1999 ins Werk gesetzte Reform und zuletzt durch die Änderungen des Jahres 2014 erheblich modifiziert worden und gelten auch für einen etwaigen zukünftigen Erwerb der deutschen Staatsangehörigkeit durch die derzeit nach Deutschland einreisenden Ausländer und deren Kinder. So können künftig in Deutschland geborene Kinder die deutsche Staatsangehörigkeit erwerben, sofern zum Erwerbszeitpunkt ein Elternteil seit acht Jahren rechtmäßig seinen gewöhnlichen Aufenthalt im Inland hat und ein unbefristetes Aufenthaltsrecht besitzt.[18] Die betreffenden Zuwanderer selbst können unter bestimmten Bedingungen eingebürgert werden. Das setzt zunächst wiederum voraus, dass sie zum Zeitpunkt der Einbürgerung seit acht Jahren rechtmäßig ihren gewöhnlichen Aufenthalt im Inland haben.[19] Zudem sind für eine Einbürgerung zusätzliche Voraussetzungen zu erfüllen. So verlangt das geltende Recht etwa, dass der betreffende Ausländer den Lebensunterhalt für sich und seine unterhaltsberechtigten Familienangehörigen ohne Inanspruchnahme von Leistungen nach dem SGB II oder XII bestreiten kann, dass er über ausreichende Kenntnisse der deutschen Sprache verfügt und dass er Wissen über die Rechts- und Gesellschaftsordnung und die Lebensverhältnisse in Deutschland besitzt, das in der Regel durch einen erfolgreichen Einbürgerungstest nachgewiesen wird.[20] Zu einer Reduktion dieser Anforderungen an den Erwerb der deutschen Staatsangehörigkeit, insbesondere zu einer Verkürzung der Regelfrist eines acht Jahre währenden, rechtmäßigen Aufenthalts in Deutschland, gibt die Flüchtlingskrise keinerlei Anlass. Anderes gilt im Lichte der Vielzahl der gegenwärtig nach Deutschland migrierenden Ausländer indes für die weite Hinnahme mehrfacher Staatsangehörigkeiten, die das heutige Staatsangehörigkeitsrecht prägt. Die entsprechenden Regelungen sollten daher auf ihre integrationsdienliche Wirkung überprüft werden.

Unmittelbar nimmt der Staat auf die Integration im Inneren auch Einfluss im Aufenthaltsrecht. So werden die Eingliederungsbemühungen von Ausländern, die rechtmäßig und auf Dauer im Bundesgebiet leben, durch ein staatliches Integrationsangebot bzw. durch

Integrationskurse unterstützt,[21] die der Bund als seine »wichtigste integrationspolitische Fördermaßnahme« betrachtet.[22] Diese Integrationskurse sind bis Ende 2013 von ca. 618.000 Teilnehmern absolviert worden. Sie umfassen einen Basis- und einen Aufbausprachkurs zur Erlangung ausreichender Sprachkenntnisse sowie einen Orientierungskurs zur Vermittlung von Wissen über die Rechtsordnung, die Kultur und die Geschichte in Deutschland. In der gegenwärtigen Situation sollte auf der einen Seite eine Ausweitung, Intensivierung und Diversifizierung dieses Kursangebotes in Betracht gezogen werden, auf der anderen Seite sollte geprüft werden, ob sich über das bislang gesetzlich verankerte Maß hinaus eine Ausdehnung der Pflicht zur Teilnahme an diesen Integrationskursen empfiehlt.[23]

Ein besonders weiter und effizienter Bereich der Ausübung legitimen geistigen Einflusses, mit dem die Integration unmittelbar gefördert werden kann, eröffnet sich dem Staat in der Pflichtschule.[24] So wird hier zum einen wiederum die deutsche Sprache tradiert sowie Wissen über die historische Herkunft, die kulturellen Bezüge des deutschen Staates und über integrationsrelevante Gehalte der freiheitlichen Verfassungsordnung weitergegeben. Zum anderen erfolgt hier auch eine staatliche Einflussnahme auf die Erziehung der Kinder. Zwar ist zu beachten, dass in der staatlichen Schule Eltern und Staat über einen gleichberechtigten Erziehungsauftrag verfügen, weshalb hier nicht nur die Grundrechte des Kindes zu bedenken sind, sondern zusätzlich stets das Elternrecht zu berücksichtigen ist und die Bedingungen der Allgemeinheit, der Zumutbarkeit und der Toleranz zu gewährleisten sind. Bei der Einhaltung dieser Kriterien indessen ist es zulässig, die Gesellschaft einende, also der Integration dienende Erziehungsziele zu verfolgen und entsprechende Maßnahmen zu ergreifen. Nicht zuletzt wird in der Schule schließlich Toleranz gegenüber den ungewohnten und abweichenden Formen der Freiheitsausübung der anderen, unter Umständen auch gegenüber den mit ihr verbundenen Zumutungen eingeübt. Die hierdurch prinzipiell mögliche effektive Förderung der Integration setzt freilich entsprechende Rahmenbedingungen voraus. So mag die derzeit mancherorts vorgenommene Einrichtung sog. Flüchtlingsklassen in der gegenwärtigen Krise eine erste Maßnahme darstellen. Derartige Klassen dürften aber in ihrer integrativen Wirkung deutlich hinter der Eingliederung der betreffenden Schüler in reguläre Klassenverbände zurückbleiben.[25]

b) Exempel mittelbarer Einflussnahme: Gemeinnützigkeits- und Spenden- sowie Staatskirchenrecht

Beispiele für die mittelbare Einflussnahme des Staates auf den Prozess gesellschaftlicher Integration stellen schließlich das Gemeinnützigkeits- und Spendenrecht sowie das Staatskirchenrecht dar. So entfaltet sich die Einwirkung durch leistungsstaatliche Unterstützung integrationsfördernder gesellschaftlicher Kräfte herkömmlich vor allem im Gemeinnützigkeits- und Spendenrecht, das Körperschaften, die gemeinnützige, mildtätige und kirchliche Zwecke verfolgen, mit steuerlichen Vergünstigungen bedenkt.[26] Auf diese Weise versieht der Staat bereits auf der Grundlage des geltenden Rechts vielfältige gesellschaftliche Kräfte mit seiner Unterstützung, die auch für die gesellschaftliche Integration im Inneren von erheblicher Bedeutung sind. Gleichwohl wäre in der gegenwärtigen Krise eine stärkere Akzentuierung integrationsspezifischer Betätigungen in Betracht zu ziehen, die über die bereits bestehenden Regelungen noch hinausgehen könnte.

Von der allgemeinen Förderungswürdigkeit der Religion[27] wird im Gemeinnützigkeits- und Spendenrecht die Förderung kirchlicher Zwecke unterschieden.[28] Der tiefere Grund hierfür liegt darin, dass die Kirchen gleichsam als säkulare Nebenwirkungen ihres eigentlichen religiösen Wirkens dazu beitragen, wesentliche geistige, sittliche und kulturelle Lebensgrundlagen des freiheitlichen Verfassungsstaates generationenübergreifend zu erneuern. So stärken sie nicht nur bei den ihnen angehörenden Gläubigen, sondern auch weit darüber hinaus die gesellschaftliche Akzeptanz wesentlicher Verfassungsinhalte, fördern den Rechtsgehorsam und pflegen darüber hinaus sonstige Gelingensbedingungen einer freiheitlichen Ordnung, namentlich deren Lebenselixier, die tatsächliche und selbstverantwortete Freiheitswahrnehmung des Einzelnen. Insofern tragen sie dazu bei, die innere Integration zu fördern.

Eine solche Sichtweise prägt nicht nur das Gemeinnützigkeits- und Spendenrecht, sondern lässt sich auch im Staatskirchenrecht aufspüren. Dieses verfügt ergänzend zu seinen grundrechtlichen Verbürgungen über Regelungen, die sich auch als staatliche Unterstützung jener Religionsgemeinschaften verstehen lassen, die einen besonderen Beitrag zur Perpetuierung der Lebensgrundlagen des Verfassungsstaates leisten. Das gilt etwa für den Körperschaftsstatus der Kirchen. Er lässt sich – alternativ zu seiner grundrechtlichen Aufladung durch das Bundesverfassungsgericht[29] – auch als staatliche Anerkennung des integrationsspezifischen Mehrwerts solcher Religionsgemeinschaften deuten, die bereit und fähig sind, die Gelingensbedingungen einer freiheitlichen Ordnung in der Sphäre der Gesellschaft zu fördern.[30] Wer einer derartigen Sichtweise folgt, wird den Körperschaftsstatus zu den Instrumenten mittelbarer Einflussnahme des Staates auf die gesellschaftliche Integration rechnen.

V. Fazit

Trotz seiner verfassungsrechtlichen Inpflichtnahme und des ihm zur Verfügung stehenden, vorstehend nur angedeuteten Instrumentariums der Integrationspflege kann der freiheitliche Staat eine gelingende Integration nicht gewährleisten. Sie mag daher zu jenen vielzitierten Voraussetzungen gerechnet werden, auf denen er gründet, die er indessen nicht zu garantieren in der Lage ist.[31] Doch das dieser Feststellung zugrunde liegende Diktum erweist sich bei Lichte betrachtet als ergänzungsbedürftig. Denn die Voraussetzungen, von denen der freiheitliche Staat lebt, vermag er zwar nicht zu gewährleisten, aber doch freiheitsgerecht zu pflegen. Das Beispiel der inneren Integration belegt, dass er hierzu unter der Geltung des Grundgesetzes verpflichtet ist.

1 § 2 AsylG.
2 § 3 AsylG.
3 § 4 AsylG.
4 Zu dieser gesamtgesellschaftlichen Integration eingehend *Arnd Uhle*, Innere Integration, in: Isensee/Kirchhof (Hrsg.), HStR, Bd. IV, 3. Aufl. 2006, § 82.
5 *Uhle* (Anm. 4), Rn. 3 und Rn. 42 f.
6 Zur Integration von Ausländern so auch *Josef Isensee*, Integration mit Migrationshintergrund, JZ 2010, S. 317 ff. (318). Näher zu diesem Themenkomplex *Daniel Thym*, Migrationsverwaltungsrecht, 2010; am Beispiel der Integration in der staatlichen Pflichtschule *Christine Langenfeld*, Integration und kulturelle Identität zugewanderter Minderheiten, 2001. Aus sozialwissenschaftlicher Perspektive *Stefan Luft*, Staat und Migration, 2009.
7 Zuordnung der Integration zur Staatsaufgabe der »Systemerhaltung« bei *Roman Herzog*, Ziele, Vorbehalte und Grenzen der Staatstätigkeit, in: Isensee/Kirchhof (Hrsg.), HStR, Bd. IV, 3. Aufl. 2006, § 72 Rn. 90 f.; Verbindung der Integration mit dem »Verfassungsverbot der Selbstaufgabe« bei *Gerhard Robbers*, Ausländer im Verfassungsrecht, in: Benda/Maihofer/Vogel, HVerfR, 2. Aufl. 1995 (Studienausgabe), § 11 Rn. 92. Wie hier bereits *Uhle* (Anm. 4) Rn. 44 f.
8 Dazu näher *Uhle* (Anm. 4), Rn. 46. Für eine »konkurrierende« bzw. »subsidiäre Staatsaufgabe« *Isensee* (Anm. 6), S. 318.
9 Hierzu *Arnd Uhle*, Freiheitlicher Verfassungsstaat und kulturelle Identität, 2004, S. 355 ff.; *ders.* (Anm. 4) Rn. 47 ff., v.a. 49 ff.; ähnlicher Ansatz bei *Herzog* (Anm. 7), Rn. 90 f.; zur Integrationspflicht des Staates vgl. auch bereits *ders.*, Der Integrationsgedanke und die obersten Staatsorgane, 1986, S. 13.
10 *Uhle* (Anm. 4), Rn. 53 ff.
11 I.E. – trotz vielfältiger Unterschiede im Übrigen – so auch *Langenfeld* (Anm. 6) S. 370 ff. (Integration des Zuwanderers als Verfassungsauftrag); *Gabriele Britz*, Kulturelle Rechte und Verfassung, 2000, S. 217 ff. (Bejahung eines doppelten Verfassungsziels der demokratischen Selbstbestimmung und der gesellschaftlichen Integration); *Robbers* (Anm. 7), Rn. 92; *Uhle* (Anm. 4), Rn. 47 ff., Rn. 57; *Herzog* (Anm. 7), Rn. 90 f.; vgl. auch *ders.* (Anm. 9), S. 13. Für ein Grundrecht des Zuwanderers auf Integration und zur daraus folgenden Handlungspflicht des

Staates *Wolfgang Kahl*, Sprache als Rechts- und Kulturgut, VVDStRL 65 (2006), S. 386 ff. (435 f.).

12 Der Sache nach gehören zu diesen, gesetzgeberisch festzulegenden Integrationszielen im Einzelnen nicht nur die Weitergabe deutscher Sprachkenntnisse, die Information über historische und kulturelle Wurzeln Deutschlands, die Hinführung zum Rechtsgehorsam oder die Vermittlung integrationswesentlicher Gehalte der freiheitlichen Verfassungsordnung – von der Unantastbarkeit der Würde jedes Menschen über die Anerkennung individueller Freiheits- und Gleichheitsrechte bis hin zur Akzeptanz des staatlichen Gewaltmonopols. Vielmehr zählen zu ihnen auch die Wirksamkeits- und Gelingensvoraussetzungen der Verfassung, die sog. Verfassungs- bzw. Grundrechtsvoraussetzungen. Das gilt insbesondere für Freiheitsbereitschaft und Freiheitsfähigkeit des Einzelnen, deren es im freiheitlichen Verfassungsstaat deshalb besonders bedarf, weil in ihm jene Leistungen, auf die das Gemeinwesen in geistiger, ökonomischer und sozialer Hinsicht angewiesen ist, dem freien gesellschaftlichen Engagement anvertraut sind. Das macht die Freiheitsbereitschaft und -fähigkeit des Individuums für ihn zu einer unentbehrlichen Ressource eigener Vitalität. Daher zählt zu den Zielen der Integration auch eine säkulare Mentalität, eine aktivitätsbejahende Haltung, eine rationale Grundhaltung, eine selbstverantwortete Freiheitswahrnehmung des Einzelnen sowie die Bereitschaft, die Zumutungen der Freiheitsausübung des anderen auszuhalten. – Grundlegend zu den Kategorien der Verfassungsvoraussetzungen und der Verfassungserwartungen *Josef Isensee*, Grundrechtsvoraussetzungen und Verfassungserwartungen an die Grundrechtsausübung, in: ders./Kirchhof (Hrsg.), HStR, Bd. IX, 3. Aufl. 2011, § 190; zu Freiheitsbereitschaft und Freiheitsfähigkeit als Grundrechtsvoraussetzungen *Arnd Uhle*, Verfassungsvoraussetzungen, in: Kube u.a. (Hrsg.), Leitgedanken des Rechts. Paul Kirchhof zum 70. Geburtstag, Bd. I, 2013, § 14, Rn. 13 ff.

13 Zur deutschen Sprache als Instrument der Integration *Paul Kirchhof*, Deutsche Sprache, in: Isensee/Kirchhof (Hrsg.), HStR, Bd. II, 3. Aufl. 2004, § 20, Rn. 106 ff.; hierzu auch *Langenfeld* (Anm. 6), S. 437 ff.; *Kahl* (Anm. 11), S. 386 ff. (428 ff.); *Thomas Groß*, Integration durch Sprache – der deutsche Kompromiss, KJ 2006, S. 2 ff. (2); *Michael Bommes*, Integration durch Sprache

als politisches Konzept, in: Davy/Weber (Hrsg.), Paradigmenwechsel in Einwanderungsfragen?, 2006, S. 59 ff. (69 ff.).

14 Näher *Uhle* (Anm. 4), Rn. 61 ff.

15 Vgl. die Formulierung in § 43 Abs. 1 AufenthG: »Die Integration von rechtmäßig auf Dauer im Bundesgebiet lebenden Ausländern in das wirtschaftliche, kulturelle und gesellschaftliche Leben in der Bundesrepublik Deutschland wird gefördert und gefordert«.

16 §§ 43 ff. AufenthG.

17 Ursprüngliche Vorstellung eines Integrationsvertrages: Bericht der *Unabhängigen Kommission »Zuwanderung«*, Zuwanderung gestalten – Integration fördern, 2001, S. 260 f. Näher zu Integrationsvereinbarungen *Thym* (Anm. 6), S. 312 ff. Aus österreichischer Perspektive *Magdalena Pöschl*, Die Integrationsvereinbarung nach dem österreichischen Fremdengesetz – Lässt sich Integration erzwingen?, in: Sahlfeld u.a. (Hrsg.), Integration und Recht, 2003, S. 197 ff.

18 § 4 Abs. 3 StAG.

19 § 10 Abs. 1 Satz 1 StAG. Im Falle des Nachweises einer erfolgreichen Teilnahme an einem Integrationskurs kann diese Frist auf sieben Jahre verkürzt werden, § 10 Abs. 3 Satz 1 StAG.

20 Vgl. dazu § 10 Abs. 1 Satz 1 Nr. 3, Nr. 6 sowie Nr. 7 i.V.m. Abs. 5 StAG.

21 Siehe dazu §§ 43 ff. AufenthG. Näher *Christoph Hauschild*, Die Integrationskurse des Bundes, ZAR 2005, S. 56 ff. Erfahrungsbericht aus der Staatspraxis: *BMI* (Hrsg.), Evaluation der Integrationskurse nach dem Zuwanderungsgesetz, 2006; *Bundesregierung* (Hrsg.), Erfahrungsbericht zur Durchführung und Finanzierung der Integrationskurse nach § 43 Abs. 5 des Aufenthaltsgesetzes, BT-Drucks. 16/6043 vom 29. Juni 2007; *Bundesregierung* (Hrsg.), Der Nationale Integrationsplan, 2007, S. 37 ff.

22 Siehe http://www.bmi.bund.de/DE/Themen/Migration-Integration/Integration/Integrationskurse/integrations-kurse_node.html;jsessionid=7A5AE66BA68A3C18902FDDBE4CEC9BA7.2_cid287 (zuletzt abgerufen am 3. Januar 2016).

23 Siehe hierzu bislang § 44 a AufenthG.

24 Zur Integration in der staatlichen Schule *Hinnerk Wißmann*, »Volksbildung« und Integration, in: Sahlfeld u.a. (Hrsg.), Integration und Recht, 2003, S. 289 (293 ff.); monographisch *Langenfeld* (Anm. 6).

25 Zu den Auswirkungen der Zusammensetzung einer Schulklasse auf die Integration der Schüler siehe *Jens Kersten*, Segregation in der Schule, DÖV 2007, S. 50 ff. (51 f.). Zum verfassungsrechtlich eröffneten Gestaltungsspielraum hinsichtlich der Zusammensetzung von Klassen, die von ausländischen Schülern besucht werden, zutreffend *Robbers* (Anm. 7), Rn. 94.

26 Siehe hierzu §§ 51 ff. AO ff. – Als gemeinnütziger Zweck anerkannt ist u.a. etwa die Hilfe für politisch, rassisch oder religiös Verfolgte sowie für Flüchtlinge, § 52 Abs. 2 Satz 1 Nr. 10 AO.

27 § 52 Abs. 2 Satz 1 Nr. 2 AO.

28 § 54 AO.

29 BVerfGE 102, 370.

30 Kritik der grundrechtlichen Deutung des Körperschaftsstatus etwa bei *Christian Hillgruber*, NVwZ 2001, S. 1347 ff.; *Arnd Uhle*, in Depenheuer/Heintzen/Jestaedt/Axer (Hrsg.), Staat im Wort. Festschrift für Josef Isensee, 2007, S. 1033 ff.

31 *Ernst-Wolfgang Böckenförde*, Die Entstehung des Staates als Vorgang der Säkularisation, in: ders., Recht, Staat, Freiheit, 2006, S. 92 ff. (112 f.); *ders.*, Der Staat als sittlicher Staat, 1978, S. 36 f.

Autoren

Depenheuer, Otto, Prof. Dr. jur. – Seminar für Staatsphilosophie und Rechtspolitik, Universität zu Köln

Gärditz, Klaus F., Prof. Dr. jur. – Lehrstuhl für Öffentliches Recht, Rheinische Friedrich-Wilhelms-Universität Bonn

Grabenwarter, Christoph, Prof. Dr. jur. Dr. rer. soc. oec. – Institut für Europarecht und Internationales Recht; Wirtschaftsuniversität Wien, Mitglied des österreichischen Verfassungsgerichtshofs

Hillgruber, Christian, Prof. Dr. jur. – Lehrstuhl für Öffentliches Recht, Rheinische Friedrich-Wilhelms-Universität Bonn

Horn, Hans-Detlef, Prof. Dr. jur. – Institut für Öffentliches Recht, Philipps-Universität Marburg

Huber, Peter M., Prof. Dr. jur. – Lehrstuhl für Öffentliches Recht und Staatsphilosophie, Ludwig-Maximilians-Universität München; Richter des Bundesverfassungsgerichts

Isensee, Josef, Prof. em. Dr. jur. Dr. h.c. – Institut für Öffentliches Recht, Rheinische Friedrich-Wilhelms-Universität Bonn

Kempen, Bernhard, Prof. Dr. jur. – Institut für Völkerrecht und ausländisches öffentliches Recht, Universität zu Köln

Klein, Eckart, Prof. em. Dr. jur. – Lehrstuhl für Staatsrecht, Völkerrecht und Europarecht, Universität Potsdam

Murswiek, Dietrich, Prof. Dr. jur. – Institut für Öffentliches Recht, Albert-Ludwigs-Universität Freiburg

Nettesheim, Martin, Prof. Dr. jur. – Lehrstuhl für Staats- und Verwaltungsrecht, Europarecht und Völkerrecht, Universität Tübingen

Pabel, Katharina, Prof. Dr. jur. – Institut für Verwaltungsrecht und Verwaltungslehre, Johannes-Kepler-Universität Linz

Schorkopf, Frank, Prof. Dr. jur. – Lehrstuhl für Öffentliches Recht und Europarecht, Universität Göttingen

Schwarz, Kyrill-A., Prof. Dr. jur. – Lehrstuhl für Öffentliches Recht, Julius-Maximilian-Universität Würzburg

Sodan, Helge, Prof. Dr. jur. – Lehrstuhl für Staats- und Verwaltungsrecht, Öffentliches Wirtschaftsrecht und Sozialrecht, Freie Universität Berlin

Uhle, Arnd, Prof. Dr. jur. – Lehrstuhl für Öffentliches Recht, insbesondere für Staatsrecht, Allgemeine Staatslehre und Verfassungstheorie, Technische Universität Dresden